# Die Magie der Zahlen

Bernd A. Mertz

# Die Magie der Zahlen

## So nutzen Sie die Geheimnisse der Numerologie für Ihr persönliches Glück mit dem völlig neuen Planetennumeroskop

Vom selben Autor sind im Falken-Verlag erschienen:
Handbuch Astrologie (Nr. 4068)
Was sagt uns das Horoskop (Nr. 0655)
Die Familie im Horoskop (Nr. 4161)
Handdeutung (Nr. 4176)
Handbuch Kartenlegen (Nr. 4226)


CIP-Kurztitelaufnahme der Deutschen Bibliothek

**Mertz, Bernd A.:**
Die Magie der Zahlen: so nutzen Sie d. Geheimnisse d.
Numerologie für Ihr persönl. Glück mit d. völlig neuen
Planetennumeroskop / Bernd A. Mertz. – Niedernhausen/Ts.:
Falken-Verlag, 1987.
  (Falken-Sachbuch)
  ISBN 3-8068-4242-6


ISBN 3 8068 4242 6

Titelbild: Robert C. Smith »Raffael's Witch, Oracle of the Future«,
London um 1830
Fotos: siehe Bildquellenverzeichnis Seite 224
Zeichnungen: Pia Selbach, Wiesbaden
Satz: LibroSatz, Kriftel bei Frankfurt
Druck: Mainpresse Richterdruck, Würzburg

817 2635 4453 6271

# Inhalt

# Warum dieses Buch?

Zahlen üben auf die meisten Menschen eine starke Anziehungskraft aus. Diese kann – je nach Zahl – ablehnend oder positiv sein. Fast jeder meint, daß die»3«oder die»7«eine besondere Zahl ist, die Glück bringt, während die»13«in dem Ruf steht, Unglück herbeizurufen. Letzteres geht soweit, daß es in manchen Straßen keine Hausnummer oder in Hotels keine Zimmernummer 13 gibt, stattdessen aber die Nummern 12a oder 14a.

Jeder von uns fühlt sich zu gewissen Zahlen hingezogen, meist zu den Zahlen seines Geburtsdatums, aber auch zu Daten von besonderen Ereignissen. Gerade diejenigen, die Zahlen ablehnen, weil sie in der Schule mit dem Rechnen Probleme hatten, sind oft der Meinung, daß sich hinter gewissen Zahlen eine dunkle Macht verbirgt.

Viele Leute glauben, daß Zahlen das Leben bestimmen; das Leben eines Volkes, einer Gemeinschaft und auch das persönliche. Zahlen üben eine Faszination aus, die durch die zahlreichen Lotterie- oder Lottospiele noch systematisch gefördert wird, denn auch hier»glauben«die Spieler fest an *ihre* Zahl, die ihnen Glück bringt und mit der sie einmal ins Schwarze treffen werden. Ganze Lottosysteme bauen auf dieser Faszination auf.

Zahlen bestimmen den Lebensweg mit. Diese Ansicht vertreten nicht nur die Numerologen, die sich von Berufs wegen mit der Materie beschäftigen, sondern dies erfahren auch viele Menschen, wenn sie bemerken, daß eine oder mehrere Zahlen in ihrem Leben immer wieder auftauchen, sei es als Hausnummer, als wichtiges Datum, oder daß man immer wieder auf Menschen trifft, die an gewissen Tagen Geburtstag oder ein anderes Jubiläum haben.

Viele Traumberichte erzählen von stets wiederkehrenden Zahlen, die im Traum auftauchen, und die scheinbar einen wichtigen Hinweis enthalten. Manche Menschen bestellen sich stets eine bestimmte Autonummer, wobei es ihnen auf die Quersumme ankommt.

Damit sind wir bereits mitten in der *Numerologie* – der sagenumwobenen Lehre von den Zahlen, denn die Numerologie baut ihre Aussagen fast allein auf Quersummen auf. Doch welche uralten

Geheimnisse verbergen sich wirklich hinter der Numerologie, die als Geheimwissenschaft galt, zu der einst nur wahre Eingeweihte Zugang hatten? Worauf baut die Numerologie auf? Weiß sie wirklich etwas vom inneren Wert einer Zahl, so daß man bei Namensgebungen oder der Auswahl von Adressen oder bei anderen wichtigen Entscheidungen auf die »richtige« Zahl achten kann? Viele Menschen schwören auf die Macht der Zahl, und sie richten sich danach – mit Erfolg, das bestätigen sie gerne. Andere wieder schwören darauf, daß sie aus der Namenszahl (jeder Buchstabe entspricht einer Zahl) unfehlbar auf den Charakter eines Menschen schließen können.

Ist die Numerologie, das Wissen um die Zahl, das Errechnen der Endzahl also mehr als ein Partygag, mehr als eine unterhaltsame Spielerei? Warum wurde einst die Numerologie als kleine Schwester der Astrologie betrachtet? Vielleicht, weil es auch um die Erkundung des Schicksals geht?

Fest steht: die Numerologie ist uralt, ja sie stellt die älteste Geheimwissenschaft dar, die wir kennen. Doch haben sich Geheimwissenschaften nicht längst überlebt? Hat hier nicht die Naturwissenschaft in Zusammenarbeit mit dem rationalen Geist unseres 20. Jahrhunderts endgültig damit aufgeräumt, so daß die Numerologie in das Gebiet des Aberglaubens abzuschieben ist?

Zahlen bedeuten – nach Auffassung erfahrener Numerologen – unser Schicksal, da in jedem Begriff, in jedem Namen ein Zahlenwert enthalten ist, der in uns lebt und aus uns wirkt. Wie diese Zahlenwerte zu deuten sind und was sie für die zwölf wichtigsten Lebensbereiche bedeuten, ist der Inhalt dieses Buches, wobei die abschließende Erstellung des Planetennumeroskops uns zusätzlich Aufschluß über unsere Chancen und Gefährdungen in diesem Leben geben kann.

Wer dieses Buch durchgearbeitet hat, ist ohne weitere Hilfsmittel in der Lage, ein Numeroskop für sich und andere aufzustellen. Die Zahl, die als Quintessenz aus seinem persönlichen Planetennumeroskop hervorgeht, sollte jeder kennen; sie ist für ihn genauso bedeutsam wie sein Sternzeichen.

Es lohnt also, sich mit dieser ältesten Geheimwissenschaft zu beschäftigen! Und wer die Zahlenlogik nicht so ganz ernst nehmen kann, der wird trotzdem seine Freude am spielerischen Umgang mit den Zahlen haben und kann mit diesen unterhaltsamen Berechnungen so manche Party bereichern.

Oft entsteht aus dem Spiel mit der Zahl aber doch eine ernsthaftere Beschäftigung mit den Zahlen, so daß diese Menschen dann eher verstehen, warum sich andere Leute aller Bildungsschichten, ob es sich um Kaufleute, Politiker, Ärzte oder Künstler handelt, nach ihren ganz persönlichen Zahlen richten. Letztlich ist die Beschäftigung mit der Numerologie auch ein Baustein auf dem Weg zur Menschenkenntnis, weil so Lebenspartner, Freunde, Nachbarn, Vorgesetzte, Angestellte – wenn auch zunächst nur grob – an ihren Namen »erkannt« werden können. Zahlen bestimmen vielleicht nicht unser Leben, aber sie lenken es mit. Die einen nutzen nämlich ihre Zahl, während die anderen gar nichts darüber wissen. So können sie auch diese ihnen eigentlich zugängliche Entscheidungshilfe nicht nutzen.

*Auch in der Heilkunst des 16. Jahrhunderts spielten Zahlen als Entsprechung einzelner Körperteile eine Rolle.*

# Die Numerologie

Die Numerologie ist eine uralte Wissenschaft. Viele Schrifttafeln und Schriftstücke der Babylonier, der Israeliten, der Japaner oder der Chinesen beweisen, daß die Numerologie schon 4 000 Jahre vor der Zeitwende angewandt wurde. Diese Weisheit vom tieferen Sinn der Zahlen war jedoch durchaus nicht jedermann zugänglich. Die Zahlenlehre (im höheren Sinn als die der Mathematik) galt als Geheimlehre, in die zunächst nur Priester eingeweiht wurden, da den Zahlen stets auch ein mystischer Wert zugeschrieben wurde.

Sicher ist, daß die Numerologie älter als die Astrologie oder andere Geheimwissenschaften ist, da diese erst entstehen konnten, nachdem der Mensch das Zählen, also den Umgang mit Zahlen, gelernt hatte.

Dieses Zählen begann mit dem Abzählen der Finger an den beiden Händen, wodurch dann mittels Addition und Multiplikation jede andere Zählung möglich wurde. Als Beispiel sei nur genannt, daß die Gesetze der Mondphasen – etwa die Zeitspanne von Vollmond zu Vollmond – anhand der Fingerzählung gefunden wurden, denn es müssen stets so viele Nächte vergehen, wie sie der Mensch dreimal an den Fingern seiner Hände abzählen kann: also 30 Nächte.

Wir wissen auch, daß das erste Zahlensystem schon etwa 8 500 Jahre vor unserer Zeitrechnung existierte, womit bereits die Rhythmen von Sonne, Mond und Planeten festgelegt werden konnten.

Die gesamte Astrologie ist allein auf den Rhythmen der Planeten aufgebaut, die zunächst durch das Zählen gefunden wurden. Daher ist es auch kein Wunder, daß jedem Himmelsgestirn, also Sonne, Mond, Merkur, Venus, Mars, Jupiter, Saturn, Uranus, Neptun und Pluto eine bestimmte Zahl zugeordnet wurde, was bis heute so geblieben ist, wobei die Zahl 7 eine herausragende Rolle spielte. Denn die Phasen des Mondes wurden in viermal sieben Tage eingeteilt, was je einer Woche entsprach, wobei jeder Tag einem Planeten zugeordnet wurde.

Es kristallisierten sich dann im wesentlichen zwei Zahlenschulen heraus, die bis heute überliefert sind; man kann auch sagen zwei

*Urania war nicht nur die Muse der Himmelskunde,*
*sondern auch die der Rechenkunst.*
*Ein Hinweis darauf, daß der Mensch das Rechnen*
*vom Himmel gelernt hat.*

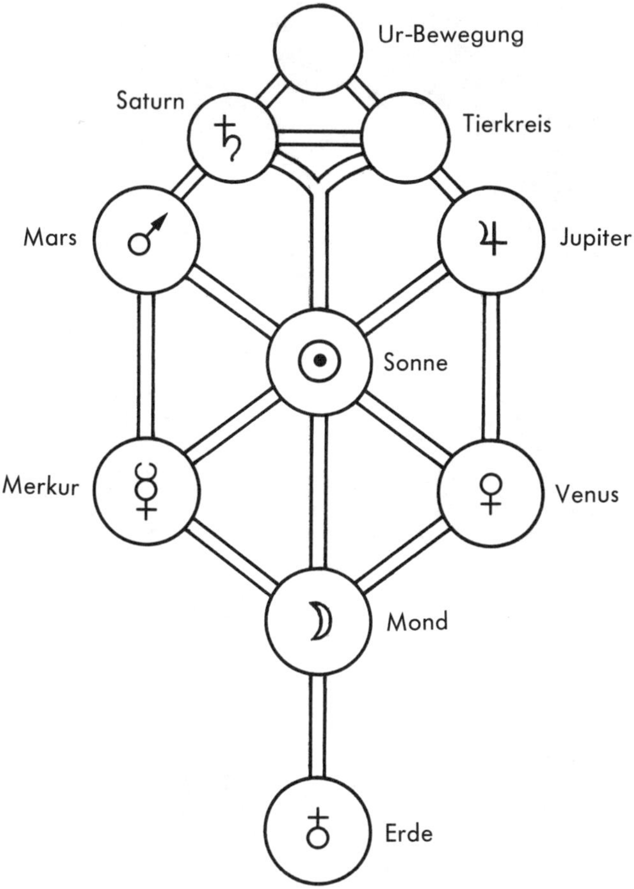

*Der Baum der Planeten. Die »aktiven« Planeten
finden wir rechts, die »passiven« links. Die Mittelachse
zwischen Sonne und Mond symbolisiert das Bewußtsein.
Da man früher nur sieben Planeten kannte,
wurden der Tierkreis, die Ur-Bewegung und die Erde
dazugezählt, um die Zahl Zehn, die Zahl
der Vollendung zu erreichen.*

Numerologiesysteme. Das eine geht auf die Schule des Pythagoras zurück, während sich das zweite System auf das Geheimwissen der Kabbala gründet, das sich heute bei uns im System des Cheiro widerspiegelt. Cheiro war ein Pseudonym für Count Louis Hamon, der von 1866 bis 1936 lebte. Cheiro baut auf dem »Buch der verborgenen Weisheit« – wie die Kabbala auch genannt wird – auf. Es wird jedoch berichtet, daß dieses Buch nicht alle Weisheiten enthält, weil das letzte und wahre Wissen nur mündlich weitergegeben wurde. Cheiro oder Graf Hamon zog in sehr jungen Jahren in den Nahen und Fernen Osten, um dort an den Quellen der okkulten Tradition die Geheimwissenschaften zu studieren. Er wurde schnell bekannt, da er in drei Kontinenten Vorträge hielt. Cheiro soll zahlreiche Ereignisse, so auch den Todestag von Königin Viktoria von England, richtig prognostiziert haben, so daß er von vielen als Prophet angesehen wurde, während er aber in erster Linie ein Forscher des Okkulten war.

Pythagoras dagegen hatte die Zahlenmagie zwar in Ägypten studiert, danach aber dieses Wissen vorwiegend auf den griechisch-europäischen Raum und dessen Sprachen abgestimmt.

Als sein Geburtsjahr gilt das Jahr 570 vor Christi Geburt. Dieser Philosoph, Mathematiker, Astronom und Astrologe galt als der Wissende von Samos.

Die Pythagoräer hielten alle Zahlen ab der 10 für Wiederholungen der Einzelzahlen, wobei die Zahlen 1, 2, 3 und 4 eine besondere Bedeutung hatten. Diese Zahlen sind auch für die Konstruktion von mathematischen oder geometrischen Figuren zuständig.

Die 1 steht für einen Punkt, die 2 für eine Linie, die 3 für ein Dreieck, die 4 für ein Viereck oder eine Pyramide, worauf sich alles andere aufbaut (siehe Abbildung Seite 14).

Pythagoras war auch der Auffassung, daß allein die Zahl den Schlüssel zum Verständnis des Universums darstellt, daß die Zahl die Ordnung zeigt, die das Chaos ablöst.

Von daher basiert die Zahlenmagie auf der Überzeugung, daß alle Dinge im Universum nach einem *ein*heitlichen Plan miteinander verbunden sind, und daß verschiedene Zahlen auch verschiedenartige Eigenschaften symbolisieren.

Dabei erschien den Pythagoräern der Unterschied zwischen geraden und ungeraden Zahlen wesentlich, wobei die ungeraden Zahlen als männlich und schöpferisch, die geraden Zahlen als weiblich und empfangend eingeordnet wurden.

In den ungeraden Zahlen sahen die Pythagoräer auch ein phallisches Symbol, da diese Zahlen einen schöpferischen Mittelpunkt beinhalten, wie wir dies einmal mit Punkten demonstrieren wollen.

*Die ungeraden, männlichen Ziffern 3, 5, 7 und 9 besitzen alle einen schöpferischen Mittelpunkt.*

*Die geraden, weiblichen Ziffern 2, 4, 6 und 8 zeigen in dieser Darstellung alle einen freien Raum, der als empfangend eingeordnet wird.*

*Die Eins wird als Punkt dargestellt.*

*Die Zwei ergibt eine Linie.*

*Die Drei wird zu einem Dreieck.*

*Die Vier ergibt die räumliche Darstellung einer Pyramide.*

Die ungeraden Zahlen galten auch als die beherrschenden Zahlen, weil bei einer Addition einer geraden mit einer ungeraden Zahl immer eine ungerade Zahl herauskommt. Aber natürlich ergibt – ein Beispiel für den Wandel des Schöpferischen in das Empfangende – das Addieren von zwei ungeraden Zahlen eine gerade Zahl.

*Pythagoras (links), griechischer Philosoph, war überzeugt, daß die Zahlen den Schlüssel zum Universum bilden.*

Pythagoras stiftete in Kroton in Unteritalien einen Bund, dessen Mitglieder die Wissenschaft pflegten und sowohl sittliche wie religiöse Ziele verfolgten. Er selbst war einer der wenigen in die tieferen Geheimnisse der Zahlenmagie Eingeweihten, von dem wir auch ein Zahlengebet kennen, das wir hier auszugsweise in freier Übersetzung von Colerus zitieren möchten:

»Gnad' uns, gepriesene Zahl,
Du Mutter der Götter und der Menschen,
heilige Vierzahl Du,
oh Urquell, enthaltend die Wurzel
ewigen Werdestromes.
Aufsteigend vom Grunde der Einheit,
die verborgen noch und nicht vermischt
im Allbeginn ruhte,
leitest Du, göttliche Vierzahl...
zu der heiligen Zehnheit.«

Die Pythagoräer waren bis ins 4. Jahrhundert eine einflußreiche Philosophenschule. In ihrer Lehre wurden die Zahlen mit dem griechischen Alphabet in Zusammenhang gebracht. Noch heute bauen die Numerologen auf dem System des Pythagoras auf. Nach Pythagoras haben die Menschen sich weiter mit der Magie der Zahlen beschäftigt – und das ist auf die schwarze wie auf die weiße Magie gemünzt. Dies kommt auch treffend in Goethes »Faust« zum Ausdruck, wo es im Hexen-Einmaleins heißt:

»Du mußt verstehen!
Aus Eins mach Zehn,
und Zwei laß gehn,
und Drei mach gleich,
so bist Du reich.
Verlier die Vier!
Aus Fünf und Sechs,
so sagt die Hex',
mach Sieben und Acht,
so ist's vollbracht.
Und Neun ist Eins
und Zehn ist Keins,
das ist das Hexen-Einmaleins.«

In diesem Hexen-Einmaleins sind viele uralte Zahlengesetze verborgen. Zum Beispiel der Satz:»... und Zwei laß gehen.«Dieser Satz weist darauf hin, daß die Zahl Zwei für die schwarze Magie als unbrauchbar gilt. Deswegen müssen bei magischen Experimenten, die nicht allein von einer Person durchgeführt werden, mindestens drei Leute beteiligt sein. Die»Zweiheit«nämlich schützt vor bösen magischen Einflüssen. Als wichtigste Aufgabe des Menschen galt es einst, im Einklang mit dem Himmel und mit der von diesem verkündeten Zeit zu leben. Dies setzte ein Kalendarium voraus, das aber nur durch Zählen gefunden werden konnte, wozu erst einmal – wie schon erwähnt – die Finger dienten.

Zehn Finger besitzt normalerweise jeder Mensch. Wieso gibt es aber nur neun Einzelzahlen?

Nun, wer zum Himmel schaute, hatte als wichtigste Erkenntnis mitbekommen, daß alle Vorgänge da oben einen Kreislauf anzeigen, was durch Sonne und Mond besonders deutlich dokumentiert wurde. Das heißt, daß jedes Ende auch gleichzeitig ein Anfang ist. Dies gilt ganz besonders für das astrologische Jahr mit seinen 30° großen Abschnitten. Denn 30° Widder ist gleich 0° Stier. Oder mit 30° Fische endet das Sonnenjahr, aber diese Stelle des astrologischen Meßkreises ist auch gleich 0° Widder – und damit beginnt das neue Sonnenjahr. Dies bedeutet: Wenn die Sonne auf 30° Fische steht, endet das Jahr, da aber dieser Punkt gleich 0° Widder darstellt, steht die Sonne auch auf diesem Ort, wenn ein neues Jahr beginnt. Daher der Satz:»Im Anfang liegt das Ende – im Ende der Anfang.«

So wurde der letzte der Finger (der zehnte) mit dem ersten Finger gleichgesetzt. Um aber beide Finger – den ersten wie den letzten – zu unterscheiden, setzte man beim letzten Finger eine Null dazu. Die Null versinnbildlichte zunächst und im Tiefsten den ewiggültigen Kreislauf des Kosmos, den unendlichen Lauf der Sterne. Dies wird auch im deutschen Sprachgebrauch deutlich, da die letzte Einzelzahl, die»Neun«, bereits das Neue ankündigt. In der Neun verbirgt sich das Neue, das dann doch wieder auch das Alte darstellt, wenn die Zählung von vorn beginnt. So wurde aus eins zehn. Dies gilt selbstverständlich nur für die arabische Schreibweise.

Wir kennen auch noch die römischen Zahlen. Die römischen Zahlen sind viel rationaler, hier fehlt der den arabischen Zahlen inne-

*In dieser Radierung von Rembrandt
ist Faust dargestellt, der gerade eine Lichterscheinung
mit kabbalistischen Zeichen hat.*

**Beſchreibung des erſten Metalls Bley oder Siegels** Saturni, wie ſolches zuzurichten und wider alle **Saturniniſche Kranckheiten zugebrauchen:**

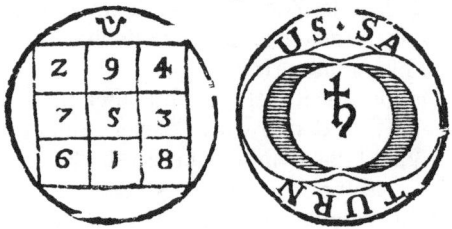

Purgatio ♄.

Nundzerſtoſſen Bleperß/laß es durch ein enges Sieb lauffen/ waſche und drückne es dann/darnach feße es auff ein lind Kohl fewr/zu einem Partdes Erßes nim 2.part Weinſt: Salis com-

*Jeder Planet hat von alters her seine Zuordnung*
*zu bestimmten Metallen, Farben usw. und sein*
*spezielles Zahlenquadrat.*

wohnende Sinn des Kreislaufes, wenn auch diese Zählweise an das erste Zählen erinnert, als man von der Fingerzählung abkam und stattdessen Hölzer nahm. Bei der arabischen Schreibweise lesen wir im übrigen von rechts nach links. 38 lesen wir als »achtunddreißig«. Dies gilt aber nicht für jede Sprache, denn im Englischen lesen wir ja die 38 als »dreißigacht« (thirtyeight). Ab den dreistelligen Zahlen ändert sich die Ausdrucksweise, da wir die 138 als »hundertachtunddreißig« aussprechen.

Die Numerologie hat ihre tiefsten Wurzeln sicher in der Überzeugung, daß nichts im Weltall ohne Sinn ist. Dieser Sinn kann nur durch Beobachten und Denken gefunden und durch Zählen festgehalten werden. Daher verkörpern die Einzelzahlen heilige Prinzipien. Dies war Jahrhunderte hindurch in Vergessenheit geraten, bis Alchimisten, Astrologen und andere Magier wieder die Kraft der Zahlen entdeckten. Da wären Namen zu nennen wie Paracelsus oder Cagliostro, der Abenteurer und Wunderheiler des 18. Jahrhunderts, der aufgrund der Namenszahlen von Ludwig XVI. und Marie Antoinette deren Schicksal voraussagte, das sich so dann auch erfüllte.

# Der okkulte Gehalt der Zahlen

Okkult heißt geheim, verborgen. In jeder Zahl steckt also mehr als nur ihr numerischer Wert. Der »okkulte Gehalt« bedeutet damit, daß hinter oder in jeder Zahl auch ein Geheimnis verborgen liegt, das uns den Zugang zu einem Prinzip offenbart, das durch je eine Zahl von null bis neun vertreten wird.

Es handelt sich in der Regel um ein Planetenprinzip, das heißt, unsere Planeten (zu denen wir in diesem Fall auch Sonne und Mond zählen) sind das Symbol einer Kraft, die in den Menschen lebt, und diese Kraft beziehungsweise dieses Prinzip wird auch durch eine Zahl symbolisiert. So steht hinter jeder Einzelzahl von null bis neun auch eine bestimmte Aussage. Diese Aussage bildet die Grundlage für die Deutung der Zahlen in der Numerologie in Bezug auf Namen, Daten, Adressen usw.

Für Numerologen ist es unverzichtbar, sich mit dem okkulten Gehalt der Zahlen vertraut zu machen, um die Zahlen nicht nur für sich selbst, sondern auch für andere deuten zu können.

Oft erscheint das Geheimnis einer Zahl unergründlich, was uns besonders bei der Neun auffallen wird, die deswegen auch die »unheimliche« Zahl genannt wird. Dabei sind Geheimnisse, wie Goethe einst formulierte, keine Mirakel, also keine Wunder, sondern verborgene Inhalte, die vielleicht nicht jedermann zugänglich sein sollten. So wurden die Geheimnisse der Zahlen einst von Priestern gehütet, bewahrt und teilweise nur vertrauten Schülern weitergegeben. In diesem Sinne ist jede Zahl mehr als ein Zählbegriff. Das beginnt schon bei den ersten beiden Zahlen, die eigentlich gar keine Zahlen sind – bei der Null und der Eins, wenn auch beide zusammen dann die krönende Zehn bilden.

## Die Null

Am Anfang war nichts – nichts als der Kosmos, das All, der Kreislauf der Sonnen und der Sterne. All dies drückt sich in der grafischen Gestalt der Null aus, die entweder kreis- oder eiförmig gemalt wird. Dabei ist die Eiform sicher richtiger, zumal das Ei als das Symbol des Lebens gilt, aber auch das der Wiedergeburt nach dem Tode, denn die Urne weist ebenfalls meist eine Eiform auf. Tod und Geburt – ewiger Lauf des Lebens, dies alles wird durch die Null versinnbildlicht.

*Oroboros – die sich in den Schwanz beißende Schlange –
symbolisiert sowohl den Tierkreis wie die Ewigkeit,
denn im Ende liegt zugleich der Anfang und umgekehrt.*

Die Null ist das Symbol dafür, daß im Anfang das Ende und im Ende der Anfang liegt. Die doppelte Null (zwei Nullen übereinander) ergibt die Acht. Die Acht ist die Darstellung einer algebraischen Kurve, die Lemniskate genannt wird. Sie gilt als Ausdruck des ewigen Gesetzes: Unten wie oben! So ist in der Nicht-Zahl Null das Unendliche wie das Nichts verborgen. Dies kommt auch im Gebrauch der Null zum Ausdruck. Allein gilt diese Zahl nichts, aber hinter einer Einzelzahl vielfältig angegliedert kann eine Summe entstehen, die dem menschlichen Geist unfaßbar erscheinen muß. Je mehr Nullen eine Zahl ausdehnen, um so schwerer begreifbar wird diese Zahl – individuell gesehen.

An einem Beispiel wird dies besonders deutlich. Der Tod eines Bekannten löst meist eine sehr persönliche, tiefgehende Trauer aus, Mitleid empfindet die Umwelt auch noch für hundert oder tausend Tote, doch eine Million Tote berühren den einzelnen kaum mehr – ja lassen ihn eher gleichgültig, denn diese Zahl ist sehr schwer vorstellbar.

Die Null ist jedoch nicht nur das Symbol der Ewigkeit, sondern auch das Symbol der Grundentwicklung aus dem Nichts. Das Symbol des Embryos ist nämlich ebenfalls die Null, die den – zunächst noch unfruchtbaren – Samen versinnbildlicht, der noch ohne zeugende Kraft ist. Erst ein Punkt in der Null erhebt diese zum größten schöpferischen Symbol – zur Sonne.

Die Null allein ist also nichts, aber als Ergänzung ist sie unübertrefflich und wandelbar wie keine andere Zahl und kein anderes Symbol. Die Numerologen wissen:

»Aus der Null kommt alles
wie auch alles zur Null strebt.
Aus der Null wächst alles
und zur Null wird alles.«

## Die Eins

Auch die Eins ist an sich noch *keine* Zahl, sie wird erst zur Zahl, wenn etwas dazutritt, was vorher noch nicht da war. Die Eins ist die mystischste aller Zahlen. Sie bezeichnet die Einheit und das Einzige. Sie ist das Symbol unserer Sonne und damit der Schöpferkraft. Sie gilt daher als die Vaterzahl. Die Eins ist der Mittel-

*Nichts kann die Eins besser symbolisieren
als der Obelisk – ein altes Herrscherzeichen.
Seine Schattenwirkung regte übrigens später
die Konstruktion der Sonnenuhr an.*

punkt, um den sich alles dreht, wie es bei den zwei übereinander-
stehenden Nullen der Acht zum Ausdruck kommt, da die Eins den
Knoten der Lemniskate darstellt (siehe Abbildung Seite 37). Die
Eins ist der aktive Ausgangspunkt, der aus dem Nichts geboren
wurde. In der Esoterik verkörpert daher die Eins auch den Geist,
wobei Gottheit und Geist eins sind. Die Eins ist die Wurzel und die
Einheit in sich selbst. Glücklich die Menschen, die von sich selbst
sagen können, daß sie mit sich *eins* sind.
Die Eins ist ferner das Absolute, da die Eins die Zahl Gottes ist,
neben dem es keine anderen Götter geben darf.
Die Eins ist der Ausgangspunkt, aber noch keine Richtung, noch
kein Weg. Die Eins ist jedoch neben dem Ausgangspunkt auch
das Ziel, der eine Gipfel, den es zu ersteigen gilt. In der Eins ist der
Einfall verborgen und damit die Erleuchtung, was uns zum Schöp-
fer zurückführt, der alleine unser Schicksal leitet und bestimmt.
Die Eins finden wir in unzähligen Wörtern wie:
Einigkeit, Einsiedler, Einhalt, Einnahme, einfarbig und einseitig.
Ferner spannt die Eins den Bogen vom Einzeller zum Eintritt bis
zum Einsturz. Die Eins ist das Einzelne und das Einzige, kurz das
Einmalige.
Friedrich Rückert schreibt in seiner »Weisheit der Brahmanen«
über die Eins:

»So wahr als aus der Eins die Zahlenreihe fließt,
so wahr aus einem Keim des Baumes die Krone sprießt,
so wahr erkennst Du, daß der ist einzig Einer,
aus welchem alles ist, und gleich ihm ewig keiner.«

Tritt nun zur Eins etwas hinzu, was vorher nicht da war oder nicht
gesehen wurde, so ergibt dies die Zwei.

## Die Zwei

Die Zwei ist die Zahl der Ergänzung, die Zahl der Polarität, die
Zahl vom Ich zum Du oder vom Du zum Ich. Es ist die Zahl des
einfachsten Paares, aber auch die Zahl der Gegensätzlichkeit. So
stellt sie im Gegensatz zur Eins, der zeugenden Männlichkeit, die
empfangende Weiblichkeit dar. Es ist die Zahl des Dualismus, des
Sowohl-Als-auch, die Zahl der Helligkeit *und* der Dunkelheit. Die
Zahl des Bewußten *und* des Unbewußten. Die Zahl von Plus *und*

*Das chinesische Yin und Yang Zeichen symbolisiert
das Männliche (Helligkeit) und das Weibliche (Dunkelheit)
und ist damit auch eine Darstellung der Ergänzungszahl Zwei.*

Minus. Die Zahl der Pole – kurz: die Zahl der Zweiheit. Es ist aber
bereits die Zahl des Weges, denn zwei einzige Punkte können –
miteinander verbunden – eine Strecke kennzeichnen. Die Zwei ist
also auch die Zahl der Verbindung: von Welt und Mensch, von
Himmel und Hölle (oder Erde), von Gut und Böse, von Jenseits
und Diesseits, von Leben und Tod, von vorn und hinten oder von
rechts und links. Nicht ohne Grund trat Moses mit zwei Gesetzes-
tafeln vor sein Volk, als wolle er dokumentieren, daß alles seine
zwei Seiten habe – ein Unrecht und ein Recht. Das chinesische
Yang- und Yin-Zeichen ist in dieser Zahl verborgen wie Sonne
und Mond. Was wäre der Mond ohne Sonne? Er würde nicht
leuchten – er wäre nicht vorhanden, und doch kann dieser Mond
die Sonne verdunkeln. Die Zwei ist die Zahl der Eins plus Eins
gleich Ergänzung, aber auch Kampf, wenn keine Ergänzung,
sondern Alleinbestimmung gesucht wird.
So ist die Zwei die Zahl der Bindung und der Teilung. Es ist die
erste Zahl, die teilbar ist, auch wenn nach ihr noch viele Zahlen
kommen, die nicht teilbar sind. In der Zwei liegt die Gemeinsamkeit von Gegensätzen und das gegensätzlich Unvereinbare, das
die Zweisamkeit zu verhindern vermag.

Zwei Seelen wohnen halt in einer Brust.
Auch die Zwei spiegelt sich in vielen Wörtern wider:
Zweifel, Zweierbund, Zweideutigkeit, zweidimensional und zwei-
gleisig.
Es ist die Zahl der dunklen Kraft in uns, die zur Entscheidung
zwingt, ob wir uns zur weißen oder zur schwarzen Magie ent-
schließen, wie der innere Zweikampf entschieden wird. Doch wer
mit zwei Zungen spricht, der soll verflucht sein, so lautet ein altes
Gesetz. Eine Zweitschrift ist nicht soviel wert wie das einzige
Original!
Die Zwei ist Mahnung, nicht zweischneidig zu sein, wie sich auch
niemand zwischen zwei Stühle setzen sollte. Zwar steht der
Mensch auf zwei Beinen, aber er sollte seinem einzigen Herzen
folgen, um nicht Zwietracht oder Zwiespalt zu wecken.
Doch benötigt der Mensch zwei Hände, da mit einer Hand nicht
viel auszurichten ist. So folgt die Zwei auf die Eins, um diese zu
ergänzen. Die okkulten Numerologen sind übrigens der Überzeugung, daß man Eins und Eins nicht zur Zwei addieren kann, weil
dies einer Gotteslästerung gleichkäme, da die Eins die Zahl des
Schöpfers ist, der in seiner Doppelung nicht denkbar wäre. Es sei
denn, wir nehmen das göttlich Weibliche und das göttlich Männliche, addieren dies (im höheren Sinne) zu einer Einheit, um so
aus den vereinten zwei göttlichen Kräften die Drei zu schaffen,
die erste wirkliche Zahl, weil sie über das Paar hinaus die Vielheit
versinnbildlicht.

### Die Drei

»Aller guten Dinge sind drei.« Dieser Ausspruch des Volksmundes
weist uns darauf hin, daß diese Zahl das Symbol des aktiven
Handelns darstellt und das Ergebnis der Paarung der Eins und der
Zwei ist. Erst drei Linien ergeben eine geschlossene Figur, so daß
auch die Drei als Symbol für das Gegenständliche steht. Die Drei
ist die Zahl des eigenen Strebens zur Höhe. Diese Dreiereinheit,
die wir auch im schlichten Dreieck haben, wird durch Erde und
Mond unten an der Längsseite symbolisiert, während darüber die
Sonne thront.
Die Drei ist eine heilige Zahl, zumal sie uns die drei (an)faßbaren
Dimensionen erschließt: Länge, Breite, Höhe. Die vierte Dimen-
sion, die Zeit, ist zwar meß-, aber nicht anfaßbar. In der Drei ver-

*Die Drei findet sich in vielen*
*christlichen Darstellungen als die Dreifaltigkeit*
*Vater, Sohn und heiliger Geist wieder.*

birgt sich auch die zeitliche Entwicklung: Vergangenheit, Gegenwart und Zukunft. Es ist die Zahl des Werdens. So steigern wir auch in drei Stufen: groß – größer – am größten. Die Numerologen weisen zudem auf die drei Stufen von Himmel, Erde und Hölle hin.

Es gibt im karmischen Sinn auch die drei Leben: das Vorleben, das Jetzt- oder Diesseitsleben, das Nach- oder Jenseitsleben. Die Griechen wußten, daß die dreiköpfige Hekate die wahre Entwicklung symbolisiert: das Vergehen, die Unterwelt und das Auferstehen. Erst nach diesem dreistufigen Weg reift der Mensch, reift vor allem seine unsterbliche Seele.

Auch in der christlichen Religion kennen wir die Dreiersymbolik: Vater, Sohn und Heiliger Geist. Dies ähnelt dem ägyptischen Ursprung, da sich die hohe Götterwelt von Isis und Osiris in Horus

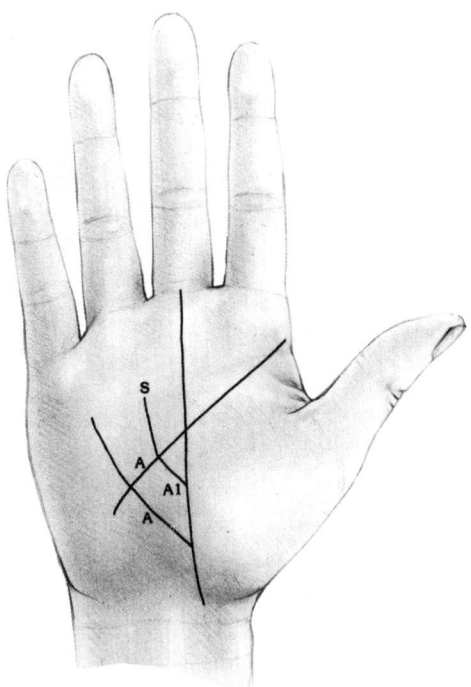

*Bei manchen Menschen findet sich*
*das »Auge Gottes« in der Hand,*
*gebildet von Kopf-, Saturn- und Uranus / Merkurlinie.*

offenbart. Daher treffen wir heute noch die Dreigliederung in Tempeln und Kirchen an: Vorhof, Heiligtum und Allerheiligstes. »Du mußt es dreimal sagen«, heißt es bei Goethes »Faust«, wie alles, was gelingen soll, mit einem »toi – toi – toi« oder mit dreimaligem Klopfen auf Holz begleitet werden sollte. Dies alles beruht auf dem alten Brauch, Gott als dreimal heilig anzurufen.

Bei den Pythagoräern galt die Zahl Drei als perfekte Zahl, weil in ihr Anfang, Dasein und Ende enthalten sind.

Drei Wünsche kennen wir, die frei sind, aber auch drei Flüche und beim Raten drei Chancen.

Ist die Quersumme einer Zahl durch drei teilbar, dann ist es auch die gesamte Zahl.

Die Kirche feiert das Dreifaltigkeitsfest, wie es auch drei Könige waren (oder Chaldäer beziehungsweise Magier), die das Kind in der Krippe suchten, so daß wir noch heute das Fest der Heiligen Drei Könige feiern.
Der Dreizack, Symbol des Neptun, gilt als göttliche Auszeichnung wie auch das Dreieck, das in der Hand aus Handlinien gebildet werden kann, stets als Auge Gottes geachtet wurde. Die Drei ist auch die Zahl der Verpflichtung, etwas zu tun, zu handeln, aktiv zu werden, da die Chancen genutzt und nie vertan werden dürfen.
In der Astrologie gilt das Trigon als Glückssymbol, das jedoch ausgefüllt werden muß, und die drei Götterbrüder der Antike, Jupiter, Neptun und Pluto teilten sich die Herrschaft über die Welt. Jupiter im Olymp, Neptun im (Himmels-)Meer und Pluto in der Unterwelt.
Die Drei schafft aus der Gegensätzlichkeit der Eins und der Zwei eine höhere Einheit, in die sich auch der Mensch eingliedern kann. Die Drei ist somit die erste wahre ungerade Zahl, die Zahl der Zeugung auf Erden, die nach einer Geschlossenheit strebt, die in der Vier zu finden ist.

## Die Vier

Die Vier ist die erste Quadratzahl (2 x 2), da mit der göttlichen Eins solche Rechnungen nicht angestellt werden. Die Vier ist die Zahl des festen Fundaments und damit die Zahl der Materie. Wir haben es mit der Zahl der vier Jahreszeiten zu tun sowie der Zahl der vier Evangelisten, die auch in der Astrologie auftauchen und dort jeweils den mittleren Abschnitt einer Jahreszeit symbolisieren.
In der Zahl Vier begegnen wir der vierten Dimension, der Zeit. Die Vier führt bereits zum Ziel, denn die ersten vier Grundzahlen addiert ergeben die Zehn: $1 + 2 = 3 + 3 = 6 + 4 = 10$. Womit wir wieder beim Ende und Anfang sind. Die Vier und die Drei zusammengezählt ergeben die zweite heilige Zahl, die Sieben, während Vier plus Vier die Zahl Acht, die Zahl der Unendlichkeit (Lemniskate-Zahl) ergibt. Die Vier und die folgende Fünf ergeben die unheimliche Neun.
Die Vier ist die Zahl der Mondphasen, damit die Vierwochen-Einteilung unserer Monate, aber diese Zahl steht auch für die vier Himmelsrichtungen oder die vier großen Winde der Chinesen.

*Die vier Elemente, dargestellt als Frauengestalten,
die Krüge auf dem Kopf tragen.*

Wir kennen seit dem Altertum die vier Elemente: Feuer, Erde, Luft
und Wasser sowie das Kreuz mit seinen vier Enden, das den Menschen auferlegt wurde. Vieles wurde früher in Bezug zur Vier gestaltet, denken wir nur daran, daß noch heute von Stadtvierteln
gesprochen wird. Mit vier Kartenspielfarben gewinnen und verlieren wir, oder wir befragen damit das Schicksal.

Im Buddhismus geht es um die vier Tugenden oder die vier Wahr-
heiten, zudem werden von den Jüngern vier große Anstrengungen verlangt, denen vier Meditationen vorausgehen oder folgen
sollen.

Ein guter Blumengruß, der Glück bringen soll, besteht aus vierer-
lei Blumenarten, während das Unglück durch die vier apokalypti-
schen Reiter angezeigt wird. Der Sonnengang wird in vier Abschnitte eingeteilt: Vor-Mittag, Nach-Mittag, Vor-Mitternacht,
Nach-Mitternacht. Die Astrologie arbeitet mit vier Quadranten
und vier Hauptpunkten im Horoskop. 4 ist die Zahl unserer physi-
schen Entfaltung, für die uns vier Hauptglieder zur Verfügung stehen, zwei Arme und Beine oder zwei Füße und zwei Hände.

Es gibt vier Grundcharaktere: den Choleriker, den Phlegmatiker,
den Melancholiker und den Sanguiniker.

Der Mensch sehnt sich nach seinen vier Wänden, denn erst sie bieten Halt und Schutz, wie es auch die vier Freuden sind, die den Menschen beglücken, aber auch verführen: Essen, Trinken, Arbeit und Liebe. Als schlimmste Strafe galt im Mittelalter die Vierteilung, womit das Materielle des Menschen völlig auseinandergerissen, also zerstört wurde. Die Vier ist aber auch das Symbol der Vollständigkeit, weshalb man Lehrbücher meist in vier Bänden herausgab oder in vier Hauptkapitel gliederte. Das Glückssymbol überhaupt ist das vierblättrige Kleeblatt, während es der Wunsch vieler Menschen ist, daß ihre Asche eines Tages in alle vier Winde zerstreut wird. Doch entscheidend ist heute noch – geht es um Dinge von Belang – das Gespräch unter vier Augen, das Wahrheit bringen soll.

### Die Fünf

Die Fünf ist in erster Linie die Zahl unserer fünf Sinne. Es ist auch die Zahl unserer Finger an jeder Hand und die Zahl des Pentagramms, eines alten magischen Symbols. Es ist die Zahl der

*Der fünfzackige Stern, das Pentagramm, ist gleichzeitig*
*ein Symbol des Guten wie des Bösen. Wenn ein Zacken*
*nach oben zeigt (linke Darstellung) stellt es das Gute,*
*wenn zwei Zacken nach oben zeigen das Böse dar,*
*weil sie dann als die Hörner des Teufels interpretiert werden*
*(rechte Darstellung).*

menschlichen Glieder. Zwei Beine, zwei Arme, ein Leib und – im höheren Sinn – zwei Beine, zwei Arme und ein Kopf. Die Chinesen kennen fünf Elemente, da sie noch das Holz als eigenständiges Element hinzunehmen, das bei uns dem Element der Erde zugerechnet wird.

Fünf ist in der Zahlenreihe die Zahl, nach der es kein Zurück mehr gibt, denn sie führt von den ersten Einzelzahlen zu den zweiten Einzelzahlen. Damit steht sie auch für Wagnis und Abenteuer. Im Altertum kannte man fünf Planeten, die das menschliche Geschick bestimmten: Merkur, Venus, Mars, Jupiter und Saturn. Es sind die Planeten, die auch heute noch mit dem bloßen Auge erblickt werden können, also die sichtbaren Planeten. Die anderen Planeten führen in die Unendlichkeit. Fünf gute Verrichtungen kennt der Islam, dessen Religion auch verlangt, daß fünfmal am Tag gebetet wird. Und bis auf das fünfte Geschlecht wird in dieser Religion die Blutrache zurückgeführt.

Die Fünf ist die Zahl des Menschen, denn in Schriften des Mittelalters vermögen wir zu lesen: »... weil es fünf Sinne gibt, stellt die Zahl Fünf den natürlichen Menschen dar.«

Leider lassen die Menschen oft »alle fünfe gerade sein«, was bedeutet, daß sie alles nicht so genau nehmen, auch den Unterschied zwischen einer geraden und ungeraden Zahl nicht. Daher gilt diese Zahl auch als Symbol des Leichtsinns und damit auch der Prüfungen.

Die Fünf avancierte nie zu einer so heiligen Zahl wie etwa die Drei oder die Sieben. Das mag an dem saturnischen Charakter liegen, der dieser Zahl auch zugeschrieben wird. Den Pythagoräern dagegen galt sie – als Vereinigung der ersten Zahlen Zwei und Drei – als Symbol der Hochzeit und Synthese. Und auch die Alchimisten suchten nach der Quintessenz, dem fünften, lebenserzeugenden und -bewahrenden Element.

Fünf Namensbezeichnungen der zwölf Tierkreisabschnitte haben mit Tiernamen nichts gemein und werden daher die menschlichen Zeichen genannt: Zwillinge, Jungfrau, Waage, Schütze, Wassermann. Fünf gilt als die Zahl der Logik, reicht diese nicht, kommt es auf den sechsten Sinn an (der als unlogisch gilt).

Fünf ist die Zahl vor der Entscheidung, vor der Schwelle, denn gehandelt werden muß, wenn es »fünf vor zwölf« ist, wie jedes Handeln zu spät kommt, wenn die Uhr »fünf nach zwölf« anzeigt.

Die Sechs

In der Numerologie ist die Bedeutung der Zahl Sechs umstritten, sie wird meist sehr widersprüchlich interpretiert, was auf ihren merkurischen Charakter hinweist. Merkur, der Götterbote, vermittelt und verbindet. Diese Zahl gilt einmal als die Zahl der Liebe, dann wieder als die Zahl der Entscheidung. Sie ist sicher die Zahl, die uns in die Esoterik führt, da nun mehr als die fünf Sinne angesprochen werden. Die Sechs ist auch ein Symbol für Arbeit und Betätigung. Gott schuf die Welt in sechs Tagen, und am siebten ruhte er. Sechs Tage hatte bisher die Arbeitswoche, und die Werktage standen alle im Gegensatz zum Sonntag oder zum Tag des Saturn, zum Sabbat. Die Bauern kannten einst die Regel, daß es sechs Arbeitsjahre gibt, in denen die Felder besät und abgeerntet werden konnten, während im siebten Jahr die Äcker brachliegen mußten. Zur sechsten Nachmittagsstunde läuteten früher die Glocken den Feierabend ein, während zur sechsten Morgenstunde die Arbeit begann.

Sechs merkurische (also doppeldeutige) Ausreden kennt der Mensch: ich hätte, ich wollte, ich könnte vielleicht, ich sollte, ich möchte und ich wünschte.

*Die zwei ineinander verschlungenen Dreiecke sind*
*unter dem Namen »Siegel Salomons« bekannt.*
*Sie sind das Symbol des weisen Handelns.*

Die Sechs ist die Zahl, die aus der ersten weiblichen Zahl Zwei und der ersten männlichen Zahl Drei (da die Eins in dem Sinne nicht als Zahl gilt) beim Multiplizieren gefunden wird. Sie gilt als erste wirkliche vollständige Zahl, da die möglichen Divisoren addiert die vollständige Zahl ergeben. Die Sechs ist nämlich teilbar durch eins, zwei und drei. Diese Zahlen addiert ergeben: $1 + 2 + 3 = 6$. Es gibt nur sehr wenige – und in diesem Sinn – vollständige Zahlen. Da wäre die 28 zu nennen, die durch 1, 2, 4 und 7 sowie durch 14 teilbar ist. Addiert ergibt dies:
$1 + 2 = 3 + 4 = 7 + 7 = 14 + 14 = 28$.

Die Sechs ist das Symbol für die Durchdringung der sichtbaren und der unsichtbaren Welt, wie es im Hexagramm, das aus zwei übereinanderliegenden Dreiecken gebildet wird, zum Ausdruck kommt, also zwei mal drei gleich sechs.

Kein Wunder, daß die Sechs auch als die Zahl der schwarzen Magie gilt, da mit ihrer Kraft die bösen Geister beschworen werden.

## Die Sieben

Der tiefere Sinngehalt der Sieben geht sicher auf die sieben Planeten der alten, traditionellen Astrologie zurück. Daher gilt diese Zahl auch als Zahl der Vollkommenheit, wonach der Mensch seinen Wochenkalender eingerichtet hat. Wir kennen sieben Grundtöne in der Musik und sieben Grundfarben in der Malerei. Die Bibel berichtet von sieben Siegeln, sieben Thronen, wie die gesamte Offenbarung des Johannes voll der Siebenzahlen ist. Da auch am siebenten Tage die Mauern von Jericho fielen, wurde behauptet, daß sich in der Sieben die Allmacht Gottes offenbare.

Sicher ist, was später auch durch die Planetensymbolik deutlich wird, daß die Sieben über das Irdische hinausführt. Die Sieben findet sich als Symbol in fast allen großen Religionen dieser Welt. Wir kennen die sieben Devas in der Schrift der Hindus, die sieben Amschaspands der Perser, den siebenarmigen Leuchter der Juden. Die Chaldäer sprechen von den sieben Engeln, und die sieben Sephiroth's der hebräischen Kabbala sind jedem Okkultisten bekannt. Alles in allem wurde die Sieben zur mystischen Zahl schlechthin. Ein »äußerer« Grund mag sein, daß sich die Sieben nicht teilen läßt, wie sie auch nicht durch irgendeine Multiplikation mit anderen Zahlen entstehen kann.

*Die Sieben wird auch im siebenarmigen Leuchter*
*der Juden – der Menora – geehrt.*

Sieben heilige Stufen sind es, die man zu seinem Gott oder Herr-
scher aufzusteigen hat, und der Legende nach besaß der Turm
von Babylon sieben Plattformen.
Die Sieben ist aber nach Pythagoras auch die Zahl der Krisis, und
der große Arzt des Altertums, Hippokrates, sprach davon, daß
die Siebenzahl die Krankheiten beherrsche. Noch heute sind Heil-
kundige davon überzeugt, daß die Krisis einer schwereren Krank-
heit im Siebenerrhythmus abläuft, also am 7., 14., 21. Tag und so
weiter zu erwarten ist. Die Sieben kennen wir aus Gebeten; das
Vaterunser enthält sieben Bitten an den Allmächtigen, die sieben
Todsünden spielten in den Kirchengesetzen des Mittelalters eine
wichtige Rolle.

In der Märchenwelt wimmelt es von Siebenersymbolen. Die Sieben Raben, die Sieben Zwerge sind bekannt bis zu den berühmten »Siebensachen«, die einzupacken sind. Das menschliche Leben teilen die Astrologen in sieben mal zwölf Jahre ein. Die Schule lehrt die Sieben Weltwunder, und ein Buch mit sieben Siegeln verrät uns die letzten Geheimnisse. Auf sieben fette sollen sieben magere Jahre folgen, wie auch der tapfer ist (man denke an das kleine Schneiderlein), der Sieben auf einen Streich erledigt! Und wer sucht, muß stets um sieben Ecken schauen. Die Sieben Schwaben gingen in die Literatur ein wie die Sieben Weisen, die uns mit Siebenmeilenstiefeln zu neuen Erkenntnissen führen sollen. Und wer eine »böse Sieben« daheim hat, ist ein geschlagener Ehemann.

So offenbart sich die Sieben als die okkulte Zahl schlechthin, und kaum einer von uns kann sich dem Zauber der Sieben entziehen. Ein Blick zum Himmel bestätigt dies, da das Sternbild des großen Bären – aus sieben Fixsternen gebildet – nie untergeht, sondern bei klarem Himmel stets beobachtet werden kann und uns damit hilft, die richtige (Himmels)-Orientierung zu finden.

## Die Acht

Die Acht ist die Zahl der Unendlichkeit. Nach der Acht kommt die Neun, die schon das Neue ankündigt. So liegt die Acht zwischen der Sieben und der Neun, womit diese Zahl die Verbindung zwischen der heiligen Zahl und dem Neuanfang darstellt. Damit wird in ihr die Unendlichkeit symbolisiert, auch die unendliche himmlische Liebe.

Die Acht war das erste Zählmaß, das die Menschen nach der Erkennung von Tag und Nacht am Himmel fanden, da die sterbende (abnehmende) oder auferstehende (zunehmende) Mondsichel am Himmel immer achtmal im Einklang mit Venus als Morgen- oder Abendstern leuchtete. Daher wurden einst auch die Horoskope in acht Abschnitte eingeteilt.

Die Acht weist also auf das Verhältnis Mond und Venus hin, und da der Mond das Symbol der Auferstehung darstellt – denn er stirbt ja sichtbar am Himmel und wird wieder neugeboren – wurde dies stets im Zusammenhang mit der Venus, dem Symbol der Liebe, gesehen, so daß die Überzeugung von der Unsterblichkeit auf dem Glauben an die himmlische Liebe beruht.

Sommersonnenwende

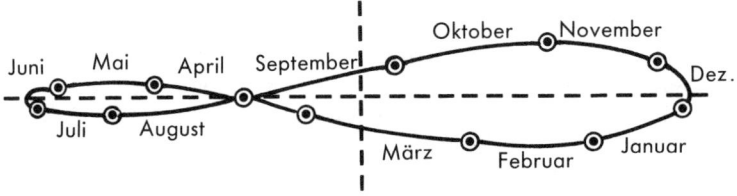

Wintersonnenwende

*Die Sonne bewegt sich im Laufe des Jahres in der Form einer Lemiskate (algebraische Kurve) über den Himmel. Die arabische Ziffer Acht wiederholt diese Form.*

Auch in Multiplikationen kommt das Unendlichkeitssymbol der Acht gut zum Ausdruck. Denn wenn die zeugenden, also die ungeraden Zahlen miteinander multipliziert werden (ab der Drei), dann ergibt sich, daß immer eine Zahl herauskommt, die durch acht teilbar ist plus einer Eins – der Schöpferzahl. Beispiel:

$7 \times 7 = 49$. Das sind $6 \times 8 + 1$.
$9 \times 9 = 81$. Das sind $10 \times 8 + 1$.
$15 \times 15 = 225$. Das sind $28 \times 8 + 1$.

Die Acht ist die Zahl (oder besser das geometrische Bild) der Lemniskate – ein Symbol der Unendlichkeit, ein Symbol des ewigen Kreislaufes, der ewigen Wiederkehr. Da das ewige Leben nur der erreicht, der durch die Unterwelt gegangen ist, der also seine »dunklen« Erfahrungen gemacht hat, wurde die Acht auch das Symbol für die Unterwelt. Die eine Null stellt also die Ober-, die untere Null die Unterwelt dar. Damit spiegelt diese Zahl das Gesetz »Unten wie oben« wider und wurde so zur Spiegelzahl.

Die Acht führt uns in andere Dimensionen, wenn wir uns über die sieben Stufen erheben, um in den wahren Himmel, den achten zu kommen, in dem die Götter leben.
In der deutschen Sprache ist die Acht Bestandteil vieler Worte, auch wenn die reinen Sprachwissenschaftler das vermutlich nicht so sehen. Man hat achtzugeben, darf auch nichts außer Acht lassen. Früher bestrafte man Menschen, indem man sie in Acht und Bann trat, weil man sie nicht wie die anderen achten konnte. Aber manches »hochachtungsvoll« ist inzwischen zur Floskel herabgewürdigt worden.
Der Mensch soll acht Stunden am Tag arbeiten, acht Stunden seiner Muße nachgehen und acht Stunden schlafen. Der achte Tag ist wichtig. Er ist der erste Tag der neuen Woche.

## Die Neun

Die Neun wird gerne die wahre okkulte Zahl genannt oder – banaler – die unheimliche Zahl, weil mit der Neun verblüffende Rechnungen durchzuführen sind.
Etwa: Jede Quersumme einer Zahl bleibt gleich, wenn die Neun hinzugezählt wird. *(Es sei hier erwähnt, daß alle Zahlen auf eine Quersumme zurückgeführt werden müssen, die unter zehn liegt.)*
Beispiel:
Die Zahl 87 hat die Quersumme $8 + 7 = 15$. Die Quersumme von 15 aber ist $1 + 5 = 6$. Also ist 6 die Quersumme von 87.
Zählt man eine 9 dazu, verändert sich die Quersumme nicht!
$87 + 9 = 96$
$9 + 6 = 15 = 1 + 5 = 6$
Noch ein Beispiel, daß sich die Quersumme nicht verändert, wenn eine 9 zu einer Zahl dazuaddiert wird.
$31 = 3 + 1 = 4$
$31 + 9 = 40 = 4$
Wenn irgendeine Zahl mit neun multipliziert wird, dann kommt als Quersumme immer neun heraus. (Im folgenden wird immer nur die endgültige Quersumme genannt.)
$2 \quad x\,9 = 18 \quad = $ Quersumme 9
$7 \quad x\,9 = 63 \quad = $ Quersumme 9
$131\,x\,9 = 1179 = $ Quersumme 9
$962\,x\,9 = 8658 = $ Quersumme 9
Auch dieses Rechnungsspiel ist unbegrenzt fortsetzbar.

| 9 | **DER EREMIT** | ☿ |

*Die Neun gilt als die unheimliche Zahl und ist die
höchste Einzelzahl. In der Karte »Der Eremit« des
Ansata-Tarots kommt diese Unheimlichkeit durch den
neunäugigen Dämon (oben links) besonders gut zum
Ausdruck.*

Neun ist drei mal drei, also die heilige Zahl im Quadrat. Damit auch die Zahl des dreifachen Dreiecks. Die Neun schließt die Grundzahlen ab, nach ihr kommt das Neue, das in dem Wort »Neun« bereits verborgen liegt.
Auch in den Legenden und Geschichten spielt die Neun eine Rolle. Neun Gründer hatte der geheimnisvolle Templerorden, und auch der unheimliche Rattenfänger pfiff neunmal seinen Ton. Alle neun Jahre wurde in Delphi das Fest Apollons, des Schutzherren des Orakels, gefeiert, wie auch die Römer ihre Opfer jeweils am neunten Tage darbrachten.
Aber die Neun hat noch andere Geheimnisse, so den Zahlenbaum.

$$1 \times 9 + \phantom{0}2 = 11$$
$$12 \times 9 + \phantom{0}3 = 111$$
$$123 \times 9 + \phantom{0}4 = 1111$$
$$1234 \times 9 + \phantom{0}5 = 11111$$
$$12345 \times 9 + \phantom{0}6 = 111111$$
$$123456 \times 9 + \phantom{0}7 = 1111111$$
$$1234567 \times 9 + \phantom{0}8 = 11111111$$
$$12345678 \times 9 + \phantom{0}9 = 111111111$$
$$123456789 \times 9 + 10 = 1111111111$$

Dieser Zahlenbaum zählt am Ende pro Zeile soviel »Einsen« wie der Zahl entspricht, die nach der Multiplikation mit der Neun dazugezählt wurde. Besonders deutlich wird hier das Zusammenspiel von eins und neun.
Sicher spielt beim Werten der Neun eine besondere Rolle, daß es neun Monate sind, die ein Mensch von der Zeugung an benötigt, um geboren zu werden. Vielleicht arbeitet auch deswegen die okkulte Medizin mit neun Besprechungen oder den neun Handauflegungen. Geschulte Geheimnisträger wissen, daß es nicht mehr als neun wahre Geheimnisse gibt, die zu ergründen und danach zu bewahren sind. Dies kommt noch im Volksmund zum Ausdruck, wenn jemand als »Neunmalklug« bezeichnet wird.
Im Volkssport gilt es »alle Neune« zu kegeln, womit die Neun auch als Zielzahl anzusprechen ist, weil von der Grundzahl keine Zahl über die Neun hinausführt. Nun muß wieder von vorne gezählt werden. Und da alles ein Kreislauf ist, wird auch bei der Zehnfingerzählung nach dem neunten Finger mit dem Zählen von vorn

*Der kabbalistische Zahlenbaum
zeigt zehn hebräische Zahlen
und ist eine Allegorie für den Aufbau des Universums.*

begonnen, wobei nun zum ersten Mal die Null mit einbezogen wird. Manche Numerologen benutzen die Neun nur wenig, weil sie befürchten, mit der Nennung oder Anrufung dieser Ziffer geheimnisvolle Kräfte zu beschwören, deren man nur schwer Herr werden kann.

### Die Zehn

Die Zehn ist die erste Zahl, die aus zwei Einzelziffern gebildet wird. Mit der Eins, der Schöpferzahl, wird das Nichts nun zu einer Macht erhoben. Die Null wird bedeutungsvoll. Mit der Zehn beginnt ein neues Zählsystem – was jedoch die Numerologen kaum interessiert. (Die einzige Ausnahme sind die Daten der Geburtstage, die von 1 bis 31 gehen können.)
Die Zehn ist in erster Linie das Symbol des aktiv handelnden Menschen, der mit seinen zehn Fingern anzupacken vermag. Heute ist der Wert der Zehn gestiegen, da wir in der Astrologie – dank der Entdeckung der drei transsaturnischen Planeten (also Planeten, die ihre Bahn jenseits des Saturn haben) – zehn Planetensymbole kennen, die das Schicksal eines Menschen zu deuten helfen. Aus der Bibel sind uns die zehn Gebote bekannt, und es mag darauf zurückzuführen sein, daß der zehnte Tag immer als Tag der Sühne galt. Es kann auch kein Zufall sein, daß Abgaben oder Steuern meist mit dem zehnten Teil der Einnahmen begannen. Der »Zehent« ist in die Geschichte eingegangen, Zehnereinteilungen sind geläufig, so die Zehnerpackung, die Zehnerkarte, die runden Zehner-Geburtstage im Leben eines Menschen, wie ja auch unser Dezimalsystem auf der Zehnereinteilung basiert.
Die Zehn ist Sinnbild eines Machtanspruchs, weswegen auch im alten Rom der Senat aus zehn Senatoren bestand, während wir heute noch von den zehn klassischen Ministerien einer Regierung sprechen.

### Die Elf, Zwölf und Dreizehn

In der *Elf* erkennen wir die doppelte Eins – und sie ist für viele Numerologen die erste Meisterzahl. Als Meisterzahlen gelten alle Zahlen, die aus zwei gleichen Ziffern bestehen. Also auch die 22, die 33, die 44 und so fort bis 99 (näheres dazu siehe Seite 45).

Viele Menschen sind stolz darauf, wenn in ihrer persönlichen numerologischen Berechnung eine Meisterzahl auftaucht, aber insgesamt ist die Bedeutung dieser Zahlen doch umstritten. Die *Zwölf* hat astrologisch eine Bedeutung durch die zwölf Tierkreisabschnitte, und aus zwölf Sternbildern besteht die Ekliptik. Zwölf Stämme Israels kennen wir, die zwölf Apostel, und die Alchimie weiß um die zwölf Stufen der Wandlung. Mit der Zwölf ist spätestens ein Schlußpunkt gesetzt, da es auch im Sprachgebrauch heißt:»Nun hat es bei mir zwölf geschlagen.«
Die *Dreizehn* ist die Zahl nach der vollkommenen Zwölf, wohl ein Grund, warum sie verflucht wird. Doch der Urgrund ist am Himmel zu suchen. Wir kennen zwei Mondumläufe. Der eine, der synodische Mondumlauf, geht von einer Phase zur anderen (also von Vollmond zu Vollmond) und dauert rund 30 Tage, so daß wir zwölf Umläufe im Jahr haben.
Der siderische Umlauf (abgeleitet vom Wort Stern) wird so genannt, weil der Mond seinen Rundweg von einem Fixsternpunkt aus macht und er zu diesem Ausgangspunkt zurückkehrt. Dieser Umlauf dauert nur rund 27¾ Tage, und wir haben davon dreizehn im Jahr. Hätten sich die Menschen nach dem siderischen Umlauf gerichtet, würde sich das Bild der Mondphasen wie Voll-, Halb- oder Dunkelmond nicht mehr nachvollziehen lassen, denn die Mondphasen»hinken« dem siderischen Umlauf nach. Einst feierte man aber Mondfeste, besonders die Auferstehung des Mondes oder den ersten Vollmond im Frühling (Ostern), so daß man mit dem Umlauf von dreizehn Monaten nie zurechtkam. Daher wurde die Dreizehn verflucht, wie auch alle Mondgötter, die böse waren, mit Hinkefuß dargestellt wurden, was sich bis zum Teufel, zum Satan oder zur Gestalt des Mephisto in Goethes»Faust« fortgesetzt hat. Sicher ist die siderische Rechnung die richtigere, und danach richten sich auch die Astrologen, aber sie ist mit dem Auge – also per Anschauung – nicht nachzuvollziehen. Deswegen wurde die Zwölf heilig, die Dreizehn verflucht.

## Die Zahlen Vierzehn bis Zweiundzwanzig

Diese Zahlen haben – vielleicht bis auf die Neunzehn – keine ausgesprochen esoterische Bedeutung. Die *Vierzehn* gilt als Schutzengelzahl, wohl wegen der Summe, die sich aus zwei mal sieben ergibt.

Die *Fünfzehn* wird geachtet, weil sich hier die Drei und die Fünf in der Multiplikation zusammenfinden, eine Zahl, die uns zur Anstrengung ermahnen soll. Wichtiger wohl deswegen, weil der 15. als Vollmondtag gilt.

Die *Sechzehn* besitzt die Quersumme sieben und ist die Quadratzahl der Vier, so daß hier der leuchtende Blitz Jupiters gesehen wird.

Die *Siebzehn* mit der Quersumme acht gilt als Zahl der endlosen Hoffnung und Sehnsucht nach Liebe.

Die *Achtzehn* mit der Quersumme neun gilt als drei mal sechs und steht als Symbol für die höhere Entscheidung.

Die *Neunzehn* dagegen ist schon wieder wichtiger. Immerhin handelt es sich hier um die Zahl, die aus der ersten und der letzten Ziffer zusammengesetzt ist, nämlich aus der Eins und der Neun, was die Quersumme zehn ergibt.

Ein Grund vielleicht, daß nach dem ägyptischen Totenbuch der Mensch aus neunzehn Gliedern besteht, wobei jedes Glied jeweils einem anderen Gott unterstehen soll. Alle neunzehn Jahre kommt übrigens der Mond als Neumond gradgenau, oft minutengenau auf die gleiche Stelle des Tierkreises, der Ekliptik. Da der Mond in der Astrologie die Seele und das Karma symbolisiert, wuchs die Neunzehn in ihrer Bedeutung auch zur Karmazahl.

Sicher galt auch die *Zwanzig* einst als heilige Mondzahl, weil der Mond – wie wir später sehen werden – mit der Zwei identifiziert wurde. Doch sie galt auch real als Zahl der Vollendung, was sich aus der Summierung von Fingern und Zehen für den Menschen ergab.

Anders verhält es sich bei der *Einundzwanzig:* Es ist die Zahl der Multiplikation der zwei heiligen und damit herausragenden Zahlen drei und sieben. So wurde aus der Einundzwanzig auch die Trumpfzahl, und die große Arcana des Tarot hat seit altersher einundzwanzig Trumpfkarten oder Schicksalsblätter. Sie verdeutlichen die drei Wege mit je sieben Stufen oder Aufgaben.

Ein wenig wird noch die *Zweiundzwanzig* hervorgehoben, weil es die Buchstabenzahl des hebräischen Alphabets ist. Und im Neuen Testament wird von den zweiundzwanzig Tugenden Christi gesprochen.

Die streng okkulten Zahlen

Unter den streng okkulten Zahlen werden diejenigen verstanden, die nur auf sich selbst weisen. Wie ist das zu verstehen? Nun, der streng okkulte Gehalt der Zahlen ergibt sich durch ständige Addition der Zahlenreihe:

$1 = 1$
$2 = 1 + 2 = 3$
$3 = 1 + 2 + 3 = 6$ (siehe Ergebnis der Zahl 6)
$4 = 1 + 2 + 3 + 4 = 10 = 1$
$5 = 1 + 2 + 3 + 4 + 5 = 15 = 1 + 5 = 6$ (siehe Ergebnis der Zahl 6)
$6 = 1 + 2 + 3 + 4 + 5 + 6 = 21 = 1 + 2 = 3$
$7 = 1 + 2 + 3 + 4 + 5 + 6 + 7 = 28 = 2 + 8 = 10 = 1$
$8 = 1 + 2 + 3 + 4 + 5 + 6 + 7 + 8 = 36 = 3 + 6 = 9$
$9 = 1 + 2 + 3 + 4 + 5 + 6 + 7 + 8 + 9 = 45 = 4 + 5 = 9$

Man sieht, die letzten Zahlen bestehen nur aus: 1, 3 oder 9. Das sind die Zahlen, die stets auf sich selbst weisen, die wahren okkulten Zahlen also, wodurch diese drei Ziffern zusätzlich einen besonderen numerologischen Wert erhalten. Dabei mag bemerkenswert sein, daß diese streng okkulten Zahlen alle ungerade sind.

Davon kommt die Drei am häufigsten vor, gefolgt von der Eins und der Neun. Diese streng okkulten Zahlen spielen eine wichtige Rolle bei der Verknüpfung des ägyptischen Tarot mit der Numerologie, was wir hier außer acht lassen müssen, doch was der Vollständigkeit halber erwähnt werden sollte.

# Die Praxis der Numerologie

Die Numerologie ist die Geheimwissenschaft, die sich am einfachsten handhaben läßt. Notwendig ist zunächst nur, von Daten oder Namen die Endquersumme zu errechnen. Wer zum Beispiel 28. 02. 1959 geboren wurde, addiert nur die einzelnen Zahlen dieses Geburtsdatums zusammen. Also:
$2 + 8 = 10 + 2 = 12 + 1 = 13 + 9 = 22 + 5 = 27 + 9 = 38.$
Die Quersumme von 38 ist: $3 + 8 = 11 = 2$.
Anders verhält es sich, wenn wir mit Buchstaben rechnen. Jeder Buchstabe besitzt einen eigenen Zahlenwert. Für die Festlegung der Zahlenwerte der Buchstaben sind zwei verschiedene Systeme am gebräuchlichsten: das kabbalistische oder Cheirosystem und das System nach Pythagoras.
Alle Endquersummen ergeben eine Zahl unter 10, auch die Endquersumme der Namen. Oder, mit anderen Worten: um auf die numerologisch bedeutsame Zahl zu kommen, muß man so lange die Quersumme bilden, bis sich eine einstellige Zahl ergibt. So wird von Numerologen über Personen als »Einser«, »Zweier« oder »Fünfer« gesprochen. »Nuller« gibt es nicht, denn das Ergebnis einer Quersummenberechnung kann niemals 0 sein. Die 0 wird aber bei runden Ergebnissen wie 10, 20, 30, 40, 50, 60, 70, 80 und der 90 mitbewertet (näheres dazu siehe Seite 49).
Damit greifen wir jetzt etwas vor: Die »runden« Ergebnisse sind besonders wichtig, wenn die Planetenverwandtschaften der Zahlen aufgezeigt werden!
Auch die 1 kann nicht als Quersumme erscheinen (Ausnahme 100 und 1 000), sondern nur über den Umweg der 10. Damit nur über die Zahlen 19, 28, 37, 46, 55, 64, 73, 82 und 91.
Die Zahl 2 ergibt sich nur über Zahlen, die sich zu 11 addieren: also 29, 38, 47, 56, 65, 74, 83, 92 und – als Ausnahme – über die 20.
Bei der Beschäftigung mit der Numerologie wird jeder noch auf andere interessante Kombinationsmöglichkeiten stoßen, die uns geheimnisvolle Zusammenhänge offenbaren.

# Die Umwandlung von Buchstaben in Zahlenwerte

Das ursprüngliche System, nach dem die Numerologen vorgingen, ist das kabbalistische oder Cheirosystem. Hier fehlt die Zahl 9: Nach alter testamentarischer Vorstellung drückt die Zahl 9 nämlich den unaussprechlichen, neunbuchstabigen Namen Gottes aus, und deshalb wurde dieser Zahl kein Buchstabe zugeteilt. Als Quersumme wird die 9 dann aber doch verwendet, wie sie auch als Datenzahl Verwendung findet, und so ist nicht einzusehen, warum sie vorher ausgelassen wird. Bei dem auf der Kabbala beruhenden System gibt es außerdem zwei getrennte Auffassungen, die sich auf den Zahlenwert des Buchstaben X beziehen. Einmal finden wir hierfür den Zahlenwert 5 und einmal den Zahlenwert 6. Der Wert 6 hat sich jedoch letztlich durchgesetzt.

Das Umrechnungssystem nach Cheiro, das sich noch in vielen Büchern findet, sieht so aus:

| 1 | 2 | 3 | 4 | 5 | 6 | 7 | 8 |
|---|---|---|---|---|---|---|---|
| A | B | C | D | E | U | O | F |
| I | K | G | M | H | V | Z | P |
| Q | R | L | T | N | W |   |   |
| J |   | S |   | X |   |   |   |
| Y |   |   |   |   |   |   |   |

Die Kabbala, das »Buch der verborgenen Weisheit«, ist eine alte Textsammlung von jüdischen Geheimlehren und wird auch »Buch der Eingeweihten« genannt. Die Kabbalisten lehren, daß nicht Sünde den Menschen von Gott trennt, sondern Unwissenheit. Das gipfelt in dem Satz: »Gott kennen heißt Gott sein.«
Ein wesentlicher Teil der Kabbala enthält das Wissen, wie Ort- und Zeitbegriffe in Zahl- und Meßbegriffe aufzulösen beziehungsweise zu verwandeln sind.
Dies tat auch der Gelehrte Nostradamus, der sich als Astrologe und Zahlenmagier einen Ruf erwarb und viele Voraussagungen

über den Ablauf der Historie gemacht hat, die heute noch zitiert und beachtet werden. Nach welchem Zahlensystem Nostradamus jedoch gearbeitet hat, ist umstritten.

Im vorliegenden Buch arbeiten wir aber mit dem numerologischen System, das die 9 als Zahl mit einbezieht und das auf Pythagoras zurückgeht. Hier der Schlüssel für die Umwandlung der Buchstaben in Zahlenwerte:

| 1 | 2 | 3 | 4 | 5 | 6 | 7 | 8 | 9 |
|---|---|---|---|---|---|---|---|---|
| A | B | C | D | E | F | G | H | I |
| J | K | L | M | N | O | P | Q | R |
| S | T | U | V | W | X | Y | Z | |

*Beide Systeme sind nicht miteinander vermischbar!* Es gibt Verfechter für das eine wie für das andere System. Da jedoch die Sprache (insbesondere die Schriftsprache) eines Volkes die Grundlage für die Zahlenmagie darstellt, ist für uns das pythagoräische System sinnvoller, da unsere Kultur durch das griechische und römische Erbe geprägt ist.

Die Umwandlung von Buchstaben in Zahlen erfolgt somit einfach durch Ablesen der Zahlenwerte aus der Tabelle.

Bei den Umlauten ä, ö oder ü wird immer wie folgt berechnet: ä = ae, ö = oe und ü = ue. Der deutsche Buchstabe »ß« wird in zwei »s« verwandelt. Ausnahme: Bei allen Eigennamen wird »ß« in die Buchstabenfolge »sz« verwandelt.

Zusätze in Firmennamen wie »&«, Gedankenstriche oder Punkte hinter Abkürzungen werden jeweils mit dem Wert 9 gezählt.

## Ermittlung und Notierung der Daten

In der modernen Numerologie kennen wir zwölf Grundbereiche, für die jeweils eine numerologisch interpretierbare Zahl ermittelt wird. Die Endquersummenzahlen aller Grundbereiche werden zusammengezählt – damit erhalten wir die Zahl, die dem einzelnen seine Lebensaufgabe symbolisiert.

Wie das genau zu handhaben ist, steht in den Einleitungstexten der entsprechenden Kapitel. Einige grundsätzliche Dinge zur Ermittlung und Notierung der Daten sollen hier noch vorangestellt werden.

Halten Sie zur Berechnung der 12 Einzelzahlen Bleistift und Papier bereit. Das Endergebnis sollte dann jeweils auf dem Planetennumeroskop-Bogen von Seite 222 eingetragen werden.

Die schraffierten Felder sind dabei jeweils für die 0 bei runden Ergebnissen reserviert, die auf jeden Fall notiert werden muß, da sie zum ersten die Tendenz der jeweiligen Bereichszahl deutlich verstärkt, zum zweiten bei der Berechnung der Aufgabenzahl wichtig ist und zum dritten bei der Ermittlung der Planetenverwandtschaften der Zahlen eine Rolle spielt.

Wem diese Übersicht zu knapp ist, kann seine Daten auch im Ermittlungsbogen auf den Seiten 220 und 221 festhalten, auf dem nicht nur das Endergebnis sondern auch alle Zwischenschritte notiert werden können.

Bei Ermitteln der Quersumme von Datumsangaben gibt es eine Besonderheit zu beachten: Wir müssen zwischen einem »gewöhnlichen« Datum, das insgesamt zusammengezählt wird, und den Daten des Geburtstages unterscheiden. Letztere werden extra gewertet. Hier erscheinen als Ausnahme in der Numerologie (wo gibt es keine Ausnahmen!) die Zahlen von 1 bis 31, es werden also keine Quersummen gebildet. Diese Ausnahme geht auf die Astrologie zurück, weil die Sonne täglich rund ein Grad des Tierkreises weiterwandert. Und da jede Gradzahl in einem Tierkreisabschnitt eine individuelle Bedeutung hat, wurde dies auch für die Numerologie übernommen.

(Sicher haben auch die Tageszahlen ab dem zehnten Tag eines Monats ihre Quersumme, die wird jedoch erst beim Gesamtgeburtstagsdatum wichtig.)

Diese Ausnahme gilt *nur für Geburtstage!* Zieht jemand am 11. eines Monats um, dann muß er auf die Zahl 2 schauen, weil dies die Quersumme von 11 ist.

Prägen wir uns also ein, daß die runden Zahlen die höchsten Quersummen darstellen. Daneben gibt es noch die in anderen Büchern häufig aufgeführten sogenannten »Meisterzahlen«, das sind die Zahlen, die wir doppelt antreffen. Also 11, 22, 33 usw. bis 99. So verlockend diese Meisterzahlen für manche sein mögen, man sollte sie auf die eigentliche Quersumme reduzieren.

| Meisterzahl | Quersumme |
|:-----------:|:---------:|
| 11 | 2 |
| 22 | 4 |
| 33 | 6 |
| 44 | 8 |
| 55 | 10 = 1 |
| 66 | 12 = 3 |
| 77 | 14 = 2 |
| 88 | 16 = 7 |
| 99 | 18 = 9 |

Meisterzahlen bis 44 ergeben übrigens immer eine gerade Endquersumme, Meisterzahlen ab 55 bis 99 immer eine ungerade Endzahl. Das heißt, Meisterzahlen ergeben addiert zunächst immer eine gerade Zahl, sowie die jedoch zweistellig wird, bekommen wir eine ungerade Endquersumme. Die Tabelle zeigt das noch einmal im Überblick:

Man sieht, jede Meisterzahl hat ihre entsprechende Einzelzahl, die zur Deutung genügt.
Ordnet man die Meisterzahl nach ihrer Endquersumme, ergibt sich folgende Tabelle:

| Quersumme | Meisterzahl |
|:---------:|:-----------:|
| 1 | 55 |
| 2 | 11 |
| 3 | 66 |
| 4 | 22 |
| 5 | 77 |
| 6 | 33 |
| 7 | 88 |
| 8 | 44 |
| 9 | 99 |

In dieser Reihe stimmt in der Reihenfolge überhaupt nur die letzte Zahl, die Meisterzahl 99, was wiederum auf die unheimliche Zahl 9 hinweist. Fazit: Die Meisterzahlen bringen mehr Unordnung und Verwirrung als übersichtliche Klarheit, und gerade auf die muß es uns ankommen.

# Bereich I
# Die Umweltzahl

## Ermittlung und Bedeutung der Geburtstagszahl

Die Umweltzahl ergibt sich aus dem Geburtsdatum. Die Zahlen des Geburtstages geben Auskunft über das Verhalten in der Umwelt. Über diese Zahlen erhält man Hinweise, wie ein Mensch in der Öffentlichkeit auftritt, wie er sich bewähren will und auch welche Ansprüche er an die Umwelt stellt. Wer am 1. eines Monats geboren wurde, tritt nach alten Erkenntnissen der Numerologie anders auf als jemand, der am 13. eines Monats das Licht der Welt erblickt hat. Der »Einser« wird immer, ob er es nun zugibt oder nicht, mit unter den ersten, wenn nicht gar der Erste, sein wollen, wie sich auch ein »Zehner« nicht unterdrücken lassen dürfte, und wenn, nur nach heftigem Widerstand. Allerdings könnte er gewisse herrische Allüren an den Tag legen. Das Tagesdatum der Geburt zeigt also an, wie einen die Umwelt im allgemeinen einschätzt oder bewertet, also welchen Eindruck man auf die Umgebung macht. Diese Aussagen gelten aber nur für diesen Teilbereich! Nur für das allererste Auftreten! Sie sollten immer beachten, daß andere Faktoren aus anderen Lebensbereichen die Persönlichkeit genauso mitbestimmen. So tritt ein »Einser«, der im Frühling geboren wurde, sicher anders auf als ein »Einser«, der im Winter zur Welt kam.

Die Geburtstagszahl ergibt sich ganz einfach aus dem Tag des Geburtsdatums. Sie kann deshalb eine beliebige Zahl zwischen 1 und 31 sein.

Beispiel:

Beatrix wurde am 8. 12. 1953 geboren, also ist ihre Geburtstagszahl 8.

Frank kam am 27. 3. 1943 zur Welt, also ist seine Geburtstagszahl 27.

Die Geburtstagszahl ist die erste Eintragung, die Sie auf dem Planetennumeroskop-Bogen von Seite 222 machen müssen. Das ist das einzige Mal, wo hier eine zweistellige Zahl erscheinen kann, die nicht mit einer Null endet. (Es sei hier vor Schulen gewarnt, die auch bei der Geburtstagszahl auf die Quersumme zurückgreifen, weil dann nur neun »Grundtypen« anzutreffen wären.) Die Geburtstagszahl ist übrigens auch für die Berufswahl wichtig, weil es bei den meisten Berufen zunächst einmal darauf ankommt, ob Beruf und Persönlichkeitseindruck zusammenpassen. Ein Arzt muß anders auftreten als ein Automechaniker, der wiederum anders wirken sollte als ein Haarkünstler oder ein Masseur.

Bei der Geburtstagszahl geht es also um den persönlichen Eindruck und die persönliche Ausstrahlung. Es sei hier nun noch einmal darauf hingewiesen, daß dies nur *ein* Mosaikstein ist! Ein Mosaikstein, der sich aus dem Schein im Auftreten ergibt. Die Menschen dieses Geburtsdatums müssen durchaus nicht so *sein*, wie im folgenden geschildert, aber meistens wirken sie so, oder sie retten sich in diese Rolle, um ihr wahres Ich nicht zu verraten. Die Wirkung, die zunächst von einem Menschen ausgeht, muß durchaus nichts mit dem zu tun haben, wie der Mensch ist. Viele Leute wissen zum Beispiel gar nicht, wie sie wirken. Es wäre deshalb für jeden einmal ganz gut, dies aufgrund der folgenden Hinweise zu überprüfen. Vertreter, die einen Vertrag verkaufen wollen, sind selten so als Mensch, wie sie sich als Vertreter geben. Im Grunde will jeder von uns etwas verkaufen, wobei die wertvollste Ware meist die eigene Person oder die eigenen Kenntnisse beziehungsweise das eigene Können ist.

## Deutungshinweise für die Zahlen 1–31

### Der 1. eines Monats

Diese Menschen gehen mit Mut und Elan an die Umwelt heran. Ihr Eintritt in einen Raum kommt meist einem Auftritt gleich. Sie besitzen im allgemeinen gute organisatorische Fähigkeiten, wie sie auch von sich aus fast immer die Initiative ergreifen, gerade wenn Gefahr droht und eine schnelle Reaktion erforderlich ist. Ihr Selbstvertrauen ist groß. Unter den »Einsern« findet man übrigens viele Einzelgänger, die sich nur auf sich selbst verlassen, womit sie häufig am besten fahren.

### Der 2. eines Monats

Diese Menschen zeigen sich sehr ansprechbar. Es handelt sich hier um Charaktere, die gerne helfen, die sich aber von sich aus nie in die Angelegenheiten anderer einmischen würden. Werden sie jedoch aufgefordert, reagieren sie gerne und prompt, dann stehen sie zur Verfügung. Arbeiten, die ihnen übertragen werden, liegen bei ihnen in den besten Händen. Ihr Einfühlungsvermögen ist stark entwickelt, was sie aber mit großer Empfindlichkeit büßen müssen.

### Der 3. eines Monats

Diese Menschen sind gesellig und stets handlungsbereit. Sie vertun nicht gerne ihre kostbare Zeit. Deswegen wirken sie oft ein wenig hektisch und auch meist zu temperamentvoll. Was sie wollen, das sagen sie, womit sie sich aber nicht gerade überall beliebt machen. Ihr Anerkennungsbedürfnis (sie selbst nennen es Ehrgeiz) kann manchem auf die Nerven gehen, dafür spornen sie aber ihre Umgebung an. Sie haben außerdem den Vorzug, meist mit gutem Beispiel in punkto Mut und Einsatzbereitschaft voranzugehen.

### Der 4. eines Monats

Diese Menschen strahlen große Vertrauenswürdigkeit aus. Sie wissen, um was es im Leben geht, was als erstes und was als zweites zu tun ist. Meist wirken sie wie Führungspersönlichkeiten, die ihr Metier beherrschen, obwohl sie gar nicht die Chefs sind. Sie haben Freude am Leben und sind überzeugt, daß sie diese Freude auch verdient haben; so erscheinen sie sicher, selbstbewußt und bestimmt, ohne daß sie es nötig haben, sich in den Vordergrund zu schieben, denn sie sind sowieso der Mittelpunkt.

### Der **5.** eines Monats

Diese Menschen wirken eher streng und zurückhaltend. Man spürt, daß sie an ihrer Lebensverantwortung schwerer tragen als andere. In der Grundstimmung sind sie eher zurückhaltend und skeptisch. Schon als Kinder machen sie den Eindruck, als ob sie ihre Erzieher kritisch prüfen. Dafür scheinen sie bestens auf Zeit setzen zu können. Sie wollen geachtet und geschätzt werden; ob man sie liebt, ist ihnen (scheinbar) egal; sie können in jeder Beziehung abwarten.

### Der **6.** eines Monats

Diese Menschen strahlen Wissensdurst, wenn nicht Neugierde aus. Sie versuchen schnell (und manchmal unüberlegt), überall mitzureden. Dabei erscheinen sie schlagfertig, witzig und sind für jedermann ansprechbar. In einer Gesellschaft sind sie diejenigen, die Bekanntschaften vermitteln, aber auch die, die wissen, in welcher Ecke vom Abendbuffet die besten Leckereien zu finden sind. Ihre Beobachtungs- und Auffassungsgabe ist glänzend, wenn sie auch nicht immer zuverlässig sind.

### Der **7.** eines Monats

Diese Menschen wirken wie kleine Genies. Es besteht allerdings die Gefahr, daß sie im ersten Überschwang mehr versprechen als sie halten können. Ihre Einfälle sind bestechend, und ihr sprühender Witz kann sich zu beißender Ironie steigern. Spontan greifen sie alles auf, was ihnen angeboten wird, um dies aber sofort zu verwerfen, wenn ihnen eine neue Gelegenheit winkt. Sie zeigen sich gern als Himmelsstürmer, obwohl viele von ihnen nur mühsam mit den Alltagspflichten zurechtkommen.

## Der **8.** eines Monats

Diese Menschen wirken liebenswürdig und anziehend. Von ihnen geht ein verführerischer Charme aus. Sie scheinen gute Diplomaten zu sein, und die meisten von ihnen wirken recht stark und verlockend auf das andere Geschlecht. Man kann ihnen kaum böse sein, und Freunde (oft nicht für lange Zeit) gewinnen sie schnell und immer wieder. Ihre gute Grundstimmung springt spontan auf die Umwelt über. Sie genießen gerne und freuen sich an den schönen Dingen des Lebens, was bei ihnen schon mit einer auserwählten Kleidung beginnt.

## Der **9.** eines Monats

Diese Menschen haben eher ein etwas geheimnisvolles Auftreten. Sie schauen ihrem Gegenüber selten in die Augen, und doch entgeht ihnen kein noch so kleines Zögern oder eine Unsicherheit. Ihr Instinkt ist bestens ausgebildet, und sie sind sehr sensibel. Obwohl sie manchmal Gefahr laufen, alles zu persönlich zu nehmen (besonders Kritik), sind sie jedoch halbwegs objektiv. Sie spüren jeden kommenden Windwechsel eher als andere, so daß ihre Ahnungen und damit sie selbst sehr beachtet werden.

## Der **10.** eines Monats

Diese Menschen wissen, was sie wollen, auch wenn sie es nicht immer gleich zum Ausdruck bringen. Keinesfalls möchten sie sich am Ende einer Herde herumtummeln. Zwar schlagen sie selten mit der Faust auf den Tisch, aber sie setzen sich langsam aber sicher durch. Wer glaubt, diese Personen leicht einwickeln zu können, wird sich schnell eines Besseren belehren lassen müssen. Recht imponierend ist ihre Kreativität, wie sie überhaupt stets etwas tun müssen. So wirken sie, als hätten sie nie Zeit.

### Der 11. eines Monats

Diese Menschen kommen und siegen! Von ihnen geht eine innere wie äußerliche Strahlkraft aus, die alle Schwierigkeiten aus dem Wege zu räumen scheint. Dies gilt aber nur für das erste Auftreten. Immerhin – so öffnen sich ihnen schnell wichtige Türen. Wenn irgendwo alles überfüllt ist, sie werden noch hereingelassen, sie finden noch einen Platz. Ja, sie können es sich sogar leisten, meist die Wahrheit zu sagen, ohne daß man ihnen das übelnimmt, weil sie bei allem offen wirken und man ihnen schwer böse sein kann.

### Der 12. eines Monats

Diese Menschen wirken widersprüchlich. Einmal sehr aktiv und dann plötzlich wiederum abwartend. Sie fordern heraus, lassen dann aber die anderen kommen. Sie sind einerseits robust, um dann wieder jeden Krümel unter dem Laken als Kieselstein zu empfinden. Mal zeigen sie sich hart und unansprechbar, dann sind sie offen, zutraulich und verzeihend wie kein anderer. Daher erscheinen sie oft launisch und sehr von Stimmungen abhängig, so daß man sie nur schwer einordnen oder klassifizieren kann.

### Der 13. eines Monats

Diese Menschen wirken trotzig und so, als hätten sie ein ständiges »dennoch« auf den Lippen. Gegen Mißgeschicke und Unglück wehren sie sich vehement. Sie stellen sich temperamentvoll der Welt. Was an sie herangetragen wird, wird angenommen. Sie kneifen nicht, sondern wehren sich. Ihr Wille, trotz aller Hindernisse etwas erreichen zu wollen, läßt die Umwelt manchmal zurückzucken, so daß viele von ihnen nicht beliebt, sondern eher gefürchtet werden. Ihr Wahlspruch lautet denn auch: »Viel Feind – viel Ehr.«

## Der **14.** eines Monats

Diese Menschen haben die Fähigkeit, alle Welt zu umarmen und doch respektiert zu werden. Die Umwelt drängt es geradezu zu diesen Charakteren. Viele wollen gerne mit in ihrem Licht glänzen. Ihr Wesen ist vertrauenerweckend, und wenn ein Unglück passiert, dann ergreifen sie die Initiative, ohne zu deutlich die Führung an sich zu reißen. Vor Behörden oder der Obrigkeit beweisen sie Zivilcourage, so daß manchem Beamten der Übermut vergeht. Sie stehen sicher in der Welt und freuen sich ihrer Stärke.

## Der **15.** eines Monats

Diese Menschen wirken meist reifer oder älter, als sie sind. Ihr ernster Optimismus ist bestechend und auch wirkungsvoll. Sie machen anderen zwar Mut, aber zeigen sich selbst stets von Aufgaben und Pflichten belastet. Die Freude am Leben bremsen sie durch zuviel Kritik, die sie einfach nicht unterdrücken können. Dabei ist ihr Urteil selten verletzend, eher aufbauend und mutmachend, aber es scheint, als wenn diese Menschen nie so recht das Lachen gelernt hätten.

## Der **16.** eines Monats

Diese Menschen wirken hellwach, sind munter, heiter und stets auf dem laufenden. Manchmal schwappt ihr Temperament etwas über, so daß andere sie ablehnen, weil ihnen dieses Wesen aufgesetzt erscheint. Doch das stimmt nicht. Sie lassen nur den Emotionen freien Lauf, sie verstellen sich nicht. Wenn sie Menschen treffen, dann freuen sie sich auch darüber. Wer Hemmungen hat, verliert sie bei ihnen. Fremde Menschen vermögen sie schnell zu einer Gruppe, einem Team zusammenzuführen.

### Der **17.** eines Monats

Diese Menschen sind rechte Wirbelwinde. Mal hier, mal da, oder überall und nirgends. Natürlich können sie nicht immer so, wie sie wollen, aber am liebsten sind sie ständig unterwegs. Andere meinen, sie seien dauernd auf der Flucht vor sich selbst. Richtiger ist, daß sie suchen und süchtig sind zu finden. Sie sehnen sich nach Anregungen, um diese dann zu erwidern, und sie geben zu gerne Tips für fast jedes Lebensgebiet, die sogar meist goldrichtig sind.

### Der **18.** eines Monats

Diese Menschen wirken auf andere, weil sie in sich sicher und weil sie einfach lieb und großzügig sind. Sie gehen spontan auf den anderen zu, zeigen sich herzlich und optimistisch. »Immer lächeln« scheint ihr Motto zu sein, denn sie sind der Überzeugung, daß ihr Leid, ihr Mißmut andere nichts angeht. Ist jemand in Not, helfen sie, aber es wäre nicht gut, sie auszunutzen, denn so großherzig sie sind, sie erwarten dieselbe Großherzigkeit und damit Dankbarkeit von anderen.

### Der **19.** eines Monats

Diese Menschen gehen recht instinktsicher ihren Weg. Sie können dies zwar nie intellektuell begründen, aber sie wissen, was zu tun ist. Ihre Vorschläge werden meist nicht angenommen, obwohl sie sich hinterher als richtig erweisen. Aber das stört sie nicht. Meist handelt es sich um Eigenbrötler, die sich jedoch nicht verkriechen, sondern verstehen, sich zu zeigen und trotzdem Distanz zu halten. Zu etwas überreden kann man sie so gut wie gar nicht, entweder sie sagen spontan »ja«, oder sie lehnen für immer ab.

## Der **20.** eines Monats

Diese Menschen setzen sich auf die »feine Tour« durch. Man kann hier fast von sanfter Gewalt sprechen. Von sich aus scheinen sie nie das Heft in die Hand zu nehmen, dafür lenken sie vorbildlich aus dem Hintergrund heraus. Es sind die besten grauen Eminenzen, die man sich denken kann, ohne daß sie sich jedoch bewußt hinter dem Rücken ihrer Vorgesetzten verstecken. Aber als »rechte Hand« sind sie unentbehrlich, und damit kommen sie im Leben überraschend weit nach oben.

## Der **21.** eines Monats

Diese Menschen erscheinen der Umwelt manchmal als Glückspilze, was aber *so* nicht richtig ist. Ihre ungeheure Gabe besteht darin, auf den richtigen Moment warten zu können. Wenn die anderen meinen, nun hätten sie diese Menschen abgehängt, dann setzen sie erst zum Spurt an. Sie gewinnen in der letzten Minute – aber sie gewinnen, weil sie sich nie zu früh verausgaben. Dafür haben sie die Zeit genutzt, um alles Kleingedruckte der Verträge zu studieren, so daß sie alle Fallen kennen, in die man nicht hineinstolpern darf.

## Der **22.** eines Monats

Diese Menschen haben eine liebevolle Art, andere Personen zu bemuttern. Sie machen sich Sorgen um alles und jedes, und man kann sich ihrer Betreuung schwer entziehen. Viele Leute aber lehnen diese Fürsorge völlig ab, andere wiederum nutzen diese Charaktere nach allen Regeln der Kunst aus. So haben sie nicht immer das leichteste Leben, aber sie geben nicht auf, denn sie glauben fest an eine ausgleichende Gerechtigkeit.

### Der **23.** eines Monats

Diese Menschen werden gerne unterschätzt. Sie wirken nicht sehr fordernd, nicht sehr angreifend, eher zurückhaltend. Aber wehe, man tut ihnen Unrecht, dann legen sie los! Sie treten in der Umwelt recht vorsichtig auf, aber wer ihnen auf die Füße tritt und sich nicht sofort entschuldigt, sollte sich lieber in acht nehmen. Diese Menschen haben mehr Mut, als zunächst erkennbar ist, und so hat sich noch mancher schwer getäuscht, der ihre Warnungen nicht ernst genommen hat.

### Der **24.** eines Monats

Wo diese Menschen hintreten, da wächst kein Gras mehr, könnte scherzhaft gefolgert werden, denn ihre Auftritte sind nicht zu übersehen. Sie kommen dabei sehr friedlich herein, aber man spürt doch ihre innere Gewichtigkeit, oft verbunden mit einer äußeren Schwere. Wo sie mal sitzen oder stehen, da bleiben sie und können von ihren Standorten (auch den inneren) kaum vertrieben werden. Dabei strahlen sie häufig einen gutmütigen Humor aus, der einfach alle für sie einnimmt.

### Der **25.** eines Monats

Diese Menschen scheinen viel Geduld zu haben, dabei können sie nur herrlich auf Zeit setzen. Man könnte sie auch begabte Pokerspieler nennen. Nicht immer werden sie auf den ersten Blick geliebt, weil sie nicht aus sich herausgehen. Dabei sind sie in der Regel mehr ängstlich als schüchtern, aber sie haben auch früh gelernt oder wissen es instinktiv, daß es gut ist, sich zurückzuhalten. »Kommt Zeit, kommt Rat«, so scheint ihre Devise zu lauten, und mit der hat schon mancher Karriere gemacht.

## Der **26.** eines Monats

Diese Menschen sind beste Unterhalter. Sie wirken oft wie Auskunftsbeamte, was gar nicht verächtlich gemeint ist. Viele schätzen sie, weil sie alle wichtigen Telefonnummern und Fahrpläne auswendig können. Aber auch andere Hinweise kommen von ihnen, meist im richtigen Augenblick. Sie wissen eben, was in der Welt so abläuft, und das ist ihre Stärke. Um Rat sind sie nie verlegen, etwas fällt ihnen immer ein. Daher sind sie gern gesehen.

## Der **27.** eines Monats

Diese Menschen sind stets für Überraschungen gut. Aber nur, wenn man sie fragt! Sie haben Einfälle, die sie jedoch nicht jedem, und wenn überhaupt, nur zögernd weitergeben. Was auffällt, ist ihr etwas schelmisches Lächeln um die Mundwinkel herum, so, als wüßten sie alles besser, nur lohne es sich nicht, dies kundzutun. Daher werden sie häufig als Snobs verschrien, womit man ihnen aber Unrecht tut. Sie sind in allen Lebenslagen gute Berater und Ideenlieferanten, die jedoch um ihre Hilfe gebeten werden wollen.

## Der **28.** eines Monats

Diese Menschen wirken im ersten Moment manchmal wie Vertreter der Göttin Fortuna. Zwar bringen sie nicht das große Glück, aber sie haben die Gabe, soviel Liebenswürdigkeit an den Tag zu legen, daß sie von vielen sofort ins Herz geschlossen werden. Ihre sanfte, aber doch still bestimmende Art kommt einfach an, und sie scheinen auch die Fähigkeiten zu besitzen, kleinere Schicksalsschläge oder Unliebenswürdigkeiten einfach wegstecken zu können, womit sie einer Sonne im Nebel gleichen.

### Der **29.** eines Monats

Diese Menschen wirken eher undurchsichtig. Zunächst wird man ihrer gar nicht gewahr, so schleichen sie sich durch ihre Umwelt hindurch. Nicht, daß sie falsch oder hinterhältig sind, aber sie wollen nicht auffallen, und das gelingt ihnen hervorragend. Wenn man sie jedoch fordert, dann stellen sie sich, nur wollen sie eben möglichst jeder Auseinandersetzung aus dem Wege gehen. Ihre Grundüberzeugung scheint zu sein, daß man als graue Maus viel besser durchs Leben kommt als als leuchtender Papagei.

### Der **30.** eines Monats

Diese Menschen wirken sehr durchsetzungsfähig. Manche empfinden sie wie eine Ramme oder Dampfmaschine. Aber so schlimm ist es nicht, nur sind sie, wenn sie sich irgendwohin bewegen, kaum aufzuhalten. Sie kennen keine Hindernisse, und wenn sie zudem meinen, im Recht zu sein, dann hält sie überhaupt nichts mehr. Unrecht lassen sie sich nicht gefallen, manche erweisen sich dann als direkte Nachfahren von Michael Kohlhaas, so nachdrücklich bestehen sie auf ihrem Recht.

### Der **31.** eines Monats

Diese Menschen wissen, was sie wollen. Wenigstens treten sie so auf. Sie sind zwar konzentriert, aber man spürt den Ehrgeiz, der in ihnen brodelt wie ein mühsam zurückgehaltener Vulkan. Diese Menschen wollen die Ersten und die Besten sein. Ihre Leistungen lassen sie sich daher sehr teuer bezahlen, denn allein die Höhe ihrer Honorare betrachten sie bereits als Bestätigung ihrer Person. Es ist gut, sich mit ihnen nicht anzulegen, denn sie sind meist zu allem entschlossen.

# Bereich II
# Die Talent- und Selbst-
# wertzahl

Zum zweiten Bereich gehören die Geburtsmonatszahlen, die mit denen des Geburtsjahres zusammengezogen werden. In diesem Bereich geht es um die Talente und die Selbsteinschätzung – also um den Selbstwert. Es erscheint wichtig, ob jemand seine echten Werte richtig beurteilen kann. Auch hier hilft die Numerologie. Allerdings gibt es da verschiedene Schulen. Eine von ihnen wertet die Monate allein, das heißt nicht im Zusammenhang mit der Jahreszahl. Dies ist jedoch umstritten, weil so eine Differenzierung schlecht möglich ist. Da aber die Auffassung verbreitet ist, daß auch die Monate allein sehr viel auszusagen haben, stellen wir sie hier ebenfalls vor, zumal die Monatszahlen etwas mit der Tradition der zwölf Tierkreiszeichen zu tun haben.

## Ermittlung und Bedeutung
## der Geburtsmonatszahl

Diese Zahl symbolisiert den Tierkreisabschnitt. Wie Menschen sagen, sie sind »Löwen«, könnten sie auch sagen, sie sind »Achter«. Oder »Skorpione« könnten sagen, sie sind »Elfer«.

Daher haben wir hinter den Überschriften für die Monatsbeschreibungen auch die Zeiten des Durchgangs der Sonne durch die Tierkreisabschnitte angegeben (siehe Seite 64).

Diese Zeiten haben sich durch die verschiedenen Kalenderreformen, insbesondere die Julius Caesars, ergeben. Caesar begann das neue Jahr mit dem ersten Neumond nach dem Tiefstand der Sonne um den 20. Dezember, das wurde zum 1. Januar. So ergaben sich die Verschiebungen.

In unserem Aufbau des Planetennumeroskops wird jedoch die Monatszahl *allein* nicht verwertet, sondern nur in Verbindung mit der Jahreszahl oder dem Gesamtgeburtstagsdatum. Hier gelten dann die Monatsnumerierungen, wie sie gebräuchlich sind, also Januar = 1, Februar = 2 usw.

Trotzdem können wir ungefähr festhalten, daß die Januar-Geborenen Steinbock-Charakter haben, die Februar-Geborenen Wassermann-Charakter, die März-Geborenen Fische-Charakter, die April-Geborenen Widder-Charakter, die Mai-Geborenen Stier-Charakter, die Juni-Geborenen Zwillinge-Charakter, die Juli-Geborenen Krebs-Charakter, die August-Geborenen Löwe-Charakter, die September-Geborenen Jungfrau-Charakter, die Oktober-Geborenen Waage-Charakter, die November-Geborenen Skorpion-Charakter und die Dezember-Geborenen Schütze-Charakter. In diesem Sinn seien die zwölf Deutungsrichtungen verstanden. Die »astrologischen« Monatsbereiche sind in der folgenden Tabelle übersichtlich zusammengestellt!

| Monat | astrologischer Geltungsbereich | Monats-zahl |
|---|---|---|
| Januar | 22.12.–20. 1. | 1 |
| Februar | 21. 1.–19. 2. | 2 |
| März | 20. 2.–20. 3. | 3 |
| April | 21. 3.–20. 4. | 4 |
| Mai | 21. 4.–21. 5. | 5 |
| Juni | 22. 5.–21. 6. | 6 |
| Juli | 22. 6.–22. 7. | 7 |
| August | 23. 7.–23. 8. | 8 |
| September | · 24. 8.–23. 9. | 9 |
| Oktober | 24. 9.–23.10. | 10 |
| November | 24.10.–22.11. | 11 |
| Dezember | 23.11.–21.12. | 12 |

Wichtig sind die Monatszahlen deshalb, weil sie uns auf die Jahreszeiten aufmerksam machen, weil eben Winter-Geborene sicher anders veranlagt sind als Menschen, die im Sommer geboren wurden. Wenn der Tag lang und warm und die Erde fruchtbar ist, dann wirkt sich dies, wie jedermann bei sich bemerken kann, auf die Gesamtstimmung der Menschen aus. Man beobachte sich nur einmal selbst an einem schönen Maitag im Gegensatz zu einem nebeligen Novembertag. Von diesen »Stimmungen« sind natürlich die Neugeborenen nicht ausgenommen, wie sich ja auch der Mensch nie von der Verbindung mit Natur und Kosmos gelöst hat.

Aus diesen jahrtausendealten Erfahrungen schöpfen Astrologen wie Numerologen ihr Wissen. Allerdings sind aufgrund der Monatszahlen nur begrenzt individuelle Aussagen zu treffen, und eigentlich sollten sie nur zusammen mit den Jahreszahlen gewertet werden. Daher werden die Monate auch beim Numeroskop *allein* nicht verwendet.

Aber wer mag, kann sich zunächst anhand der einzelnen zwölf Monatsbeschreibungen orientieren.

## Deutungshinweise für die Zahlen 1–12

 Die Monatszahl 1 steht für die Zeit vom 22. 12. bis 20. 1. Menschen mit dieser Monatszahl sind ehrgeizig und zielstrebig. Sie wollen nach oben, ohne jedoch den Boden unter ihren Füßen zu verlieren. Daher findet man hier Himmelsstürmer recht selten (es sei denn, unter den am Ende des Monats Geborenen). Beachtenswert ist ihre Zähigkeit. Diese Charaktere vermögen zu warten. Ihre Konzentrationsfähigkeit ist außergewöhnlich groß, wie sie auch Niederlagen gut verdauen, weil sie nicht so leicht und schon gar nicht sofort aufgeben. Ihr Start erfolgt eher bedächtig, doch am Ziel sind sie meist unter den ersten zu finden. Vorbildlich ist ihre Krafteinteilung zu nennen, sie vergeuden ihr Potential nicht. Zwischenspurts haben sie kaum nötig, da die Beständigkeit stark ausgeprägt ist. Hindernisse werden selten übersprungen, dafür eher systematisch abgebaut. Auch wenn ihre Emotionen im allgemeinen eher gemäßigt sind, engagieren sie sich gefühlsmäßig durchaus; ein einmal gegebenes Wort gilt, daher sind auch in den privaten

Bindungen Treue und Zuverlässigkeit ihre Stärken. Wenn sie sich zurückhalten, dann weniger aus Angst, sondern aus der Überlegung heraus: Wer vorsichtig ist, wird kaum rücksichtslos handeln müssen. Viele ihrer Handlungen sind aus einer angeborenen Skepsis erklärbar. Häufig wirken sie mißtrauisch, dabei wollen sie nur bedachtsam handeln. Diese Menschen legen mehr Wert auf Taten als auf Worte. Versprechungen trauen sie wenig; sie wollen Verträge, die Hand und Fuß haben. Notlagen überstehen sie mit erstaunlicher Ruhe gemäß ihrem Motto: Was kommt, muß bewältigt werden. So können sie meist mit gutem Beispiel vorangehen, wie sie überhaupt Mut und Zuversicht verbreiten, was anderen eine große Hilfe sein kann. Ihre Ziele liegen nicht in den Sternen, sondern auf dieser Erde, da aber, wenn's geht, ganz oben.

 Die Monatszahl 2 steht für die Zeit vom 21. 1. bis 19. 2. Menschen mit dieser Monatszahl wollen sehr hoch hinaus, wobei es ihnen oft weniger um persönlichen, realen Ehrgeiz geht als um die Tatsache, daß sie die Erde im Grunde als langweilig empfinden und sich gerne in »höhere« Regionen begeben würden. Sie möchten zu gern den Alltag weit hinter sich lassen, um alles von einer himmlischen Warte beschauen zu können. So spuken in ihren Köpfen viele Pläne herum, die sich meist leider nur schwer verwirklichen lassen. Sie möchten wie Ikarus zur Sonne fliegen oder wenigstens auf einem Pegasus davonreiten.

Dabei haben diese Charaktere einen liebenswürdigen Charme, so daß man ihre Träume zwar nicht immer ernst nimmt, sie aber auch nicht einfach verurteilt, im Gegenteil, man läßt sich von ihren Gedanken und Plänen gerne einfangen. Dabei hilft die Tatsache, daß in diesen Menschen – ob Frau oder Mann – oft ein Schalk steckt. Sie nehmen sich selbst – und auch die Umwelt – nicht gar zu ernst. Viele sagen heute das und morgen jenes. Neue Pläne finden bei ihnen stets begeisterte Aufnahme. Sie sind für alles, was gegen die Norm geht. So setzen sie sich für neue Heilmethoden genauso vehement ein wie für Erfindungen aller Art, ob die nun praktisch sind oder nicht. Das Praktische kommt sowieso häufig etwas zu kurz, aber darüber gehen sie mit einer Nonchalance hinweg, die beispielhaft ist. Sie sind intellektuell sehr interessiert, fast immer schlagfertig, und ihre Intuition ist bewundernswert. In ihren Reaktionen müssen sie anderen oft als unlogisch erscheinen, aber ihre Logik besteht darin, daß sie nicht alles, was sie sehen oder hören, als gegeben hinnehmen. Sie schätzen Originalität ebenso wie Ironie. Manchmal mangelt es ihnen an Selbstdisziplin, doch darauf sind sie meistens sogar noch stolz, denn sonst wäre das Leben ja nicht lebenswert.

 Die Monatszahl 3 steht für die Zeit vom 20. 2. bis 20. 3. Menschen mit dieser Monatszahl möchten sich voller Gefühl und Emotionen dem Leben hingeben. Sie sind im Grunde ihres Herzens der Überzeugung, daß das Schicksal ihnen eine besondere Aufgabe zugedacht hat. Meist beziehen sie diese Überzeugung aus dem festen Glauben an ein Ideal. Die Wurzeln dieses Glaubens können weltlicher oder auch religiöser Natur sein.

Bei diesen Charakteren fallen zunächst einmal ihre schauspielerischen Qualitäten auf. Sie sind äußerst wandelbar und können sich jeder Situation mit einer Meisterschaft anpassen, die andere in Erstaunen versetzt. Diese Wandlungsfähigkeit benötigen sie, um durch eine Maske ihren weichen Kern zu schützen.

Ihre Gefahr ist die Hingabe an eine Sache, das Suchen nach einem Glück, das es kaum auf Erden geben kann. Wer dies dann nicht findet, und das sind die meisten, der rettet sich unter Umständen in eine Sucht. Ob dies nun Drogen- oder Alkoholgenuß ist, gefährlich ist es stets, genauso wie Kettenrauchen oder Tablettenmißbrauch.

Die Fantasie dieser Menschen ist stark ausgeprägt, was manchmal zu Wachträumen führen kann, zumal die Gefahr der Verführung durch Illusionen sowieso besteht. Hochstimmungen und schwere Depressionen lösen einander ab, scheinen Geschwister zu sein. Ihre Sehnsucht nach Zärtlichkeit ist fast überdimensional zu nennen; diese Menschen leiden zutiefst, wenn sie keine Streicheleinheiten bekommen. Von dieser Seite her sind sie verführbar und daher nicht die treuesten Partner, es sei denn, der Glaube an eine Aufgabe behütet sie. Eine tief in ihnen verwurzelte Unsicherheit werden sie fast nie los, und dies um so mehr, je stärker sie sich nach festem Boden unter ihren Füßen sehnen, um einen zuverlässigen Halt für ihr Leben zu finden.

 Die Monatszahl 4 steht für die Zeit vom 21. 3. bis 20. 4. Menschen mit dieser Monatszahl sind der festen Überzeugung, daß da, wo ein Wille besteht, auch ein Weg zu finden ist. Der Wille treibt sie, unterstützt von ihrem inneren Mut, der allgemein Beachtung findet. Sicher sind sie manchmal auch voreilig, ja leichtsinnig, und so holen sie sich Wunden, die nicht notwendig wären. Aber diese Wunden heilen schnell, und sie nehmen sich fest vor, einmal gemachte Fehler nicht zu wiederholen, was ihnen aber äußerst schwer fällt. Das Wort Niederlage kennen sie nicht. Sie können nur gewinnen, wenigstens kämpfen sie so lange, bis sie gesiegt haben – auch wenn viele Niederlagen auf diesem Weg zu verzeichnen sein sollten. Aber bei all ihrem Siegeswillen bleiben sie ritterlich. Sie wollen zwar den Sieg, aber keine Unterwerfung ihrer Gegner oder Feinde. Im Gegenteil, nichts würde ihnen mehr Freude bereiten, als wenn aus Feinden Freunde würden, jedoch Freunde, die sie leiten. Dabei sind ihre Führungsqualitäten nicht einmal so gut – auch wenn sie dieser Aussage widersprechen. Der Grund liegt darin, daß sie meist nicht objektiv urteilen können, ihr egozentrischer Wille ist letztlich immer entscheidend. Meist fällen sie ihre Entscheidungen mit dem Verstand, von Träumen oder Warnungen aus dem Unterbewußtsein halten sie nicht allzuviel. In einer Lebensgemeinschaft geben sie den Ton an, oder die Gemeinschaft ist nur dem Namen nach eine. Unterordnung ist ein Wort, das einem roten Tuch gleichkäme. Wer also diese Menschen nicht reizen will, der verlange auch keine Fügsamkeit, dazu sind diese Charaktere kaum fähig, und wenn, dann auch nur kurze Zeit, sozusagen als Zeichen ihres guten Willens. Im Berufsleben profitieren sie von ihrem Starttempo. So haben sie schnell einen Vorsprung, den sie mit allen Mitteln verteidigen.

 Die Monatszahl 5 steht für die Zeit vom 21. 4. bis 21. 5. Menschen mit dieser Monatszahl lieben das Leben und genießen es. Deswegen spüren sie meist auch die unbestimmte Furcht in sich, das Schöne, das es gibt, könnte ihnen schnell genommen werden. So versuchen sie, sich nach allen Regeln der Kunst abzusichern. Die Sicherheit spielt bei ihnen überhaupt eine große Rolle. Wenn sie ein Grundstück erwerben, dann wird zunächst überlegt, wie dieses durch einen

Zaun oder durch eine Hecke abgegrenzt werden kann. Mißtrauisch beäugen sie alle Vorgänge, die ihr Lebensgefühl beeinflussen könnten. Dabei sind sie nicht etwa geizig zu nennen, sie
genießen gerne in Gemeinschaft und laden auch mit Freude gute
Bekannte und Verwandte ein, aber sie achten genauso aufmerksam darauf, daß sie nicht ausgenutzt werden, daß ihnen nichts
wegkommt.

Ihr Humor ist derb und etwas rauh. Sie besitzen ein ausgezeichne-
tes Gedächtnis. Wer ihnen einmal Schmerzen zugefügt hat, darf
sich nicht einbilden, daß dies bald vergessen sein würde. Diese
Charaktere sind also eher nachtragend, und es bedarf oft mehrerer Entschuldigungen, ehe sie sich wieder versöhnen lassen. Wer
sie zweimal tief verletzt hat, der ist oftmals für sie nicht mehr
existent. Sie tun diesen Leuten zwar nicht direkt Böses an, aber
sie meiden sie, da nutzt dann auch der eindringlichste Hilfeschrei
nichts mehr.

Sie scheuen vor keiner schweren Arbeit zurück und versuchen
ihre Aufgaben immer praktisch und erfolgreich zu erledigen.
Graue Theorie lehnen sie ab, dazu sind sie zu praktisch veranlagt,
wie sie auch kaum lange Liebesbriefe schreiben, weil sie das für
Zeitverschwendung halten. Dafür küssen sie lieber länger, wie
überhaupt das sinnliche, handfeste Erlebnis bevorzugt wird, weil
man da doch wenigstens weiß, was man in der Hand hält.

 Die Monatszahl 6 steht für die Zeit vom 22. 5. bis 21. 6.
Menschen mit dieser Monatszahl sind flink, schnell in
ihrer Auffassung, fröhlich und heiter, ja lustig, und
stets ansprech- und anregbar. Ihre Entdeckungs-
freude kennt keine Grenzen, und im allgemeinen erfahren sie
auch als erste, wo was los ist. Etwa wo ein neues Restaurant auf-
macht oder wo interessante Begegnungen stattfinden. Sie sind
geradezu gierig auf Neues. Deshalb haben sie für alle Menschen
ein offenes Ohr. Mit den Gartennachbarn sprechen sie schon
Stunden nach ihrem Einzug, wie sie auch die Namen des Brief-
trägers oder des Gemüsehändlers bald herausbekommen. Das
Komplizierte lehnen sie ab, sie lieben das Nachvollziehbare.
Anekdoten und Geschichten haben sie ständig auf Lager, so daß
sie auch als Unterhalter gerne gesehen sind. Diese Charaktere
haben eine Menge Eigenschaften, um andere zu »managen«.

Als vermittelnde Agenten haben sie genauso Erfolg wie als Journalisten, doch im Grunde genommen füllen sie jeden Platz aus, auf den man sie stellt. Sprachen lernen sie im Vorübergehen. Nervös macht sie so schnell nichts, das werden sie nur, wenn nichts passiert. In eine Einöde also sollte sie kein Chef versetzen, da fliehen sie. Das Materielle – und das macht sie so angenehm – nehmen sie nicht allzu ernst. Geld, das sie einnehmen, geben sie genauso gerne wieder aus, weil sie sich um die Zukunft nicht allzugroße Sorgen machen, da sie stets wach genug sind, Gelegenheiten, die sich bieten, auch aufzugreifen.
Ihre Grundeinstellung ist meist liberal, das heißt, sie lassen möglichst jeden nach seiner Façon selig werden. Sie selbst lehnen jede Doktrin ab, wie sie auch unter Zwang meist nicht viel leisten können. In einer Partnerschaft sind sie stets hilfsbereit und aufmunternd, schon aus Angst, eines Tages allein oder einsam leben zu müssen; doch das wird ihnen kaum passieren.

 Die Monatszahl 7 steht für die Zeit vom 22. 6. bis 22. 7. Menschen mit dieser Monatszahl sind bewegend und beharrend zugleich. Sie möchten schöpferisch sein, dabei jedoch auf den Fundamenten des Bewährten aufbauen. Sie suchen nach neuen Einsichten, ohne die alten völlig zu verdammen. Zukunft und Vergangenheit verbinden sie meist sehr gut, nur die Gegenwart kommt dabei häufig etwas zu kurz. Sie wissen, was war, sie ahnen, was kommt, aber was ist, das begreifen sie verhältnismäßig schwer, das ist ihr Nachteil. Daher rührt auch ihre oft auffallende Empfindlichkeit, da sie nur schwer ihren eigenen, festen Standpunkt in dieser Welt finden. So sind sie kritikanfällig, was ihre schöpferische Kraft doch gewaltig zu mindern vermag.
Ihre Sehnsucht nach jemandem, den sie lieben können, ist groß. Haben sie einen (oder mehrere) Ergänzungen gefunden, dann klammern sie sich an diese Menschen, halten sie mit ihren Armen ganz fest. Um keinen Verlust zu erleiden, bemuttern sie den Partner, was dem manchmal zuviel wird.
Überhaupt scheint es für diese Menschen schwer zu sein, einen Mittelweg zu finden, obwohl sie ständig davon reden, daß es die Hauptaufgabe des Lebens ist, die Mitte zu finden. In diesem Punkt gehen sie manchmal nicht mit bestem Beispiel voran. Dies wird in

ihren Reaktionen deutlich, die ab und zu von Launen geprägt sind, so daß ihre Umgebung oft nicht weiß, woran sie mit ihnen eigentlich ist. Wenn sich diese Charaktere verletzt fühlen, dann ziehen sie sich über Nacht zurück, und es dauert oft eine ganze Zeit, ehe sie wieder aus ihrem Schmollwinkel hervorgekrochen kommen. Dafür stehen sie über dem Alltagsrummel, den sie ablehnen, zumal sie versuchen, weiter zu sehen und zu denken als andere. Sie haben einen Hang zum Haustyrannen, obwohl sie ständig behaupten, wie kein anderer nachgeben zu können; doch das glauben nur sie selbst.

 Die Monatszahl 8 steht für die Zeit vom 23. 7. bis 23. 8. Menschen mit dieser Monatszahl wissen sich wie sonst kaum jemand in Szene zu setzen. Auf Autorität, die selbstverständlich ihnen zugestanden werden muß, legen sie den allergrößten Wert. Ihr Selbstbewußtsein ist ungeheuer groß und kann im Laufe des Lebens kaum erschüttert werden. Wo sie sitzen, sitzen sie erhöht, selbst wenn ihr Platz unter einer der Brücken von Paris wäre. Auch in einer mißlichen Lage ist ihnen Würde anzusehen. Im Grunde sind diese Charaktere bestens geeignet zu führen, weil sie erstaunlich gut delegieren können. Sie können andere für sich begeistern und einspannen, daß die Umwelt vor Neid nur so erblaßt. Lobenswert ist ihre Entscheidungskraft, wenn diese auch oft nur deswegen eingesetzt wird, damit sie endlich Ruhe haben, denn die ist ihnen heilig. In ihren Kreisen möchten sie nicht gestört werden, und ihre Gewohnheiten stimmen sie so gut wie nie auf andere Menschen ab. Sie gestalten das Leben nach ihrer innersten Überzeugung, und wenn die nicht vorhanden ist, dann nach der Überzeugung, die ihr Elternhaus ihnen mitgegeben hat.

Ausgeprägt ist ihr Gefühl für »Ehre«. Dabei kommt es aber sehr darauf an, wie das Niveau derjenigen ist, die sie beleidigt haben. Von einer Mücke läßt sich ein Elefant nicht erschüttern. Verantwortung tragen sie gerne, nur darf dies nicht zu übermäßigem Streß führen, dann wird auch die Pflichtenlast abgegeben.

Sie sind gerne Mittelpunkt und leben nach dem Motto: »Laßt viele Menschen um mich sein.« Wenn sie könnten, würden sie gern mit Gefolge auftreten, wie es bei Staatsbesuchen selbstverständlich ist. Auch wenn sie jemanden besuchen, dann hat dies schon etwas von einer Staatsaktion an sich. Sie erwarten gebührend, wenn nicht gar mit Überschwang empfangen zu werden. Ist dies der Fall, sind sie der beste Gast, den man sich wünschen kann.

 Die Monatszahl 9 steht für die Zeit vom 24. 8. bis 23. 9. Menschen mit dieser Monatszahl wissen, worauf es ankommt, und gehen deshalb so gut wie immer mit gutem Beispiel voran. Sie lieben keine großen Sprüche, dafür mögen sie, wenn jemand anpackt und sich für keine Arbeit zu schade ist. Pflichterfüllung stellt für diese Charaktere keinen Begriff aus der Mottenkiste dar. Pflichten haben ihren Lebenssinn, genauso, wie erst die Arbeit und dann das Vergnügen kommt. Ihr Lebensernst ist imponierend. Sie durchdenken alles gründlich, da sie der festen Überzeugung sind, daß man aus Erfahrungen, wenn man diese schon nicht weiterzugeben vermag, lernen kann.

Fleiß ist eine Selbstverständlichkeit und keine besondere Gabe, genauso wie Zuverlässigkeit oder Pünktlichkeit. Sichverlassenkönnen auf die Menschen, die sie umgeben, ist für sie ein besonderes Glück. Auch hier gehen sie daher mit bestem Beispiel voran.

Hilfsbereit sind sie, aber nur einmal! Wenn dies nicht anerkannt wird, reagieren sie höchst allergisch, genauso wie auf Leute, die schmarotzen oder sich sonst das Leben allzu sehr auf Kosten anderer leicht machen wollen. Dabei kommt ihnen zugute, daß ihre Kritikfähigkeit bestens ausgebildet ist. Zwar sehen sie meist alles etwas zu negativ, oft erscheinen sie gar pessimistisch, um so mehr wollen sie sich selbst helfen und auf ihre Partner bedingungslos verlassen können.

Meistens interessieren sie sich nur für Dinge, die sichtbar sind. Über den Horizont hinauszuschauen halten sie für illusionär. Tatsachen entscheiden – was denn sonst? So sprechen sie auch kaum von einer Liebesbindung, sondern von einem guten Verstehen in der Ehe oder Lebenspartnerschaft. Und diese Bindungen halten oft länger und besser als die Bindungen, die im siebten Himmel geschlossen wurden.

 Die Monatszahl 10 steht für die Zeit vom 24. 9. bis 23. 10. Menschen mit dieser Monatszahl lieben das Leben im Augenblick. Das heißt, sie möchten alles Schöne des Augenblicks erhalten, weil sie ahnen, daß das, was kommt, nicht mehr die Qualität von dem, was ist, haben wird. So sind sie für ein harmonisches Miteinander engagiert, wie sie auch den Vorsatz haben, das Leben mit all seinen Schönheiten zu genießen und zu empfinden. Dieses Genießen ist jedoch nicht von primitiver Sinnesbefriedigung getragen, sondern es wird sublimiert, da etwa künstlerische Eindrücke genauso wichtig sind wie Eleganz und Schönheit in der Kleidung oder in der Ausstattung der Wohnung. Diese Menschen sehnen sich nach einer Ergänzung, die sie erhebt. Am anderen zu wachsen, mit ihm höhere Freuden zu erleben, das wäre, was sie sich wünschen. Wenn sie jemanden beglücken können, sind sie dazu bereit, wenn Kultur gefragt ist, dann fühlen sie sich wohl! Sie haben die seltene Fähigkeit, eigene Fehler als erste zu entdecken und einzusehen. Sie erziehen sich sozusagen selbst, weil sie wissen, daß es in erster Linie darauf ankommt, wenn die Gemeinschaft – die ja lebenswichtig und erhaltend ist – gewahrt werden soll. Zorn und Brutalität ist für sie ein Zeichen von Primitivität, aus der jeder herauszuwachsen versuchen sollte.

So werden die Personen abgelehnt, die zu schnell ihre Fassung verlieren, die außer sich geraten und emotional explodieren. Immer nur Lächeln ist für sie eine Devise, die man akzeptieren muß. So ist ihnen nicht das Herkommen eines Menschen wichtig, nicht sein Ausgangsniveau, sondern das, was jemand aus sich gemacht hat und weiterhin macht. Daher wird auf Takt und gute Umgangsformen viel Wert gelegt, denn damit beginnt für sie das Miteinanderleben.

 Die Monatszahl 11 steht für die Zeit vom 24. 10. bis 22. 11. Menschen mit dieser Monatszahl gelten als eigensinnig und emotionsgeladen. Sie sind leidenschaftlich engagiert, wenn es um ihre persönliche Existenz geht, die sie stets als gefährdet ansehen. Sie wissen – wie sonst kaum jemand –, daß im Anfang bereits das Ende liegt, und so haben sie eine starke Scheu vor dem Anfang. Haben sie aber erst einmal etwas begonnen, dann führen sie dies

mit aller Konsequenz durch, um sich und anderen zu beweisen, daß das Leben lebenswert ist, obwohl sie im Grunde ihres Herzens eigentlich nicht daran zu glauben vermögen. Diese Charaktere sind außerdem Spürhunde. Was sie suchen, das finden sie, auch auf die Gefahr hin, erstmal das Negative zu suchen und zu finden. Mehr Lebensmut fließt ihnen daher nach solchen Entdeckungen nicht zu, was sie wiederum traurig stimmt. Sie wissen, daß alles vergänglich ist, möchten folglich alles, was sich ihnen bietet, voll ausschöpfen. Mit dieser Einstellung verbindet sich eine starke Anziehungskraft für andere, weil diese spüren, hier wird alles ernstgenommen und mit starkem Antrieb umgesetzt!

Halbheiten sind nicht gefragt. Entweder voller Einsatz oder gar kein Engagement. Natürlich muß auch das Alltägliche irgendwie getan werden, aber dies löst meist Widerwillen aus, was die eigene Initiative stark begrenzt. Haben sich diese Menschen jedoch entschieden (dies gilt auch für Partnerschaften), dann heißt es »dies oder nichts« beziehungsweise »diese oder keine«. Auch diese Reaktionen gefallen oder schrecken ab, so daß ihnen manche ausweichen, während andere sich von diesen Charakteren magnetisch angezogen fühlen.

Glauben sie sich im Recht, dann können sie bis zur letzten Instanz gehen, denn in ihnen lebt ein Michael-Kohlhaas-Charakter, der seinesgleichen sucht.

Die Monatszahl 12 steht für die Zeit vom 23. 11. bis 21. 12. Menschen mit dieser Monatszahl sind stets voller Erwartungen. Sie warten auf die Erlösung, die innere Befreiung, auf das große Glück, wobei es weniger um das Materielle als um die innere Freude der Bewußtseinserweiterung geht. Sie wollen Wissende sein, sind zu begeistern und haben fast alle irgendwie etwas Missionarisches in sich. Daher streben sie danach, andere zu belehren, wenn ihnen auch hier manchmal das rechte Maß fehlt. Aber sie treten stets mit besten Vorsätzen an, so daß sich viele übertreibende Akzente entschuldigen lassen. Pflichten des Alltags werden oft mit der linken Hand erledigt, weil dieses Tun von den größeren Aufgaben ja nur ablenkt. Dafür engagieren sie sich, wenn es um Recht und Gerechtigkeit geht. Ungerechtigkeiten bringen sie in Rage, aber sie streiten dann nicht in langen Prozessen, sondern versuchen, selbst die Welt zu verbessern. Leider geben sie nicht viel auf kleine Schritte, so müssen sie mehrmals im Leben Wege immer wieder gehen, um ans rechte Ziel zu kommen. Ziele jedoch haben sie stets, das gibt ihnen eine innere Kraft und Ausstrahlung, um die sie so mancher beneiden mag. Sie loben selten, sind aber für Lob sehr empfänglich, da offenbart sich ihre Schwäche, die ihren Ursprung in einer angeborenen Eitelkeit hat. Die zweite Gefahr besteht darin, daß diese Charaktere – um anerkannt zu werden – oft etwas versprechen, was sie nicht halten können. Sie merken dann kaum, wie sie gerade dadurch an Autorität verlieren. Das Leben selbst fassen sie irgendwie als Spiel – wenn auch als sehr ernstes Spiel – auf, wobei ihnen das »Fair play« Herzenssache ist. Phrasen hassen sie. Bei aller Jovialität muß man sich aufeinander verlassen können.

## Ermittlung und Bedeutung der Geburtsmonatsplus Geburtsjahreszahl

Geburtsmonat und -jahr werden im Numeroskop nur gemeinsam oder nur im Zusammenhang mit dem Tagesdatum gewertet. Der Monat *allein* besagt also *nichts,* das Jahr *allein* auch *nichts* – erst Monat *und* Jahr sind als halbwegs individuell anzusprechen und werden zur Berechnung der Talent- und Selbstwertzahl benutzt. (Die Bedeutung der Jahrgänge geht eher auf den Gang der langsamen Planeten zurück, und Kenner werden wissen, daß Jupiter hier einiges bestimmt, denn dieser Planet bleibt etwa ein Jahr im selben Tierkreisabschnitt.)

Immerhin ist es ja geläufig, daß ein gemeinsamer Jahrgang verbindet, und innerhalb dieses Jahrgangs geht es dann um die Grobdifferenzierungen über die Monate. So addieren wir also Monat und Jahreszahl. Beispiel:

Da ist eine Frau im Februar 1952 geboren. Numerologisch sieht dies so aus: 02. 1952

Dies ergibt: $2 + 1 = 3 + 9 = 12 + 5 = 17 + 2 = 19.$

19 hat die Quersumme $1 + 9 = 10$, und 10 hat die Quersumme 1. Wir schauen nun also nach, was unter der 1 steht. Da wir es mit einer 10 zu tun haben, können wir sagen, daß die Wirkung der 1 verstärkt hervortreten wird.

(Bei der Ermittlung der Talent- und Selbstwertzahl werden die astrologischen Geltungsbereiche der Monate nicht berücksichtigt.)

Zweites Beispiel:

Eine männliche Person ist im September 1931 geboren. Wir notieren uns: 09. 1931.

Dies ergibt: $9 + 1 = 10$ plus $9 = 19 + 3 = 22 + 1 = 23$. Die Quersumme von 23 ist gleich $2 + 3 = 5$. Die Berechnung ist also kein Problem.

Das Ergebnis der Berechnung Ihrer persönlichen Talent- und Selbstwertzahl kann auf dem Planetennumeroskop-Bogen auf Seite 222 bei Bereich II festgehalten werden. Das graue Feld ist dabei für die 0 reserviert. Wenn die Quersumme also zum Beispiel 20 ist, wird die 2 in das helle Feld und die 0 in das schraffierte Feld geschrieben.

Da wir durch das Arbeiten mit Quersummen nur neun Einzelzahlen haben, sei hier noch einmal darauf hingewiesen, daß jede 0, die hinter einer Einzelzahl steht, die Einzelzahl verstärkt. Also eine 20 bedeutet eine potenzierte 2 oder eine 50 eine sehr erhobene 5. Die 0 allein sagt nichts aus, aber zusammen mit einer Einzelzahl wird sie wirksam. Dies gilt aber nur bis zur 90. Ab der 100 gilt dies nicht mehr. Wenn eine Berechnung die Quersumme 100 haben sollte, was selten vorkommt, dann wird nur die 1 eingetragen. (Die 100 kann aber nur bei sehr langen Namen als Quersumme erscheinen. Die Erfahrung zeigt aber: je kürzer ein Name, um so wirkungsvoller ist er eigentlich, um so einleuchtender und treffender. Alle zu langen Namen werden in der Praxis irgendwie abgekürzt. Es wäre also sinnlos, etwa seinen Namen so zu verändern, daß am Ende eine 100 herauskommt.)

Diese Quersumme aus dem Monat *und* dem Jahr der Geburt erläutert uns ünsere Talente, die ja auch entscheidend für den Selbstwert sind. Die Zahl aus Geburtsmonat und Jahr sagt aber außer über Talente und Selbstwert auch etwas über die Einstellung zu materiellen Dingen aus, da alle drei Stichworte im Leben ja ineinanderfließen oder voneinander abhängig sind.

# Deutungshinweise für die Zahlen 1–9

Menschen mit der Talent- und Selbstwertzahl 1 (durch eine 0 verstärkt) beherrscht ein starker Ehrgeiz, aus den eigenen Gaben und Talenten das Beste herauszuholen. Das wird ihnen durch ihr tiefes Zutrauen in die eigenen Qualitäten erleichtert. Daher wird vor allem das in Angriff genommen, was aus den »Einsern« selbst herauskommt. Sie sind für Teamarbeit nicht sonderlich begabt, es sei denn, sie stellen in einem Team die Autorität dar. Oft meinen die »Einser« – ob Frau oder Mann –, besser als andere zu sein. Daß sich die Umwelt dieser Meinung häufig anschließt, liegt an dem Selbstbewußtsein, mit dem diese Menschen sich in der Umwelt zeigen. Ihre Begabungen und Talente stellen sie so gut wie nie unter den Scheffel. Dadurch vermögen sie schneller als die meisten anderen zu starten und haben so einen Vorsprung, der erst einmal aufgeholt sein will.

Ihren Selbstwert unterstreichen diese Menschen zusätzlich, indem sie sich recht auffallend kleiden. Sie gehen auch sonst mit der Zeit, so daß sie immer »up-to-date« sind.

Ihr Haupttalent besteht in ihrer Bereitschaft, Verantwortung zu übernehmen. Ja, sie scheinen oft nur darauf zu warten, daß andere zögern. Schon sind sie da, um deren Platz einzunehmen! Der Mut, ihre Talente als Kapital einzubringen, ist also vorhanden. Ihre größte Stärke ist aber der Einzeleinsatz. »Einser« arbeiten gerne auf eigene Faust, und sie haben selten Furcht, gesetzte Ziele nicht zu erreichen. Ihr Selbstbewußtsein in Bezug auf die eigene Person kann auch durch Niederlagen kaum erschüttert werden.

Bei den »Einsern« besteht manchmal die Gefahr, daß sie angebotene Hilfe zu früh und zu absolut ablehnen, was zur Folge haben kann, daß sie doch eines Tages zu Fall kommen, denn auch sie brauchen Freunde und zuverlässige Mitarbeiter.

 Menschen mit der Talent- und Selbstwertzahl 2 (durch eine 0 verstärkt) brauchen ihre Mitmenschen. Ihre Talente entwickeln sich am besten in einer Zusammenarbeit mit anderen, wie sich auch ihr Selbstwert hebt, wenn andere ihnen Lob spenden. Eine besondere Begabung der »Zweier« ist ihre Fähigkeit, alles, was von anderen Menschen kommt, aufzunehmen und zu verwerten. Das Empfangene vermögen sie bestens weiterzuentwickeln. Groß ist ihre Bereitschaft zu helfen. Diese Menschen können schwer mit Ellenbogen arbeiten, sie mögen keine Leichen auf ihrem Weg nach oben am Wegrand zurücklassen. Lieber verzichten sie dann auch einmal auf eine Chance.

Ihr Unterbewußtsein ist stark entwickelt, das heißt sie ahnen viel und vermögen sich gut in andere Menschen hineinzuleben. Sie dienen primär einer Sache, so daß sie sich in einem Team bestens entwickeln, weil sie sich weniger als andere ins rechte Licht setzen müssen. Zum Alleingang fehlt ihnen das nötige Selbstbewußtsein, so daß sie lieber auf eine Begleitung, auf einen Beistand warten, als etwas allein zu wagen. Nur wenn es darum geht, anderen zu helfen, riskieren sie alles.

Bei Widerständen ziehen sie sich zurück, geizen dann mit ihren Talenten, um keine Selbstzweifel aufkommen zu lassen. Materiell gesehen lieben sie eine gewisse Sicherheit, damit wenigstens das Notwendigste bezahlt werden kann. Erst dann wagen sie aus sich herauszugehen und zu expandieren.

Wir haben hier also fast das Gegenteil der »Einser«. Die »Zweier« verfügen über mütterliche Kräfte, und sie können sehr fürsorglich sein. Auch wirken diese Menschen eher aus dem Hintergrund, so daß sie als graue Eminenzen viel in Bewegung setzen können, wenn man sie nur ruft und ihnen Vertrauen entgegenbringt.

 Menschen mit der Talent- und Selbstwertzahl 3 (durch eine 0 verstärkt) tragen ihre Talente und Gaben fast kämpferisch und ungeduldig nach außen. Die »Dreier« sind willensstark, die Durchsetzung ihres Selbstwertes erfolgt voller Energie, wie sie es auch materiell unbedingt zu etwas bringen wollen. Alles Kleinliche lehnen sie ab. Bedenken in punkto der Durchsetzung eigener Interessen kennen sie kaum, wenn sie sich auch überwiegend ritterlich verhalten. Was sie

können, das setzen sie mit ganzer Energie um. Sie machen aus wenig viel, weil sie viel erreichen wollen. Ob sie in einem Team arbeiten oder nicht, das ist ihnen ziemlich egal, weil sie stets – wenn auch kollegial – ihren eigenen Einsatz wagen. Oft haben diese Menschen einen Hang zum Risiko, zum unbedenklichen Einsatz, wenn nur etwas bewegt oder weitergeführt wird. Ruhe ist ihnen unheimlich.

Ihr Starttempo ist immens. Sie spurten am Anfang, als wären,sie schon am Ziel. Das ist zwar Kraftvergeudung, aber die Regenerationskräfte der »Dreier« sind so beachtlich, daß sie sich stets erstaunlich schnell erholen, um mit neuer Kraft weiterzumachen. Mutig sind sie, aber dabei auch manchmal kopflos, weil sie nicht warten können.

Da liegt die Schwäche der »Dreier«. Sie haben nie Zeit, und sie können – wenn es um die Realisierung ihrer Talente geht – nicht warten. Geduld zum Reifenlassen von Dingen findet man bei den »Dreiern« kaum. Sie handeln, als wenn sie säen und ernten in einem Tag geschehen müßten.

Hervorragend ist ihr Talent, anderen Mut zuzusprechen, ja, ihre ganze Umgebung kann von ihnen motiviert werden. Sie sind begeisterungsfähig und voll innerem Elan und haben Schwung, der andere mitreißt, ob diese es nun wollen oder nicht. Gefahr droht ihnen durch ihren Übermut, der oft genug durch Rücksichtslosigkeit verstärkt wird. Wird dies nicht bedacht, ist die Gefahr der Selbstschädigung leider oft genug gegeben.

 Menschen mit der Talent- und Selbstwertzahl 4 (durch eine 0 verstärkt) verfügen über große Überzeugungskraft, die sich besonders dann offenbart, wenn es um ideelle Dinge geht. Ihr Idealismus ist imponierend, besonders weil die »Vierer« dies sehr gut mit den Realitäten in Einklang bringen können. Das heißt, die »Vierer« sind zwar von ihrer Mission überzeugt, aber sie machen keine Pläne in den blauen Dunst hinein. Diese Menschen besitzen fast missionarisch gefärbte Führungsqualitäten, und sie können gute Lehrer sein, allerdings mit der Gefahr, daß sie anstatt zu lehren sich mehr ins Belehren flüchten. Eine weitere gute Eigenschaft der »Vierer« ist ihre Großzügigkeit. Es mag anderen wie ein Wunder erscheinen, aber je mehr Großzügigkeit sie an den Tag legen, um so reich-

licher erfolgt der Nachschub. Ihre Großzügigkeit macht sich also sogar bezahlt, nur müssen sie den Mut dazu finden. Diese Menschen nehmen andere gerne unter ihre Fittiche, wozu sie auch eine starke Begabung haben. Sie wissen Trost zu spenden, und manche sind als geborene Seelsorger (auch abseits der Kirche) anzusehen. Gefahr droht ihnen aus ihrer Anfälligkeit für Eitelkeit. Sie stehen eben gerne im Licht, weil sie dort auch am besten wirken können. Sie stellen sich ruhig einer Gefahr, wenn es darauf ankommt, wobei sie mit ihrem breiten Rücken auch anderen Deckung geben. Wer ihr Vertrauen einmal gewonnen hat, der kann sich auf sie verlassen. Wer ihren Schutz erworben hat, der behält ihn auch – das ist eine ungeheure Gabe, die ihren Selbstwert enorm fördert. Die »Vierer« halten sich nicht bei Kleinigkeiten auf, das Kleingedruckte interessiert sie nicht, wenn die große Linie nicht stimmt, dann stimmt für diese Menschen nichts, daher hassen sie nichts mehr als Nörgelei.

 Menschen mit der Talent- und Selbstwertzahl 5 (durch eine 0 verstärkt) besitzen als spezielle Gabe eine starke Konzentrationsfähigkeit. »Fünfer« kommen erst spät zum Zuge, sie brauchen eine längere Zeit der Reife. Sie sind zwar Spätzünder, aber haben sie einmal ihre Talente durchgesetzt, bleiben sie damit stets an der Spitze. Sie brauchen für die Entwicklung ihrer Fähigkeiten Geduld. Stetes Üben und dauerndes Training dürfte für sie notwendig sein. Für diese Charaktere gilt wirklich die Volksweisheit: »Ohne Fleiß keinen Preis«. Manche müssen erleben, daß sie in der Jugend ausgelacht und verkannt werden, aber sie kommen dann im Alter nach und können auf eine gute Lebensentwicklung zurückschauen, weil sie wirklich Berge versetzt haben. »Fünfer« verfügen über ein ausgezeichnetes Gedächtnis, so daß sie ihre Erfahrungen nie vergessen. So können sie meist auf einem sehr festen Fundament bauen. Ihre große Verantwortungsbereitschaft fällt auf, sie lehnen Menschen, die alles so nebenbei machen, fast zu vehement ab, da können sie sich zu selbsternannten Richtern aufschwingen und manchmal des Guten ein wenig zuviel tun. Zwar haben sie die Gabe, Schwachstellen bei anderen genau zu erkennen, aber diese

Fähigkeit kann ihnen dann schaden, wenn dies mit Strenge und nicht mit Güte gepaart wird. Versteckte Ironie liegt ihnen, die bei einigen gut ankommt, aber anderen überspitzt erscheint. Sie haben eine starke Beziehung zu den verborgenen Schätzen in einem Menschen, was sie befähigt, wirklich Verdecktes wieder an das Tageslicht (das heißt ins Bewußtsein) zu holen, so mühsam dies auch ist. Aber sie können warten!

 Menschen mit der Talent- und Selbstwertzahl 6 (durch eine 0 verstärkt) haben die besondere Gabe, den Alltag für sich (und andere) zu bewältigen. Diese Menschen besitzen eine schnelle Auffassungsgabe, entdecken alle windigen Vertragsklauseln auf Anhieb und können gut Verbindungen schaffen. Die Gabe, stets gut informiert zu sein, kommt noch hinzu, so daß ihr Lebensfahrplan eigentlich gut funktioniert. Auch plötzliche Änderungen werden bestens verarbeitet. Im Grunde kann man die »Sechser« auf jeden Platz stellen, sie werden stets alle Aufgaben erfüllen. Ihre Anpassungsfähigkeit und die Fähigkeit, nichts zum Prinzip zu erheben, kommt ihnen dabei zu Hilfe. Viele von ihnen haben journalistische Begabungen, sie können gut sprechen und schreiben. Andere wiederum denken über den Tag hinaus und durchschauen so die Geheimnisse des Lebens am besten.

Auch als Mechaniker (und selbst wenn es sich um eine Frau handeln sollte) finden sie nicht nur schnell den Fehler, sondern sie wissen immer eine Patentlösung, die sie offerieren können. Weibliche »Sechser« sind beste »rechte« Hände, da sie den Terminkalender ihres Chefs genauestens kennen. Sie sind praktisch und realistisch zugleich, auch wenn sie »hoch« hinaus wollen. Ihr Verstand nimmt alles wahr, und sie funktionieren wie ein gut programmierter Computer. Manchmal leidet darunter die eigene Entwicklung, weil sie zudem auch hilfsbereit sind, aber wenn sie sich eine Aufgabe gestellt haben, dann erfüllen sie die, wenn auch meist erst in letzter Minute. Sie kommen immer mit hechelnder Zunge ins Ziel und sind dann völlig außer Atem.

Es handelt sich hier um die Charaktere, die eigentlich immer gebraucht werden. Diese Menschen gehen nicht unter, denn einen Ausweg planen sie im Grunde immer mit ein, wie sie auch stets die letzte Bahnverbindung in ihrem Köpfchen gespeichert haben.

 Menschen mit der Talent- und Selbstwertzahl 7 (durch eine 0 verstärkt) verfügen über eine sehr gut ausgeprägte Intuition. Diese Menschen reagieren auf neue Eindrücke so schnell und sicher wie kein anderer. Sie suchen stets neue Wege, und ihr Talent, Trends vor ihrer Umgebung zu erkennen, ist erstaunlich. Außer Fassung geraten sie höchstens, wenn sich *nichts* ändert. Überraschungen dagegen erfreuen sie, da ein normaler Lebensablauf sie langweilen würde. Sie streben hoch hinaus und meinen, daß das wahre Glück eigentlich über dem Erdball liegen muß. Sie eignen sich sehr gut als Werbemanager oder auch Gagschreiber, also Menschen, die nicht alles so genau nehmen, aber doch immer richtig im Wind liegen.

Auch im okkulten Bereich fühlen sie sich schnell zu Hause, sie haben einen Hang zur Magie und sicher auf diesem Gebiet auch beachtliche Fähigkeiten. Nur müßten sie diese gut und gründlich schulen, aber das ernsthafte Studium liegt ihnen nicht so sehr. Immer wieder brauchen sie Abwechslung. So können sie selten Tag und Nacht *nur* studieren, das wäre ihnen zu langweilig. Sie lesen gerne in abenteuerlichen Romanen, arbeiten im Garten oder gehen schwimmen, spazieren, einkaufen. Sie passen schon auf, daß ihr Leben lustig und interessant ist.

Immer wieder erweist sich auch, daß sie beste Springerqualitäten haben, sich blitzschnell neuen Gegebenheiten anpassen können. Wenn irgend jemand ausfällt, dann können die »Siebener« mit Sicherheit aushelfen. Ihr Wesen ist meist heiter, sie sind kleine Sonnen im Alltagsleben, wenn sie sich auch oft nur mühsam konzentrieren können. Am besten ist, sie notieren sich alles, obwohl sie meinen (das ist ein Irrtum), alle Einfälle von sich oder anderen im Gedächtnis behalten zu können. Manchmal scheinen sie auch leicht ablenkbar, aber wenn es ernst wird, ziehen sie ihren Kopf immer wieder aus der Schlinge, und notfalls fangen sie von vorne an.

 Menschen mit der Talent- und Selbstwertzahl 8 (durch eine 0 verstärkt) haben eine starke Gabe, Harmonie zu schaffen und für Ausgleich und Gerechtigkeit einzutreten. Die »Achter« wirken manchmal so, als hätten sie die Liebe gepachtet, da sie die ganze Welt umarmen möchten. Ein weiteres Geschenk, das sie mitbekommen haben, ist die Anmut, die sie ausstrahlen, der Charme, mit dem sie Menschen (und Dinge) zusammenführen. Sie können sich wie kein anderer hinter ihrer ungeheuren Liebenswürdigkeit verstecken. Selten fallen sie aus der Rolle, da sie immer beide Seiten der Medaille sehen und auch andere Standpunkte beachten! Diese Charaktere schießen selten über das Ziel hinaus, sie haben sich scheinbar stets im Griff. Wenn sie aber doch einmal umkippen, dann scheinen sie fast verloren zu sein. Die Ausgewogenheit ist ihnen nämlich sehr wichtig. Daher rührt auch ihre Überzeugung, daß man sich alle Türen offenhalten muß. Deshalb lehnen die »Achter« auch das Absolute ab, sie verachten Menschen, die keine Kompromisse machen können und meinen: »entweder – oder!«

Auch künstlerisch sind die »Achter« oft recht begabt. Zumeist besitzen diese Menschen eine sympathische Stimme, die schon am Telefon angenehm auffallen kann. Oft ist auch eine Begabung fürs Tanzen festzustellen, wenigstens bewegen sie sich auf jedem Parkett mit äußerster Sicherheit, selbst wenn sie es nicht sein sollten. Mit Blumen können sie gut umgehen, der grüne Daumen scheint ihnen von Geburt an mitgegeben worden zu sein. Viele der »Achter« wirken nicht nur liebenswürdig, sondern auch verspielt, aber das kommt nur daher, daß sie sich selbst dazu zwingen wollen, nicht alles zu sehr auf die Goldwaage zu legen, obwohl Schmuck es ihnen wiederum besonders angetan hat. Ihre Gabe, Freude zu schenken, sollte aber nie belächelt, sondern stets hoch geschätzt werden, denn dies macht ihnen so leicht keiner nach.

 Menschen mit der Talent- und Selbstwertzahl 9 (durch eine 0 verstärkt) haben die Gabe des »zweiten Gesichts«. Sicher, dies ist ein Schlagwort, aber das Ahnungsvermögen der »Neuner« ist ungewöhnlich ausgeprägt. Jedes Talent muß jedoch gefördert und trainiert werden, und daran kann es diesen Menschen oft mangeln. Immerhin ist auch der Instinkt gut entwickelt, so daß die »Neuner« die Gabe haben, sich in der Regel instinktiv richtig zu bewegen und zu benehmen. Manche verfügen geradezu über einen kriminalistischen »Instinkt«, weil sie die Logik ausschalten und mehr wittern als denken. Dieser Instinkt kann ihnen in allen kreativen Berufen – wie Künstler oder Modeschöpfer – zugute kommen. Eine gute Witterung ist da Gold wert. Aber auch wer Bilanzen prüft, muß über eine gute Nase verfügen, denn Fehler in dicken Bankbüchern oder auf Computerfilmen zu finden ist schwer, da hilft schon der Instinkt bei der Spurensuche. Die Sensibilität der »Neuner« ist bestens ausgebildet. Zwar ist das auch mit Nachteilen verbunden, weil zu sensible Reaktionen zu Selbstschädigungen führen können, andererseits aber vermögen diese Charaktere anderen auf vorsichtigste und feinste Art Hilfe zukommen zu lassen. Gefahr droht jedoch, wenn sie sich selbst unsicher fühlen. Dann retten sie sich oft in einen Rausch, dann wollen sie den Alltag nicht wahrnehmen, dann gehen sie – wie auch immer – lieber auf einen Trip. Ihre innere Widerstandskraft muß deshalb trainiert werden.
Begabungen sind ferner auf dem Heilgebiet vorhanden. Diese Menschen können beste Iris-Diagnostiker sein oder für andere Menschen die richtigen Medikamente auswählen. Allerdings dürfen sie auch hier die Realität nicht außer acht lassen, sollten also Medizin studiert haben, ehe sie Ratschläge geben, zumal ihre Ratschläge leider oft *zu* gerne angenommen werden.

# Bereich III
# Die Alltagszahl

## Ermittlung und Bedeutung des Gesamtgeburtsdatums plus Sternzeichen

Die Alltagszahl wird aus dem Gesamtgeburtsdatum plus dem Sternzeichen ermittelt. Das Gesamtgeburtstagsdatum besteht aus dem Tag, dem Monat und dem Jahr der Geburt. Die Errechnung ist einfach.
Beispiel: Geburtsdatum: 29. 02. 1952
Das ergibt: $2 + 9 = 11 + 2 = 13 + 1 = 14 + 9 = 23 + 5 = 28 + 2 = 30$.
Die Quersumme ist also 3. (Da dies nur eine Zwischenrechnung ist, gilt die 0 nicht.)
Ein zweites Beispiel: Geburtsdatum: 27. 09. 1931
Das ergibt: $2 + 7 = 9 + 9 = 18 + 1 = 19 + 9 = 28 + 3 = 31 + 1 = 32$; Quersumme dieser Zwischenrechnung ist also $3 + 2 = 5$.
Nun haben wir bereits darauf aufmerksam gemacht, daß in der Verbindung der Numerologie mit der Astrologie die wahren Monatswechsel um den 20. eines Monats erfolgen. Da wir aber bei der Gesamtgeburtstagszahl dies nicht berücksichtigen können, rechnen wir zu dieser Zahl die Tierkreisabschnitte über deren Namen dazu.
Dies ist besonders wichtig für das Planetennumeroskop – also die abschließende Gesamtbeurteilung.
Jeder Tierkreisabschnitt hat dabei seine bestimmte Quersumme (siehe Tabelle Seite 86).
Wer z. B. englisch spricht, müßte die englischen Tierkreisnamen nehmen, also Zwillinge = Gemini. Das gilt für alle Sprachen.
Es wird auffallen, daß die Tierkreisabschnitte, die nebeneinander liegen, stets eine unterschiedliche Endquersumme haben, bis auf eine Ausnahme. Dies sind die Quersummen von Schütze und Steinbock, die beide die 8 als Quersumme haben. Beide Tierkreisabschnitte überschneiden sich für die Zeit, in der wir die heiligen zwölf Nächte haben, wo also die Sonne ihren Tiefstand erreicht. Schütze wird von Jupiter beherrscht, Steinbock vom Saturn, beide Planeten in Konjunktion kündeten den Messias an, und ihre

| Geltungsbereich | Tierkreiszeichen | Quersumme |
|---|---|---|
| 21. 3.–20. 4. | W I D D E R<br>5 9 4 4 5 9     = 36 | 9 |
| 21. 4.–21. 5. | S T I E R<br>1 2 9 5 9     = 26 | 8 |
| 22. 5.–21. 6. | Z W I L L I N G E<br>8 5 9 3 3 9 5 7 5   = 54 | 9 |
| 22. 6.–22. 7. | K R E B S<br>2 9 5 2 1     = 19 | 1 |
| 23. 7.–23. 8. | L O E W E<br>3 6 5 5 5     = 24 | 6 |
| 24. 8.–23. 9. | J U N G F R A U<br>1 3 5 7 6 9 1 3   = 35 | 8 |
| 24. 9.–23.10. | W A A G E<br>5 1 1 7 5     = 19 | 1 |
| 24.10.–22.11. | S K O R P I O N<br>1 2 6 9 7 9 6 5   = 45 | 9 |
| 23.11.–21.12. | S C H U E T Z E<br>1 3 8 3 5 2 8 5   = 35 | 8 |
| 22.12.–20. 1. | S T E I N B O C K<br>1 2 5 9 5 2 6 3 2   = 35 | 8 |
| 21. 1.–19. 2. | W A S S E R M A N N<br>5 1 1 1 5 9 4 1 5 5 = 37 | 1 |
| 20. 2.–20. 3. | F I S C H E<br>6 9 1 3 8 5     = 32 | 5 |

Konjunktion ist stets ein Hinweis auf besondere Ereignisse oder
Entwicklungen gewesen. So wundert es nicht, wenn diese beiden
Zeichen dieselbe Quersumme haben, da hier auch die unendliche
8 zum Tragen kommt, denn auch nach dem Sonnentiefststand
geht das Leben weiter, steigt die Sonne wiederum auf.

Doch zurück zur Berechnung der Alltagszahl. Um unser erstes Beispiel zu vervollständigen, zählen wir zum Geburtstag (29. 2. 1952 mit der Quersumme 30) den Wert für Fische, also 5, dazu. 30 + 5 = 35 = 8. Die Alltagszahl in diesem Beispiel ist also 8. Beim zweiten Beispiel (Datum vom 27. 9. 1931 mit der Quersumme 5) muß die Quersumme für Waage, also die 1, dazugezählt werden, was die Endquersumme 6 ergibt.

Erst die Addition dieser beiden Zahlen und die Ermittlung der Quersumme des Ergebnisses ergibt die Alltagszahl.

Das Ergebnis dieser Berechnung können Sie auf Seite 222 beim Bereich III eintragen. Das schraffierte Feld ist dabei wieder für die 0 bestimmt.

Die Alltagszahl gibt Auskunft darüber, wie der Alltag und die tägliche Routine angegangen und bewältigt wird.

## Deutungshinweise für die Zahlen 1–9

 Menschen mit der Alltagszahl 1 (durch eine 0 verstärkt) gehen mit Mut und Elan an die Bewältigung des Alltags heran. Sie brauchen dazu kaum Hilfe, da sie versuchen, selbst in Kleinigkeiten unabhängig zu sein. Außerdem interessiert sie der Alltag eigentlich gar nicht so sehr, nur wollen sie nicht, daß sich andere ungefragt da einmischen. Ihr Freiheitsdrang ist auch im Alltag zu spüren, selbst hier versuchen sie, ihre Autorität auszuspielen, so daß sie immer Menschen finden, die ihnen die Nebensächlichkeiten abnehmen. Sie können auf wunderbare Art andere für sich motivieren, was die meisten auch mit Begeisterung in die Tat umsetzen. Den »Einsern« sind Dinge verhaßt, die Zeit und Mühe kosten und nichts einbringen, die einfach ärgerlich sind, auch wenn sie noch so notwendig erscheinen. Die Tatkraft dieser Menschen geht jedoch weit über das Erledigen der täglichen Routine hinaus, was auf die Umgebung abfärben kann, denn viele lassen sich von einem »Einser« mitreißen, besonders weil sein Erscheinen so positiv und optimistisch ist. Für die »Einser« geht die Welt nie unter, und wenn die Medien noch so viel von Katastrophen berichten.

Die Katastrophen für die »Einser« liegen im kleinen. Dann nämlich, wenn sie vor lauter Alltagserledigungen nicht zu ihrem großzügigen Lebensstil kommen, da Bücher geführt, Abrechnungen erledigt werden müssen, das Telefon dauernd klingelt und sie von den großen Arbeiten oder nur von ihren Gedanken und Tagträumen ablenkt.

Kein Wunder, daß diese Menschen gerne verreisen, um den Alltag hinter sich zu lassen; so verraten sie auch nur höchst ungern ihre Ferienanschriften. Kurz: Der Alltag wird von den »Einsern« im Grunde – soweit wie möglich – mit der linken Hand bewältigt, damit sie den Kopf frei haben.

 Menschen mit der Alltagszahl 2 (durch eine 0 verstärkt) meistern ihren Alltag dann gut, wenn sie sich in einer Gemeinschaft, egal ob klein oder groß, geborgen fühlen. Meist übernehmen sie dann für ihre Partner die Erledigung der alltäglichen Pflichten. Sie versuchen, auch mit der Nachbarschaft gut auszukommen, weil gerade der Alltag in ihren Augen nicht trennen, sondern binden soll und gemeinsam immer besser zu ertragen ist. Die »Zweier« versuchen die Ärgernisse ihrer nächsten Angehörigen soweit wie möglich auf- beziehungsweise abzufangen. Sie lassen auch in Alltagsangelegenheiten niemanden in Stich, weil sie meinen, daß es mehr auf die kleinen als auf die großen Dinge ankommt. So schließen sie sich Gemeinschaften an und nehmen auch in Vereinen oft die undankbarsten Aufgaben wahr.

Im Haushalt sollte möglichst alles klappen, da dies die ihnen wichtige gute Atmosphäre schafft. Deshalb geben sich die »Zweier« stets Mühe, damit alles wie am Schnürchen läuft. Ihre Freude, anderen beistehen zu können, ist groß, obwohl sie wissen – und fast alle haben das auch schon schweren Herzens erfahren –, daß der Dank selten von denen kommt, denen geholfen wurde, sondern uns meist von einer ganz anderen Seite erreicht.

Da diese Menschen ein reiches Innenleben haben, wissen sie auch, wie sehr andere leiden müssen, wenn sie keine Ansprache finden, daher kümmern sie sich – soweit die Zeit es erlaubt – auch um die Einsamen oder Vergessenen. Allerdings ergreifen sie kaum von sich aus die Initiative, sie wollen sich keinem aufdrängen. Also warten sie, bis sie gerufen werden. Da die »Zweier« beste Teamarbeiter sind, meistern sie auch kleinere Pflichten am leichtesten im Bunde mit anderen, wobei sie selbst mehr im

Hintergrund bleiben. Nur wenn es wirklich brenzlig wird, sind sie in vorderster Reihe zu finden, um sich anschließend schnell wieder zurückzuziehen.

 Menschen mit der Alltagszahl 3 (durch eine 0 verstärkt) möchten sich nicht lange mit Alltäglichem aufhalten. Da diese Pflichten aber auch erfüllt werden müssen, erledigen sie sie möglichst schnell und meist mit innerer Ungeduld. Die »Dreier« sind meist diejenigen, die das Alltägliche als erste scheinbar geschafft haben. Danach gibt es jedoch Schwierigkeiten, auf die sie mit kämpferischer Ungeduld reagieren, denn sie lassen sich auch in Nebensächlichkeiten nichts gefallen. Sie machen bei Ämtern mobil und bringen Behörden auf Trab. Im Notfall sind sie wegen einer Lappalie kampfbereit.

Humor kennen sie kaum, dafür aber unbedingten Siegeswillen. Verträge werden am liebsten mit Handschlag besiegelt, weil das Kleingedruckte ihnen immer verdächtig erscheint.

Ihr Tempo bringt Unordnung in ihrer Umgebung, da die »Dreier« nicht warten können. Müssen sie anstehen, dann drängeln sie sich vor, ob das nun beim Einstieg ins Flugzeug ist oder an der Kasse des Selbstbedienungsgeschäfts. Sie regen sich aber immens auf, wenn Kinder sich vordrängeln oder Rentner langweilige Gespräche führen und dadurch ihr Weiterkommen aufhalten. Was sie erledigen, das erfolgt mit größtem Energieeinsatz, als wenn der Weltuntergang abgewendet werden müßte. Jede Möglichkeit, schnell weiterzukommen, wird von diesen Charakteren genutzt, selbst die Steuererklärung geben sie früher als notwendig ab, nur um auch diese Sache vom Halse zu haben.

Müssen sie lange warten, dann haben sie das Gefühl, der Boden brenne unter ihren Füßen. So rennen sie lieber zu Fuß los, als auf den Bus zu warten. Ob sie dadurch viel Zeit gewinnen, mag dahingestellt sein, aber diese Menschen legen Wert auf das Gefühl, keine Zeit verloren zu haben. So steuern sie immer auf das Wesentliche zu und verlieren sich nicht in unnützem Zeitvertreib. Beliebt machen sie sich dadurch nicht gerade, aber das ist ihnen ziemlich egal.

 Menschen mit der Alltagszahl 4 (durch eine 0 verstärkt) organisieren den Alltag vorbildlich. Die »Vierer« wissen, daß dies notwendig ist, wenn andere Dinge nicht durch Kleinkram erstickt werden sollen. Die Pflichten werden mit innerer Gelassenheit, aber voller Autorität erfüllt. Sie überlassen möglichst nichts dem Zufall, gerade die kleinen Dinge wollen durchdacht sein. So werden Verträge pingelig eingehalten, aber auch erwartet, daß dies alle tun, daß man sich auf die anderen verlassen kann. Sie organisieren prächtig, man sollte ihnen einfach folgen!

Ihre wichtigste Hilfe dabei ist, sich alles zu notieren. Reicht das nicht aus, nehmen sie im Notfall bei Großeinkäufen den Computer in den Supermarkt mit. Außerdem haben sie die Gabe, das Überflüssige auch wirklich zum Überflüssigen zu erklären.

Diese Charaktere erledigen ihre Pflichten beispielhaft und machen daraus gar kein Aufheben. Möglichst am frühen Vormittag muß alles geregelt sein, damit der Tag dann für die eigene Mission genutzt werden kann. Am liebsten würden sie genaue Sprechstunden einführen, um rationell alles zu erledigen.

Haben sie dann den Alltagskram hinter sich gebracht, dann ist es ratsam, sie nicht mehr daran zu erinnern, sondern dies auf morgen zu verschieben. Diese Menschen wollen nämlich den Kopf frei haben, um sich wirklich entfalten zu können. Es bringt sie zum Wahnsinn, wenn sie alles getan haben, aber am Abend andere Familienangehörige bei ihnen wegen alberner Kleinigkeiten vorstellig werden. Dann können sie sehr schnell auf die Palme klettern und von oben herab ihre Angehörigen unter Beschuß nehmen. Der Alltag ist für diese Menschen ein Muß, aber das nebensächlichste Muß, das es gibt, und es ist gut, wenn sich dies die Umgebung früh genug einprägt.

 Menschen mit der Alltagszahl 5 (durch eine 0 verstärkt) konzentrieren sich zunächst ganz auf den Alltag, weil sie der Überzeugung sind, daß gerade in kleinen Dingen Ordnung wichtig ist. Oft müssen sie sich jedoch zu dieser Überzeugung durchringen (wenn etwa andere Zahlen eine völlig andere Grundrichtung anzeigen), aber man kann sicher sein, daß die »Fünfer« – unter welchen Umständen auch immer – das Notwendigste mit Pflichtgefühl ausführen.

Diese Menschen schreiben sich oft auf, was erledigt werden muß, um Ordnung zu halten. Sie bereiten sich auch auf die kleinsten Pflichten im Beruf oder im Haushalt vor, weil sie sich weder auf Intuition oder Einfälle, sondern nur auf Planung verlassen. Improvisation können sie zwar »sehnsuchtsvoll« lieben, aber sie vertrauen ihr nicht. Hinzu kommt, daß wir es hier mit Menschen zu tun haben, die fabelhaft aus ihren Fehlern lernen. Hat ihnen Unpünktlichkeit einmal geschadet, dann werden sie in Zukunft pünktlich sein, ob ihnen nun die Pünktlichkeit liegt oder nicht. Die »Fünfer« kapieren also so schnell wie kaum jemand sonst, schon um sich nicht zu blamieren und um als zuverlässig zu gelten. So kann es sie auch zum Wahnsinn treiben, wenn etwa andere – beispielsweise Handwerker – unpünktlich sind, obwohl man sich verabredet hat. Je älter sie werden, um so ausgeprägter wird diese Einstellung. Sie meinen, wer beim Anziehen den ersten Knopf eines Hemdes falsch knöpft, dem wird das Hemd nie passen. Ordnung erleichtert das Leben und spart Zeit, um sich anderen Dingen »danach« zuzuwenden, bei denen man dann beruhigt Zeit einsetzen, ja verlieren kann. In diesem pflichtbewußten Sinne wird die Alltagsbewältigung auch als wichtige Lebensprüfung verstanden.

 Menschen mit der Alltagszahl 6 (durch eine 0 verstärkt) integrieren den Alltag wie selbstverständlich in ihr Leben. Sie unterscheiden gar nicht so sehr zwischen Alltag und Feierabend oder Berufs- und Privatleben. Bei ihnen wird alles mit Witz, Rationalität und Vernunft organisiert. Diese selbstverständliche Art, sich um die kleinen wie die großen Dinge gleichermaßen und gleichwertig zu kümmern, erleichtert ihnen das Leben gewaltig. »Sechser« lassen sich weniger von Stimmungen als von Einsichten in die Notwendigkeiten leiten. Natürlich wünschten sich auch diese Menschen manches anders, aber was nun einmal nicht ist, kann auch nicht erwartet werden.

Meist handeln die »Sechser« sehr schnell. Post, die kommt, wird möglichst sofort erledigt und die Beantwortung nicht auf die lange Bank geschoben und Termine werden eingehalten. Alles erfolgt flink und gescheit. Wenn es nottut, wird beim Essen telefoniert oder in der Badewanne diktiert. Das ganze Alltagsleben wird so lustig wie möglich gestaltet, und viele andere Menschen wundern sich, wie leicht diese Charaktere mit den für sie selbst so mühseligen Pflichten fertig werden. Einkäufe machen sie nebenbei, Mahlzeiten werden schnell an Selbstbedienungstheken eingenommen, damit nicht allzuviel Zeit verlorengeht. Kurz: Es wird nach Möglichkeit nichts kompliziert, damit erst gar keine Schwierigkeiten das Leben erschweren. Hier hilft den »Sechsern« in der Regel ihr gutes, waches Gedächtnis, so daß lange Notizen kaum notwendig sind. Dabei sind diese Menschen darauf aus, stets praktische Hilfe für die Alltagsbewältigung zu finden, also werden Messen und Verkaufsveranstaltungen gerne besucht, um sich irgendwie das Leben zu erleichtern. Das »Nebenbei« erledigen sie gewissenhaft, jedoch möglichst ohne allzu großes persönliches Engagement.

 Menschen mit der Alltagszahl 7 (durch eine 0 verstärkt) bewältigen den Alltag mit Intuition und Einfallsreichtum. Auch das Übliche und Alltägliche wird für sie zur Anregung. Immer haben sie neue Pläne, so daß selten ein Tag wie der andere abläuft. Zwar scheinen sie leicht ablenkbar, aber in Wahrheit empfinden sie alles als neu und anregend, so daß sie im Grunde – auch im Alltag – stets auf mehreren Hochzeiten tanzen können.
An Ideen fehlt es ihnen nicht, um den Alltag mal so und dann wiederum ganz anders zu bewältigen. Dabei vergessen sie leicht Termine und Verabredungen, aber in ihnen schlägt immer – wenn es brenzlig wird – ein Wecker rechtzeitig Alarm, so daß sie stets mit einem blauen Auge davonzukommen scheinen. Wenn es ihnen zu bunt wird, dann sagen sie einen Termin ab, rufen morgens im Geschäft an, meinen, die Sonne schiene so schön, sie kämen nicht. Das Wunder ist nur, daß man ihnen so eine Handlung kaum übelnimmt, weil es ihnen am folgenden Tage auch nichts ausmacht, bis spät in die Nacht Überstunden zu leisten. Irgendwie leben diese Menschen verquer. Sicher, auch sie kennen Pflichten, die sie einhalten, aber dann nehmen sie sich einfach 14 Tage Urlaub. Die »Siebener« sind vermutlich am glücklichsten, wenn sie selbständig sind und nach ihrem Gusto leben können. Aber nicht jeder kann sich dieses bunte Leben leisten! Die »Siebener« haben die Fähigkeit, manche Tage wie Könige zu

leben, danach allerdings arbeiten sie wieder wie Sklaven. Dieses Auf und Ab erhält sie frisch und munter. So wird von diesen Charakteren der Alltag als eigentlich gar nicht schlimm empfunden. Alles im Leben, also auch Pflichten, können abenteuerliche Erlebnisse sein, wenn man nur den Mut aufbringt, auch unkonventionell zu handeln.

 Menschen mit der Alltagszahl 8 (durch eine 0 verstärkt) möchten selbst den Alltag mit Harmonie, ja mit Liebe erfüllen. Ihnen ist sozusagen jede Minute lebenswichtig, so möchten sie auch jede Minute nach Möglichkeit mit Freude füllen. Die »Achter« kennen kein Stöhnen (oder nur ein bißchen und dies auch nur zeitweise) über die Haushaltsarbeiten, es wird halt gerne gekocht. Da wird nicht gejammert, daß schon wieder Gartenarbeiten fällig sind, man freut sich an der Natur. Daher sagen diese Menschen höchst selten: »Ach, wenn ich dieses oder jenes erst erledigt hätte!« Nein, sie genießen den Augenblick, auch wenn der manchmal düster ist. Ist er düster, dann wissen sie – und damit trösten sie sich auf gar nicht banale Weise –, daß es einfach wieder heller werden muß. Die »Achter« wissen, daß alles zum Leben gehört, daß aber auch alles verloren gehen darf – nur eines nicht: die Liebe. So erfüllen gerade diese Charaktere den Alltag mit Wärme, was zur Folge hat, daß sie eigentlich immer glauben, nur Freunde um sich zu haben, die bei ihnen Rat und Trost suchen.
Sie sind dabei oft nicht nur ideell großzügig, sondern auch im materiellen Sinn. Sicher darf hier niemand eine Sozialstation erwarten, aber wenn sie haben, dann geben sie, und wenn sie sich neue Sachen kaufen, dann verschenken sie die alten Klamotten, die sie nicht mehr benötigen. Außerdem haben sie oft die Fähigkeit, Leute, die ihnen im Alltag Schwierigkeiten machen wollen, um den Finger zu wickeln, so daß aus Gegnern sogar gute Bekannte werden.
Jede Minute wird genossen, weil den »Achtern« bewußt ist, daß die Minuten kurz und die Gesamtsumme der Minuten im Leben begrenzt ist. Ein Grund mehr, sich den Alltag zu verschönern, auch auf die Gefahr hin, ausgenutzt zu werden.

 Menschen mit der Alltagszahl 9 (durch eine 0 verstärkt) bewältigen den Alltag eher instinktiv. Sie schaffen dies zwar, aber die Umgebung fragt sich wie, wo doch offenbar alles durcheinander geht! Unordnung scheint auf der Tagesordnung zu stehen. Wehe, wenn diese Menschen daheim überrascht werden. Es sieht aus, als befänden sie sich in einer dauernden Umzugssituation. Hier findet sich kein Fremder zurecht, nur die »Neuner« finden instinktiv, was sie suchen. In dieser Art scheinen sie auch die Alltagsnotwendigkeiten zu erledigen. Es grenzt an ein Wunder, wenn diese Menschen pünktlich sind, aber solche Wunder treten ein, doch darf man sich darauf nicht verlassen. Fünf- oder sechsmal wartet man auf so einen »Neuner«, und er erscheint nicht. Das nächste Mal will man gleich gehen und in dem Moment steht die erwartete Person vor einem. Instinktiv wissen die »Neuner«, wann etwas auf der Kippe steht, so daß sie dann zur Stelle sind.

Jedoch möchten diese Menschen am liebsten überall zugleich sein und ihr Leben möglichst weiträumig gestalten. Da sie keine Begrenzungen mögen, begrenzen sie sich auch nicht selbst, was dann zu manchem Durcheinander führen kann. Ihr Glück ist ihre gute »Nase«, die ihnen eigen ist. Selbst wenn sie sich auch innerlich irgendwie vergaloppiert haben, im richtigen – meist letzten – Moment finden sie zurück. Seltsamerweise kommen sie damit gut zurecht, da sie auch instinktiv wissen, wie sie sich entschuldigen müssen.

Verblüffend auch ihr Ahnungsvermögen gerade bei Dingen, auf die es im Alltag ankommt. Zum Beispiel, wann etwa der Gasableser zum letzten Mal vor der Tür steht, bevor es Strafe kostet. Ihre Inspiration auch im täglichen Leben ist ihre Stärke, so daß sie von anderen als Glückskinder im Unglück bezeichnet werden, und mancher beneidet sie um ihren sehr persönlichen Lebensstil.

# Bereich IV
# Die Herkunftszahl

## Ermittlung und Bedeutung der Geburts-plus Prägungsortzahl

Die Herkunft eines Menschen ist sehr wichtig. Seine Heimat ist lebensprägend, wobei es weniger auf das Land seiner Staatsangehörigkeit ankommt als auf den engeren Heimatbereich. Ein in Passau geborener Niederbayer verhält sich sicher völlig anders als sein an der Nordseeküste geborener Landsmann, der Friese ist. Beide können Welten trennen. Um diesen Einfluß mit zu berücksichtigen, benötigen wir den Geburtsort. Nun bleiben aber viele Menschen nicht da wohnen, wo sie geboren sind! Ein Berliner mag heute in Frankfurt, ein Dresdner schon jahrelang in Paris leben. Sicher gibt das manchmal gewisse Anpassungsschwierigkeiten, aber oft hat der neue Wohnort einen entscheidenden Einfluß auf die Charakterentwicklung. Deswegen wollen wir beide Orte – den Geburts- und den Prägungsort – zusammenfassen. Entscheidend ist, welcher Ort neben dem Geburtsort den Charakter eines Menschen geprägt hat. Sollten dies zwei Orte sein, so sind beide Orte zu nehmen – mehr aber nicht! Lediglich den jetzigen Lebensort könnten wir noch zusätzlich bewerten. Zur Berechnung der Herkunftszahl brauchen wir also stets den Geburtsort, eventuell den Prägungsort oder/und den Lebensort. Selbstverständlich können alle diese Orte auch *ein* Ort sein, dann erübrigt sich eine doppelte oder dreifache Berechnung.

Ist nun eine Stadt – etwa wie Berlin – sehr groß, dann empfiehlt es sich, auch den Stadtteil in die Rechnung mit einzubeziehen. Es kann einen Unterschied ausmachen, ob jemand in Berlin-Zehlendorf oder in Berlin-Wedding geboren wurde.

Beispiel: Jemand ist in Breslau geboren, lebt aber seit seinem 10. Lebensjahr in Frankfurt. Dann ergibt sich:

B R E S L A U
2 9 5 1 3 1 3 = 2 + 9 = 11 + 5 = 16 + 1 = 17 + 3 = 20 + 1 = 21 + 3 = 24.

Für Frankfurt, das in diesem Fall Prägungs- und Lebensort ist, sieht die Rechnung folgendermaßen aus:

F R A N K F U R T
6 9 1 5 2 6 3 9 2 $= 6+9 = 15+1 = 16+5 = 21+2 = 23+6 =$
$29 + 3 = 32 + 9 = 41 + 2 = 43.$

24 (für Breslau) + 43 (für Frankfurt) ergibt: 67.
Die Quersumme von 67 ist $= 6 + 7 = 13 = 1 + 3 = 4 =$ Herkunfts-zahl. (Die Zahlenwerte für die Buchstaben finden Sie auf Seite 48.)
Ein weiteres Beispiel: Jemand ist in Hamburg-Altona geboren und in Essen aufgewachsen. Zu seinem jetzigen Lebensort Hanau hat er wenig Beziehung, so daß Essen als Prägungsort eingesetzt wird.

H A M B U R G - A L T O N A
8 1 4 2 3 9 7 9 1 3 2 6 5 1 $= 61 = 6 + 1 = 7$ plus

E S S E N
5 1 1 5 5 $= 17 = 1 + 7 = 8.$ Addieren wir $7 + 8$, so erhalten wir 15, was die Quersumme $1 + 5 = 6$ ergibt.

Das Ergebnis der Berechnung Ihrer Herkunftszahl notieren Sie bitte wieder auf dem Planetennumeroskop-Bogen von Seite 222 beim Bereich IV.
Die Herkunftszahl gibt uns Auskunft über unsere Heimatbeziehung, wie wir unsere Herkunft verarbeiten, welche Bindungen (und wenn, wie) zur Heimat bestehen. Damit ist weniger das elterliche Erbe gemeint als die Beziehung zur Heimat selbst; auch kann aus dieser Zahl auf die Prägung geschlossen werden, die eine Großstadt oder eine Landschaft in einem Menschen hinterlassen kann, und die ja oft ein Leben lang nicht verlorengeht.
Die Heimatgefühle werden oft im täglichen Trubel nicht so wahrgenommen wie im Alter, wo sie wieder vehementer deutlich werden. Dann kann die Sehnsucht »nach Zuhause« (völlig unsentimental) doch manchmal bestimmender werden als man ein Leben hindurch angenommen hatte. Hier geht es also um das große Erbe, was sich auch in der Kulturauffassung eines Menschen offenbaren kann, sei es bei bevorzugter Literatur, beim Hören gewisser Musik oder auch beim Anblick von Bildern.

## Deutungshinweise für die Zahlen 1–9

 Menschen mit der Herkunftszahl 1 (durch eine 0 verstärkt) sind häufig Patrioten, also Charaktere, die an ihrer Heimat hängen, die sie nicht missen wollen und auch bereit sind, für die Heimat Opfer zu bringen. Diese Menschen werden ohne eine innere Heimatverbundenheit nicht glücklich, ganz besonders dann, wenn sie in der Ferne leben müssen. Für ihren Geburts- und Lebensort setzen sie sich aktiv ein. Leben sie in der Ferne, gründen sie vielleicht einen Verein und veranstalten Heimatabende. Auch halten sie sich meist noch ein Abonnement ihrer Heimatzeitung. Sie verleugnen ihre Herkunft nicht, und wenn zu Hause ein Dialekt gesprochen wurde, dann sprechen sie ihn auch anderswo.

An ihrem Geburtsort setzen sie sich aktiv für die Verschönerung ihres Dorfes oder ihrer Stadt ein und versuchen auch meist, in den Verwaltungen oder anderen Organen etwas für »ihren« Ort zu tun. Dasselbe gilt jedoch auch für den Lebensort. Wenn sie sich da halbwegs heimisch fühlen, sind sie auch diesem schnell verbunden, ohne aber ihren Geburtsort zu vergessen. Äußerlich wird dies oft dadurch deutlich, daß diese »Einser« etwa ein altes Stadtwappen ihres Herkunftsortes zu Hause hängen haben.

Wer sich in der Fremde über ihre Heimatregion lustig macht, bekommt es mit diesen Leuten zu tun, die sich mutig vor ihren Geburts- oder Lebensort stellen. Treffen sie im Urlaub – erkennbar an der Autonummer – jemand von daheim, dann versuchen sie, schnell Kontakt zu diesen Menschen zu knüpfen. Ihr Stolz auf ihr Herkommen ist stark und überzeugend. Sie sind die besten Werbeträger ihrer Heimat. Selbst wenn sie recht kritisch eingestellt sein sollten, bei anderen dulden sie keine Kritik an ihrer Heimat.

 Menschen mit der Herkunftszahl 2 (durch eine 0 verstärkt) sind sich ihrer Heimatverbundenheit eigentlich gar nicht bewußt. Immer wieder wollen sie heraus und in die Ferne, weil sie sich daheim nicht zu Hause fühlen, besonders wenn es ihnen dort nicht gut ergeht. Aber wenn sie ein Angebot bekommen wegzugehen, dann zögern sie, ja dann finden sie vielerlei Gründe, es nicht anzunehmen. Manche haben deswegen schon ihre Karriere geopfert. Es sind die Men-

schen, die viel über ihre Stadt schimpfen, weil sie an ihr leiden, die aber rabiat werden, wenn andere in ihre Kritik einstimmen. Dann werden sie sogar fuchsteufelswild und manche Freundschaft ist dadurch schon in die Brüche gegangen. (Da handeln sie wie die »Einser«!) Für die eigene Stadt, das eigene Dorf würden sie dabei gar nicht mal soviel tun, aber sie mögen nirgendwo anders wohnen. Ihrer Heimat bleiben sie treu, und es bedarf schon schwerer Schicksalsschläge, ehe sie in die »Emigration gehen«.

Draußen schließen sie sich zwar keinem Heimatverein an, weil ihnen dann bei Gemeinschaftsabenden schnell die Tränen kämen, aber sie lassen im Fernsehen keinen Heimatfilm aus, und sei dies auch noch so eine Schnulze.

Auch Volkslieder gehören zum festen Musikrepertoire, wenn sie über eine Autobahn fahren, und mit »Rolling Home« geht's dann heim. Diese Menschen empfinden ihre Vaterstadt als Hort mütterlicher Geborgenheit, was ihre Beziehung zur Mutter Erde unterstreicht. Oft leiden sie an ihrer Heimat, wenn ihre Liebe von dort nicht erwidert wird. Dies äußert sich oft in Haß, der jedoch verkannter Liebe entspringt und die Betroffenen mehr leiden läßt als die, gegen die sich die Ablehnung richtet.

 Menschen mit der Herkunftszahl 3 (durch eine 0 verstärkt) wird es in ihrem Heimatort bald zu eng. Diese Charaktere wollen heraus und hinauf. Sie träumen zwar davon, eines Tages als »verlorener Sohn« im Triumph zurückgeholt zu werden, aber das sind Träume, die nur ganz wenige erfüllt sehen. Sie lachen oft über ihre Heimat, empfinden sie als zu spießig und so streben sie hinaus.

Sie erleben die alte Weisheit, daß der Prophet nichts in seinem eigenen Lande gilt, ohne daß nun jeder »Dreier« ein Prophet sein muß. Meist ist es auch gut, wenn sie ihre Heimat verlassen, denn dort kennt man ihre Fehler, die man selten vergißt. So können diese Menschen eigentlich nur fern der Heimat mit Elan neu anfangen.

Auch ist ihr Ehrgeiz für manchen Mitbürger zu erdrückend, und was einem Fremden zugebilligt wird, wird einem Einheimischen meist verweigert. Machen diese freiwilligen »Auswanderer« draußen Karriere, dann sind sie stolz auf ihre Herkunft, meist bleibt dies aber auch die einzige Beziehung. Denn die »Dreier«

fühlen sich da wohl, wo sie Karriere gemacht oder ihr Glück gefunden haben. So kehren sie nur zu einem Besuch (natürlich nur, wenn sie weggegangen sind) zurück und berichten von ihren Erfolgen in der großen, weiten Welt. Sind sie draußen jedoch gescheitert, dann dürfte zu Hause kaum jemand von ihnen hören, dann bleiben sie »absichtlich« verschollen. Ihre Heimat finden diese Menschen da, wo man sie anerkennt. Hat man sie daheim geschmäht oder belächelt, kehren sie kaum zurück, nicht einmal zu einem Verwandtschaftsbesuch. Fragt man sie draußen jedoch, woher sie kommen, verkünden sie stolz, ein Kölner oder ein Berner zu sein.

 Menschen mit der Herkunftszahl 4 (durch eine 0 verstärkt) gehören zu den Charakteren, die es in erster Linie daheim zu etwas bringen. Ihnen bietet die Heimat – und dies im weitesten Sinn – die besten Entfaltungsmöglichkeiten. Dies gilt aber ganz besonders für den Geburtsort. Sie sollten am besten nicht zu weit von ihrem Herkunftsort weggehen, sondern dort bleiben, wo die Menschen die gleiche Sprache wie sie sprechen. Ist dies der Fall, dann können sie sich ungehindert entfalten. Da sie viel Erfolg haben, dürfte es ihnen an Angeboten aus der Fremde meist nicht mangeln, aber es wäre in der Regel nicht gut, deswegen die Heimat zu verlassen. Die »Vierer« denken pragmatischer als die »Einser«, sie sind keine Patrioten, sondern dort heimisch, wo man ihnen die besten Entwicklungsmöglichkeiten bietet. Und das ist meist der Herkunftsort. Man findet unter ihnen Heimatforscher und Personen, die das Geheimnis der Vergangenheit lüften wollen. So sammeln sie Legenden, Dokumente oder alte Rathausbücher. Weltoffen sind die »Vierer« schon. So gehen von ihnen viele Verbindungen in das Ausland, und es sind häufig diese Menschen, die mit anderen Städten Patenschaften initiieren, denn Mief und zu große Enge liegt ihnen auch nicht. Wenn sie sich am Lebensort eingelebt haben, dann kann es jedoch durchaus passieren, daß dieser Ort als Heimatort angesehen wird, was völlig unkompliziert vor sich geht. So gibt es plötzlich neue Leibgerichte und auch neue Gewohnheiten. Überhaupt wird bei diesen Menschen der Begriff Heimat nicht zu eng gesehen, wenn man nur gut aufgenommen worden ist.

 Menschen mit der Herkunftszahl 5 (durch eine 0 verstärkt) haben meist eine tief verwurzelte Heimatliebe. Sie leiden, wenn es der Heimat schlecht geht, und sie tun alles, damit sie ihnen nicht genommen wird. Es tut ihnen wirklich weh, wenn die Heimat durch zu viele Einwanderer zu überfremden droht. Das hat nichts mit Ausländerfeindlichkeit zu tun, sie möchten lediglich alles so lassen, wie es ist. In ihrer Heimatliebe sind sie sehr konservativ. Für die Erhaltung des alten Stadtkerns tun sie alles, bringen auch persönliche Opfer und sind entsetzt, wenn ein modernes Hochgaragenhaus die Kirche in den Schatten stellt. Sie geraten außer sich, wenn der Dorf- oder Stadtname im Zuge einer Eingemeindung geändert wird, wenn andere Postleitzahlen oder Autokennzeichen eingeführt werden. Das mag kindisch klingen, aber diese Charaktere meinen, die Kraft komme auch aus der Tradition.

Die »Fünfer« drängen sich dabei kaum vor, aber wenn ein zugereister Lehrer etwa den Schülern beibringen will, daß es woanders genauso schön sein kann wie hier, dann sollte der Lehrer lieber seine Koffer packen. Dabei sind diese Menschen unerbittliche Kritiker von Mißständen in der Heimatgemeinde. Gerade weil sie ihre Heimat über alles lieben, sind sie besonders mißtrauisch, um ja nichts zu verlieren. Oft hindern sie so moderne Entwicklungen, aber das ist ihnen gar nicht bewußt. Sie wissen nur: Das Schlimmste für einen Menschen ist, wenn er entwurzelt wird, und davor möchten sie alle im Heimatort bewahren. So versuchen sie, jeden an die Scholle zu binden. Das Schlimmste, was ihnen widerfahren könnte, wäre der Zwang, die Heimat verlassen zu müssen, obwohl sie daheim gar nicht einmal so beliebt sind.

 Menschen mit der Herkunftszahl 6 (durch eine 0 verstärkt) handhaben die Begriffe Heimat und Herkunft recht rational. Wenn es ihnen opportun erscheint, schwelgen sie in Heimatliebe; wenn ihnen aus anderen Gründen danach zumute ist, können sie die Heimat kritisieren oder sich lustig über übertriebene Traditionsgebundenheit machen. Aber nie ist etwas ganz schlecht und nie etwas sehr überzeugend, der goldene Mittelweg ist nie bös' gemeint, sondern einfach praktisch. Diese Charaktere legen Wert darauf, daß ihre Papiere und Ausweise in Ordnung sind – Sentimentalität

in Bezug auf die Heimat kennen sie kaum. In der Ferne wissen sie jedoch, wo sich die Konsulate befinden, so daß sie immer den Schutz der Heimat in Anspruch nehmen können, doch suchen sie diese Institutionen gar nicht auf, weil sie sich überall recht gut zurechtfinden, also die zuständigen Behörden nicht in Anspruch nehmen müssen. Sie sind nur froh, daß diese existieren, weil ihnen das Sicherheit gibt.

Über die Dinge in der Heimat sind sie meist bestens orientiert. So lesen sie als erstes die Regionalberichte der Heimatblätter, wie sie auch alle Todes- oder Heiratsanzeigen genau verfolgen. Zwischenmenschliche Beziehungen sind ihnen wichtig, aber auch diese werden möglichst von Sentimentalität freigehalten. Doch ihre Nachbarn kennen sie sehr genau und schätzen sie hoch ein. Wenn es irgendwie mal brenzlig wird, verlassen sie sich gerne auf Leute, die sie kennen, die aus ihrem Dorf stammen. Draußen sprechen sie zwar nie Dialekt – zu Hause aber immer. Diese Menschen sind trotzdem keine Opportunisten, sondern Rationalisten, die wissen, daß alle Grenzen heute weiter gezogen werden als früher.

 Menschen mit der Herkunftszahl 7 (durch eine 0 verstärkt) sind in Bezug auf ihre Gefühle zur Heimat schwer einzuschätzen. Einmal erhalten sie durch die Heimat die besten Anregungen, dann aber müssen sie hinaus, um dort neue Eindrücke zu empfangen. Im Grunde handelt es sich hier um die Charaktere, die an zu Hause hängen und gerade deswegen dauernd Veränderungen anstreben. Sie wollen sehen, was ihnen außerhalb der Heimat gefällt, und das möchten sie gerne zu Hause einführen. So bringen sie immer wieder neue Impulse von ihren Ausflügen zurück, die jedoch nur schwer durchzusetzen sind, so daß sie sich – kaum angekommen – oft schon wieder verabschieden.

Diese Menschen, die selbst überall zu Hause sein könnten, möchten den Begriff Heimat am liebsten ganz weit – im Sinne von Heimat für alles Menschliche – fassen. Das mag übertrieben und idealistisch klingen, aber sie meinen dies sehr ernst. Die »Siebener« haben im Grunde die wenigsten Schwierigkeiten, sich überall wie zu Hause zu fühlen, und doch kommen gerade sie (oder vielleicht deswegen) von ihrer Heimat nicht los.

Zu Hause begegnet man ihnen stets mit größter Skepsis, weil diese Menschen immer wieder neue Ideen haben und auch gegen den Abriß eines alten Fachwerkhauses stimmen, wenn dies als feuergefährlich eingestuft wurde und den Ortskern gefährdet. Wenn man ihre Ideen nicht schätzt, gehen sie, aber in der Fremde verfassen sie (etwa als Journalisten, Schriftsteller oder auch nur als einfache Briefeschreiber) wahre Hymnen über die Heimat, die ihnen alles gab, so viel, daß sie sogar einen Ortswechsel als folgerichtig akzeptierten. Im Grunde sind die »Siebener« Weltbürger mit Heimatallüren, das heißt sie wollen die große Gemeinsamkeit, sich selbst aber auch eine kleine Zuflucht daheim erhalten. So hoffen sie, daß irgendwer einmal ihre Asche zurückholt und da beerdigt, wo sie geboren wurden.

 Menschen mit der Herkunftszahl 8 (verstärkt durch eine 0) gehören zu den Charakteren, die ihre Heimat schlichtweg lieben. Diese Liebe ist ihnen so selbstverständlich, daß sie davon gar kein Aufsehen machen. Egal, wo sie sich aufhalten – und sie fahren gerne weit weg – sie denken stets gern an die Heimat und freuen sich immer wieder, wenn sie zurückkommen. Mußten sie auswandern oder stellte das Leben die Weichen für ein Leben weit ab vom Geburtsort, dann versuchen sie immer wieder, Kontakt mit Angehörigen und Freunden in der Heimat zu halten, ohne dabei nun großartig jedes dortige Vorkommnis zur Kenntnis zu nehmen. Gerne ziehen sich besonders die weiblichen »Achter« im Stil ihrer Heimat an, tragen also als Bayerinnen oder als »Mädel aus dem schwarzen Wald« Trachten, die jedoch immer modisch ausgerichtet oder angepaßt sind.

Das Heimatgefühl der »Achter« ist voller Liebe. Kindern und Enkeln berichten sie gerne von den Vorzügen ihrer Heimatorte, auch wenn der Ort auf dem Sand der Mark Brandenburg gebaut ist und im Vergleich zu anderen schmucken Gegenden scheinbar wenig hergibt. Im Zusammenhang mit »Heimat« pflegen sie überwiegend die schönen Erinnerungen, und hat ihnen die Heimat Schmerzen zugefügt, so wird dies vergessen oder als Entwicklungsphase angesehen.

Etwas Spezielles haben die »Achter« aber doch. Sie servieren gerne heimatliche Gerichte oder Getränke. Die alten Rezepte bewahren sie gut auf, und wenn Gäste kommen, dann werden sie mit so einem alten Traditionsessen erfreut. Dabei spielt es keine Rolle, ob sie in ihrem Geburtsort geblieben sind oder ob sie weit weg von daheim leben müssen. Genauso gerne schwelgen sie in alten Erinnerungen und erzählen gerne heimatliche Schnurren, Sagen oder Lausbubengeschichten aus der Schulzeit.

 Menschen mit der Herkunftszahl 9 (durch eine 0 verstärkt) haben keine allzu stark ausgeprägte Bindung zur Heimat. Sie sehen sich als Weltenbummler, als Weltbürger, und im tiefsten Herzen lachen sie über sentimentale Heimatverbundenheit bei anderen.

Dabei können die »Neuner« ihre Herkunft am wenigsten verleugnen! Auch wenn sie sich noch so große Mühe geben, keinen Dialekt zu sprechen und sich ihrer neuen Umgebung auch in Kleidung und Wesen anzupassen, man merkt sofort, woher sie stammen, ob aus der Lüneburger Heide, aus dem Ruhrpott oder von der Alb.

Ihr Weltbürgertum ist zwar ernst gemeint, weil sie sich überall zu Hause fühlen können, aber dies gelingt ihnen wohl nur, weil sie tief innerlich ihrer Heimat verwurzelt bleiben.

Ihre Maxime ist, die Heimat da zu suchen, wo man am besten leben kann, was nur bedingt materiell gemeint ist. Die »Neuner« haben nämlich ein animalisches Bedürfnis, sich wohlzufühlen, was vom Klima, den Menschen um sie herum und von der ansprechenden Landschaft abhängt. So kann sich ein Holsteiner putzwohl am Bodensee fühlen, ein Sachse dagegen kann seine Wahlheimat auf Capri finden.

Diese Menschen reisen gerne, und es kann ihnen passieren, daß sie – wie zufällig – durch einen ihnen bis dato völlig unbekannten Ort kommen, wo sie sich sofort heimisch fühlen. Dort lassen sie sich nieder oder würden es gerne tun, wenn es die Umstände erlaubten. Oft jedenfalls finden sie so ihren Alterssitz. In punkto Heimatgefühl hängt allerdings viel von ihren Partnerschaften ab, die bei den »Neunern« eine dominante Rolle spielen, denn was das Zuhause angeht, ziehen sie meist dahin, wo sich die Partnerinnen oder Partner am wohlsten fühlen.

# Nomen est Omen

Der Name ist das Zeichen! Diese Erfahrungsweisheit war schon im Altertum weithin bekannt. Viele Eltern wissen dies noch unbewußt und versuchen daher, für ihre Kinder einen »schönen oder besonderen« Namen zu finden.

Dies ein aktueller Fall; wir wissen jedoch aus der Geschichte, daß viele Feldherren, Kaiser und Könige ihren Namen änderten und daß sogar noch heute Päpste sich ganz bewußt nach ihrer Wahl einen ihnen genehmen Namen aussuchen. Nicht ohne Grund finden wir bei den Papstnamen gleiche Namen, die also immer wieder ausgewählt wurden.

Napoleon änderte seinen Vornamen, indem er das »U« von »Bounaparte« wegließ, weil ihm Bonaparte einleuchtender erschien. Namen sind ja auch Zielscheiben, besonders in der Politik. Da wird aus einem Strauß leicht ein Vogel Strauß. Namen wie Kohl oder Luft bieten sich geradezu zum Spott an. Berühmte Showleute haben sich einen völlig neuen Namen zugelegt, ob es sich um Peter Alexander oder Freddy Quinn handelt.

Jede Namensänderung stellt etwas Besonderes dar, was bei Eheschließungen oft wichtig ist. Man weiß es: Vom Namen geht bereits eine Anziehungskraft aus, er weckt Erwartungen oder Befürchtungen.

Schon aus dem Mittelalter sind uns Namensänderungen bekannt, wenn Menschen eine besondere Position erreicht haben. Man denke nur an den Namen *Theophrastus von Hohenheim,* der sich später schlicht und eingehend *Paracelsus* nannte. Am Anfang des Buches haben wir *Cheiro* erwähnt, wie sich Graf *Louis Hamon* nannte. Hinter dem Namen *Hannussen* verbergen sich viele Artisten-Magier, die anders heißen, aber sich den Namen Hannussen wegen seiner Zugkraft erworben haben. (Im wahrsten Sinn erworben, denn diesen Namen kann sich nicht jeder in dieser Branche zulegen, da er geschützt ist.)

Manche Schriftsteller wie *Tucholsky* schrieben unter vielen Pseudonymen, um für jede Richtung ihrer Literatur ihr Markenzeichen, ihre Visitenkarte abzugeben. Viele Künstler berichten, daß erst eine Namensänderung einen Durchbruch ermöglichte. Schwer zu ertragen, wenn jemand etwas Wichtiges mitteilen will und Albert Winzig heißt. Dann ist die Karriere hin, ehe sie recht angefangen hat. Und dies gilt nicht nur für die Nachnamen, sondern auch für die Vornamen. Denken wir nur daran, wie ein Bundespräsident mit dem Ausspruch »Mein Gott, Walther!« – in diesem Fall wohlwollend – durch den Kakao gezogen wurde. Nun gibt es Unterschiede zwischen den echten *Tauf-* und den *Rufnamen.* (Zum Rufnamen sind auch viele Kosenamen zu rechnen.) Diese Tatsachen müssen wir bei der numerologischen Ausrechnung ganz besonders in Betracht ziehen. Ferner gibt es die sogenannten Mittelnamen, die einen Vornamen oft grenzenlos verlängern. Da auch diese Namen meist nicht ohne Absicht ins Taufregister eingetragen wurden, haben sie natürlich ihre Bedeutung. Manche Kinder sollen so an ihre verstorbenen (oder noch lebenden) Großeltern erinnert werden. Da heißt der eine Großvater Max und der andere Richard, und schon erhält das Kind die Vornamen Karlheinz Max Richard. Daß aber hier den Kindern, wenn auch unbewußt und ungewollt, ein Erbe mitaufgelastet wurde, sollte man berücksichtigen.

Andere haben nur einen einzigen Vornamen, was auch seine Bedeutung hat, denn hier ist das Erbe (unbewußt) nicht über den Namen weitergegeben worden. Es macht einen Unterschied, ob jemand schlichtweg Peter heißt oder, gemäß der Geburtsurkunde, Peter Paul Christian. Es ist meist empfehlenswert, sich Paß oder Ausweis zeigen zu lassen, bevor ein Numeroskop ernsthaft aufgestellt und gedeutet wird.

Besonders sichtbar wird die Problematik der Namensgebung bei vielen »Erstgeborenen«. Gerade in Adelskreisen – aber nicht nur dort – wird ja auf den ersten Sohn (den Kronprinzen) sehnsüchtig gewartet. Der erste Sohn (auch bei den Landwirten wird es oft so gehalten) soll das Erbe der Familie fortführen. Um dies zu unterstreichen, erhält er meist den Vornamen des Vaters. Damit wird dieser Sohn gegenüber allen anderen Geschwistern hervorgehoben. Aber dies kann durchaus auch eine Belastung sein, da somit frühzeitig eine Verantwortung auf den Sohn gelegt wird. Im Grunde wollen die Väter nämlich nicht nur, daß ihr Sohn das Erbe – sei es ein Geschäft oder einen Besitz – übernimmt, sondern diese Söhne sollen auch insgeheim die nicht erfüllten Wünsche ihrer Väter verwirklichen. Sie sollen also im Sinne der Väter – manchmal auch der Mütter – das erreichen, was diese selbst nicht haben schaffen können.

# Bereich V
# Die Kreativzahl

## Ermittlung und Bedeutung der Vornamenszahl

Die Kreativzahl wird aus dem offiziellen Vor- oder Rufnamen ermittelt. Hier kommt es auf das Wort »offiziell« an. Gemeint ist der Vor- beziehungsweise Rufname, der im Paß oder im Ausweis steht, also ganz genau der Name, der auf der Geburtsurkunde oder dem Taufschein als Rufname unterstrichen ist. Diese offiziellen Rufnamen sind nicht zu verwechseln mit den Namen, mit denen ein Kind (oft bis ins hohe Alter) gerufen wird! Da gibt es Namen wie Ingrid oder Renate. Die Ingrid wurde Pia genannt, die Renate Heidi. Es war nie festzustellen, wie diese »Ruf«-namen entstanden, aber sie existierten. (Selbstverständlich werden auch diese Namen im Numeroskop berücksichtigt.) Aber hier im V. Bereich geht es um den (oder die) offiziellen Ruf- beziehungsweise Vornamen.

Der rechnerische Wert, also die Endquersumme des oder der offiziellen Vornamen, ist nicht schwer zu finden. Anhand der Buchstaben-Zahlentabelle von Seite 48 ist dies leicht auszurechnen. Am besten ist es, wenn der Name hingeschrieben wird und darunter die dem Buchstaben entsprechenden Zahlenwerte geschrieben werden.

Beispiel:

```
H E I K E   R I K E
8 5 9 2 5   9 9 2 5  Dies ergibt:
```

$8 + 5 = 13 + 9 = 22 + 2 = 24 + 5 = 29 + 9 = 38 + 9 = 47 + 2 = 49 + 5 = 54$; 54 als Quersumme ergibt $= 9$.

Ein zweites Beispiel:
```
K L A U S   M A R I A
2 3 1 3 1   4 1 9 9 1  = 34 = 7.
```

(Auch hier sei betont, daß eine 0 am Ende mitnotiert wird, da die 0 alles verstärkt, aber es darf nur eine 0 sein!)

Rechnen wir noch einmal zwei Vornamen aus:

W O L F G A N G
5 6 3 6 7 1 5 7 = 40. 40 hätte rechnerisch die Quersumme 4,
aber die 0 zählt mit.

A L B E R T
1 3 2 5 9 2 = 22. 22 = 2 + 2 = 4.

Wir haben also beide Male rechnerisch die Quersumme 4, nur besteht ein Unterschied zwischen der 40 von Wolfgang und der 4 von Albert. Eine 0 verstärkt alles, und im Numeroskop wird eben einmal die 40 und einmal die 4 eingetragen. Noch ein Beispiel:

A N N A – R O S E M A R I E
1 5 5 1 9 9 6 1 5 4 1 9 9 5 = 70.

Auch hier ist die später einzutragende Zahl nicht die 7, sondern die 70.
Haben wir dagegen den Rufnamen:

B E R N D – A R N U L F
2 5 9 5 4 9 1 9 5 3 3 6 = 61 = 6 + 1 = 7, so erhalten wir zwar rechnerisch auch die 7 als Quersumme, aber hier wird später nur die Zahl 7 (also ohne 0) eingetragen und gewertet. Ihre Kreativzahl können Sie auf dem Planetennumeroskop-Bogen von Seite 222 beim Bereich V notieren.
Damit können wir uns nun der Ausdeutung der Kreativzahl zuwenden, denn der offizielle Vor- oder Rufname sagt uns etwas über die kreative Grundrichtung eines Menschen aus, das heißt in welcher Richtung und wie dieser Mensch sich kreativ (wenn überhaupt, denn das hängt oft vom Niveau eines Menschen ab) betätigen würde oder besser sollte.

# Deutungshinweise für die Zahlen 1–9

 Menschen mit der Kreativzahl 1 (durch eine 0 verstärkt) verwirklichen ihre Kreativität selbständig und unabhängig von anderen. Sie wollen dabei echt im besten Sinne schöpferisch sein, und jeder von ihnen dürfte den Wunsch haben, Spuren zu hinterlassen. Ihre schöpferische Kraft ist zwar sehr stark, nur müssen aber auch diese Menschen einsehen, daß Kraft allein noch nicht ausreicht, schon gar nicht, um die manchmal übertriebenen Erwartungen (an sich selbst) zu erfüllen. Aber »Einser« lassen sich gerade in kreativer Hinsicht überhaupt nur ungern beraten oder belehren. Diese Menschen müssen sich an anderen messen, um zu wachsen. Ihr Mangel an Selbstkritik muß durch Ehrfurcht vor anderen Leistungen ausgeglichen werden. Ihre Ziele liegen oft in zu weiter Ferne, als daß sie für die Umwelt je erreichbar erscheinen. Das gibt ihnen zwar Kraft für große Projekte, nur darf eben von den kreativen »Einsern« nie vergessen werden, daß Alleingänge auch bedeuten, nie Hilfe erwarten zu können.

Ihr Wirken ist durch Mut und Optimismus geprägt, das Bahnbrechende lockt sie. Bei allem Streben nach Vollkommenheit liegen ihnen Detailarbeiten aber überhaupt nicht, so daß sie treuergebene Helfer benötigen, die nur nicht zu selbständig werden dürfen. Um Schüler, die ihre Arbeit fortsetzen oder vollenden könnten, kümmern sie sich kaum, weil sie (unbewußt und gar nicht einmal bös gemeint) der festen Überzeugung sind, daß sie selbst einzigartig sind. Erst diese Einstellung ermöglicht ihnen aber häufig, wirklich etwas Einmaliges zu schaffen. Für das von ihnen Erzeugte übernehmen sie die volle Verantwortung, das heißt sie stehen zu ihrem Werk wie der Vater zu seinem Kind, auch wenn es in den Augen anderer mißlungen sein sollte.

 Menschen mit der Kreativzahl 2 (durch eine 0 verstärkt) haben stets den Wunsch, etwas zu »gebären«, was über den Alltag hinausgeht. Aber es geht ihnen weniger darum, persönliche Spuren zu hinterlassen, als um den Fortgang des Lebens. Zur Kreativität gehört bei den »Zweiern« die mütterliche/väterliche Einstellung, sich um Kinder und um den Nachwuchs zu kümmern. Es steht also weniger das

»Ich« als das »Es« im Vordergrund. Sich selbst können sie zurückstellen, aber wehe jemand beleidigt ihre »Kinder«! Dabei muß der Begriff Kinder sehr weit und eigentlich mehr symbolisch gefaßt werden. Ihre Bereitschaft, selbst größte Opfer zu bringen, ist imponierend, und es geht ihnen immer mehr um die Sache als um die Befriedigung eigener, egoistischer Bedürfnisse.

Diese Menschen nehmen mit Freude Impulse und Ideen auf, sie sind die besten Schüler und verehren ihre Lehrer genauso, wie sie ihre Erfahrungen weitergeben und anderen beim Lernen helfen. Die meisten ihrer kreativen Schöpfungen kommen aus der Seele. Meist wird dies daran deutlich, daß sie beim Aufstehen wissen, was zu tun ist. (Natürlich haben sie nicht jeden Morgen so einen entscheidenden Einfall.)

Die »Zweier« lassen sich so leicht nicht entmutigen und wissen einfach, daß das, was lebensfähig (im weitesten Sinn) sein soll, seine Zeit zur Reife braucht. So können diese Menschen auch warten, so daß viele von ihnen erst in der zweiten Lebenshälfte richtig (und für andere völlig überraschend) kreativ werden. Dies gibt ihnen zudem eine starke Endlebenskraft, und was die Kreativität angeht, so setzen diese Charaktere sich mit Sicherheit nicht nach einem vorgeschriebenen Rentenalter zur Ruhe, im Gegenteil, dann fangen viele von ihnen erst an.

 Menschen mit der Kreativzahl 3 (durch eine 0 verstärkt) haben einen starken persönlichen Ehrgeiz und den Willen, kreativ und schöpferisch zu sein. Sie wollen schnell, fast ungeduldig, etwas erreichen. Dabei geht es ihnen manchmal nicht so sehr um die Sache, sondern um die Befriedigung der eigenen Durchsetzungskraft. Aber sie sind beileibe nicht nur egoistisch oder gar egozentrisch, sondern aus dem Willen, die oder der Beste zu sein, können sie wirklich eine schöpferische Leistung erbringen, die auffällt.

Die »Dreier« haben außerdem die Gabe, andere anzuspornen. Wenn sie nämlich erkannt haben, daß die kreative Kraft bei ihnen selbst nicht ausreicht, dann schalten sie um, dann investieren sie ihre Kräfte in andere, die sie für begabter und produktiver halten, dann vermögen sie sich für ihre Lebenspartner, ihre Kinder oder Freunde (auch im weitesten Sinn) bestens einzusetzen. Sie identifizieren sich mit den Aufgaben und Schöpfungen derer, die sie fördern. Sie arbeiten intensiv mit. Dabei verlieren sie nie ihren persönlichen Ehrgeiz und den Willen voranzukommen. Ihre Anregungen und ihr Mut geben anderen Hilfe. Alles, was sie im kreativen Sinn anfassen, hat etwas von einem sportlichen Wettkampf, da es ihnen nicht nur um Einzelsiege geht. Diese Menschen kämpfen dann eben mit – solange sich diejenigen, hinter denen sie (wenn auch manchmal schweren Herzens) den eigenen Ehrgeiz zurückstellen, als würdig erweisen. Sicher müssen diese Charaktere oft mit dem Problem des Neids ringen, aber sie tun es auch, so daß schon hierin eine starke kreative Leistung zu erkennen ist, die nicht genug gewürdigt werden kann.

 Menschen mit der Kreativzahl 4 (durch eine 0 verstärkt) stecken meist voller kreativer Pläne. Sie scheinen gerade für diese Aufgaben geboren zu sein. So sind unter den »Vierern« vielfach wirkliche schöpferische Genies zu finden. Ihre Kraft scheint unbegrenzt zu sein. Bei den »Vieren« funktioniert die Entfaltung wie von selbst, die kreative Begabung ist offensichtlich. Diese Menschen wollen dabei viel für viele, am liebsten für alle etwas schaffen. So zeigt sich ihre besondere Kreativität auch in der Menschenführung. Sie sind da im wahrsten Sinn des Wortes Gold wert, wo es um Dinge geht, die einzelne nicht mehr schaffen können, wo es eines Teams bedarf. Da entwickeln sie ihre starken Führungsqualitäten. Sie können bestens Begabungen erkennen und dementsprechend Aufgaben verteilen. Unter den »Vierern« finden wir die Förderer, die Gegensätze ausgleichen, ja Gegner zueinanderführen können. Dabei macht sich bezahlt, daß die kreativen »Vierer« mit ihren Gaben nicht geizen.

Ihre bewundernswerte Großzügigkeit lockt andere an und hält sie gleichzeitig zusammen. Das Kleinliche ist nicht ihre Sache, so kommt auch kurzsichtige Kritik bei ihnen erst gar nicht auf. Böse werden sie nur, wenn man sie ausnutzt oder wenn sich jemand als undankbar erweist. Ist dies der Fall, wird die kreative Arbeit ohne diesen Menschen weitergeführt. Eigene Pläne in den Dienst von anderen zu stellen, um eine Aufgabe für die Umwelt zu erfüllen, das kann diesen Charakteren das höchste Ziel sein. So werden sie auch wie selbstverständlich als kreative Führungspersönlichkeit anerkannt und geachtet.

 Menschen mit der Kreativzahl 5 (durch eine 0 verstärkt) sind es gewohnt, sehr hart und fleißig zu arbeiten, wenn sie dauerhafte Dinge schaffen möchten. Was sie schaffen, soll auf dem besten Fundament stehen, und dazu bedarf es meist einer starken Konzentration. Ihre kreativsten Leistungen erbringen sie, wenn sie sich auf alte Erfahrungen, ja Traditionen stützen können. Greifen sie auf das überlieferte Wissen einer Familie oder eines Volkes oder einer Wissenschaft zurück, dann haben sie meist ihren Weg in das schöpferische Schaffen gefunden. Beifall ist dabei jedoch meist wenig zu erwarten, weil diese Menschen immer zögern, ihre Werke, ihr Schaffen herauszustellen aus Angst, es könnte verlacht oder abgeurteilt werden.

Da sich die »Fünfer« im kreativen Sinn nicht anpassen können, würde sie dies sehr schwer treffen, so daß sie lieber in der Stille für sich arbeiten oder (sinnbildlich gemeint) sich in ein Kloster zurückziehen, da sie Ruhe, Zeit und ernsthafte Besinnung brauchen, um schöpferisch zu sein.

Die »Fünfer« machen es sich nicht leicht, sie prüfen sich selbst sehr hart. Diese Einstellungen übertragen sie aber auch auf die Außenwelt. Sie legen ihre eigenen Ansprüche als Maßstab an die Schöpfungen anderer, und so fällen sie oft manches vernichtende Urteil. Der Trost daran ist die Tatsache, daß es ihnen weniger um die Person, sondern stets um eine Idee oder eine Sache geht. Sie selbst sind – kreativ gesehen – echte Einsiedler, sie grübeln viel. Ihre Gefahr: sich nicht mit anderen zu besprechen, so daß sie manche Irrwege gehen, die leider oft in eine Sackgasse führen. Risiken gehen sie nicht gern ein; aber ihr persönliches Risiko besteht in den einsamen Entschlüssen, die sie treffen.

 Menschen mit der Kreativzahl 6 (durch eine 0 verstärkt) verfügen über eine recht intellektuelle Kreativität. Sie sind wortgewandt, schreiben und hantieren gut. Sie können Schriftwerke schaffen oder besondere Reden, die zünden und gar Geschichte machen, aber auch handwerkliche Leistungen vielerlei Art sowie Kunstwerke, die von Händen gestaltet werden. Die »Sechser« schaffen Erfindungen, weil sie sich ins Detail verlieben können und gleichzeitig praktisch denken.

Dabei spielt die Umsetzbarkeit immer eine besondere Rolle. »Sechser« interessieren sich weniger für die Theorie als für die praktische Verwertbarkeit ihrer Schöpfungen. Dies fängt oft im eigenen Haus an, wo sie eine höchst beachtliche Kreativität bei der Ausgestaltung der Wohnung oder des Hauses an den Tag legen. Um das Alltagsleben etwa zu erleichtern, können sie Erstaunliches leisten, so daß sie von Nachbarn auch immer wieder um Hilfe gerufen werden. Sie wissen eben, wie alles repariert werden muß, auch wenn sie es nicht gelernt haben. Sicher erschöpft sich ihre Kreativität nicht nur in diesen Dingen, aber da hat doch fast jeder »Sechser« seine Begabung. Andere finden besondere Freude am kreativen Journalismus – sie wollen mehr als ein nur Alltags- oder Durchschnittsjournalist sein. Obwohl ihre Kritikfähigkeit groß ist, wird diese Kritik immer mehr fördernd als hemmend an den Mann gebracht.

Viele »Sechser« entwickeln auf einem ganz besonderen Gebiet ihre Kreativität: Sie lernen und bilden sich weiter. Sie verachten Dummheit. So lautet ihr Motto oft auch: Dummheit hat nichts Besseres verdient. Jeder kann aus seinem Leben machen, was er möchte. Wer seine Chancen nicht nutzt, hat es nicht besser verdient.

 Menschen mit der Kreativzahl 7 (durch eine 0 verstärkt) sind eher intuitiv als bewußt kreativ. Sie sprühen oft vor Ideen, mit denen sie auch nicht geizen, so daß sich andere hier viele Anregungen holen können. Sie scheinen dauernd etwas zu gebären, aber oft besteht die Gefahr, daß das gezeugte Kind dann nicht großgezogen wird. Der Nachteil ist nämlich, daß diese Charaktere fast einen Horror vor Wiederholungen zu haben scheinen. Entweder machen sie zuviel auf einmal oder immer wieder etwas Neues. Man wünschte, sie blieben nur einmal am Ball, um ihre Aufgaben zu erfüllen! Dieser Ideenreichtum kann sich auf zweierlei Art auswirken. Einmal bringen sie vor lauter neuen Ideen und Angst vor Langeweile überhaupt nichts zustande, so daß sie sich immer im Kreise drehen, oder aber sie arbeiten so intensiv, daß ein geistiges »Kind« nach dem anderen das Licht der Welt erblickt. Die Arbeit wird konzentriert bewältigt, weil immer schon das Neue wartet. Häufig zeigen die »Siebener« sich überaus produktiv, wenn es

auch ratsam wäre, daß jemand an ihre Arbeiten oder Schöpfungen noch kritisch wohlwollend Hand anlegt. Dabei beruhen die Grundlagen ihrer Kreativität durchaus auf langen Überlegungen, doch mit dem Einfall ist das Werk oft schon beendet. Die Ausführung darf nämlich nicht zu zeitraubend sein, dann erlahmt das Interesse, dann sind diese Menschen ablenkbar. So liegen oft viele Bücher in der Wohnung herum, die alle gelesen werden wollen, aber nur höchst selten wird ein Buch systematisch studiert und durchgearbeitet. Ein Positives bringt diese Unruhe: Diese Menschen verbessern ständig ihre eigenen Ideen, wenn sie sich – sprunghaft wie sie sind – ihre Schöpfungen nach Jahren wieder anschauen. Denn daß etwas so bleibt, wie es ist, ist für sie höchst unwahrscheinlich.

 Menschen mit der Kreativzahl 8 (durch eine 0 verstärkt) verfügen über eine sehr künstlerisch ausgerichtete Kreativität. Das ist bei anderen natürlich auch der Fall, aber bei den »Achtern« sticht das besonders hervor. Sie drängen vorwiegend in musische Berufe, wobei eine starke erotische Ausrichtung zu bemerken ist. Dies gilt gleichermaßen für Opernsänger wie Maler, Bildhauer wie Tänzerinnen. Das Sinnenfrohe überwiegt, aber auch die Ausrichtung an die Lebensfreude, die frei von jeder Existenzangst ist, weil das Leben ja mehr ist als das Dasein auf dieser Erde. So wollen diese Menschen auch etwas schaffen, was anderen Freude oder gar Trost bringt, was Hoffnung vermittelt und den Glauben an sich selbst und höhere Mächte.
Die Liebe (nicht nur im erotischen Sinn) spielt im Leben der »Achter« eine große Rolle, so daß auf diesem Gebiet die Kreativität bestens eingesetzt werden kann. Darunter fällt etwa auch eine innere Hilfsbereitschaft, die keinen Dank erwartet.
Es besteht allerdings die Gefahr, daß sich diese Charaktere aus der Sehnsucht heraus, nur das Schöne erleben und sehen zu wollen, einer Scheinwelt ausliefern. Doch ihre stärkste Kreativität entwickeln sie dann doch aus der Begegnung mit dem Dunklen, weil sie sich berufen fühlen, dies in Licht zu verwandeln.
Fast haben wir es bei den »Achtern« mit den »Alchimisten der Seele« zu tun, die wissen, daß in jeder Seele, und mag sie noch so düster erscheinen, die Spur des ewigen Sonnenlichts existiert.

Ihre Kreativität besteht also im übergeordneten Sinn in der Aufgabe, das Licht zu bringen, wozu es unzählige Möglichkeiten auf dieser Erde gibt. Der Ansporn kommt dabei nicht nur aus dem Inneren, sondern aus einem tiefen Glauben, der nicht unbedingt religiös sein muß, der aber diese Menschen über jede Mißgunst weit erheben kann.

 Menschen mit der Kreativzahl 9 (durch eine 0 verstärkt) stützen sich in punkto Kreativität sehr auf ihren Instinkt. Bei ihnen ist weniger der Wille maßgebend oder die Hingabe an eine Sache noch eine welterneuernde Idee, sondern der Instinkt, die Ahnung. Diese Menschen ahnen die kommenden Trends oft voraus, und dann werden sie aktiv. Sie sehen etwas, was ihrer Umgebung noch nicht sichtbar ist, und das mag ihre kreative Stärke sein. Die Gefahr ist, daß sie oft ihrer Zeit zu weit vorauseilen, dann haben sie Pech gehabt, aber meistens erkennen sie die Richtung der notwendigen Veränderungen – und dies nicht aus dem Verstand oder aus einer Erkenntnisphilosophie, sondern eher intuitiv.

Sie selbst können ihr »Wissen« gar nicht einmal erklären, weil es eben zur Zeit, da sie es schon besitzen, noch gar nicht aktuell ist. Damit ist bereits angedeutet, wie sich diese Kreativität gut umsetzen läßt. Man denke nur an die verschiedenen Branchen, die immer mit der Zeit mitgehen müssen, Da wäre die Modebranche zu nennen mit all ihren Ablegern oder die Architektur, aber auch politische Wandlungen, die im Gären sind. Manchmal sieht die Kreativität dieser ahnungsvollen »Neuner« gar nach Hellsichtigkeit aus, aber im Grunde haben diese Menschen nur eine gute Nase, so daß sie jede kommende Witterung einfach eher als andere wahrnehmen.

Ein besonderes Gebiet stellt etwa die Heilkunde dar, wo neue Methoden und Möglichkeiten von ihnen frühzeitig erahnt werden. Eine andere Richtung ihrer Kreativität ist in der Hinwendung zu okkulten Gebieten zu erkennen, wo diese Charaktere sicher Erstaunliches zu leisten vermögen, weil sie auch hier die Zusammenhänge mehr erahnen, als sie intellektuell zu analysieren.

# Bereich VI
# Die Pflichtzahl

## Ermittlung und Bedeutung der Nachnamenszahl

Die Pflichtzahl wird aus dem offiziellen Nachnamen ermittelt.
Auch hier gilt der offizielle Nachname, also der Name, der im Paß steht. Wenn eine Frau nach ihrer Heirat ihren Mädchennamen zum Bestandteil ihres Nachnamens gemacht hat, wird also dieser Doppelname gewertet. Wer Wert darauf legt, daß sein Doktortitel, der im Paß eingetragen ist, Bestandteil seines Namens ist, kann die Abkürzung Dr. zu seinem offiziellen Nachnamen dazuzählen. Adoptivkinder verwenden den in ihrem Paß verzeichneten offiziellen Nachnamen. Besonders wichtig ist der Nachname in solchen Fällen, wo – zum Beispiel bei einem Firmennamen – ein neuer Beteiligter seinen Namen mit einbringen will.

Die Berechnung ist nun schon bekannt: Zum Beispiel:
V O N   G A T T E R N - N E U H A U S
4 6 5   7 1 2 2 5 9 5 9 5 5 3 8 1 3 1 $= 81 = 9;$

oder:
F E L S E N R E I C H
6 5 3 1 5 5 9 5 9 3 8 $= 59 = 14 = 5.$

oder:
D R .   M U E L L E R
4 9 9   4 3 5 3 3 5 9 $= 54 = 9.$

Die ermittelte Quersumme wird wieder auf dem Planetennume-roskop-Bogen auf Seite 222 bei Bereich VI vermerkt.
Was sagt nun die Zahl des offiziellen Nachnamens aus? Diese Zahl wird als Pflichtzahl betrachtet. Das heißt, an der Endquersumme des Nachnamens (oder mehrerer, wenn sie existieren) erkennen wir die Pflichtauffassung des Zahlenträgers.
Wie drückt sich dies in der Praxis aus? Wir wissen ja alle, daß die Erziehung meist die Eltern vornehmen. Von ihnen hängt es ab,

wie sich die Pflichtauffassung eines Menschen entwickelt und ob
– und wenn, wie – jemand seine persönlichen Bedürfnisse wegen
der Erfüllung von Pflichten zurückstellen kann, also ob Opfer-
bereitschaft vorhanden ist, oder ob Pflichten eher im Vorübergehen erfüllt werden. Die Zahl, die in diesem Bereich ermittelt
wird, ist fast karmisch zu nennen, weil sich ein Teil des Erbes hier
bemerkbar macht. (Nicht das ganze Erbe, das setzt sich aus den
Vor- und Nachnamen beider Elternteile zusammen.) Doch wer
kennt nicht Redensarten wie:»Ein Erbach-König macht dies
nicht, der steht zu seinem Wort.« In diesem Sinn ist diese Zahl
auch gemeint und in dieser Richtung mitzudeuten.

## Deutungshinweise für die Zahlen 1–9

 Menschen mit der Pflichtzahl 1 (durch eine 0 verstärkt)
erledigen ihre Pflichten zwar, in der Regel suchen sie
sich aber Leute, die das für sie tun. Sie tragen zwar die
Verantwortung für ihre Aufgaben, aber überlassen ihre
Ausführung ihren»rechten Händen« oder ihren Angestellten.
Wenn sie keine haben, dann finden sie auf merkwürdigste Art
immer jemanden, der ihnen die schweren Aufgaben abnimmt. So
wachen diese Charaktere mehr über die Erfüllung der Pflichten,
als daß sie selbst Hand anlegen, weil sie der Meinung sind, das
kann eigentlich jeder tun, meine Zeit ist für den Alltag zu kostbar.
Anders verhält es sich, wenn es um größere Berufspflichten geht.
So etwa als Arzt oder als Rechtsanwalt. Dann stehen die»Einser«
bestens ihren Mann (auch als Frau), dann stehen sie vorbildlich
für alles ein, was getan werden muß. Diese Menschen wissen,
daß das Glück erst eintreten kann, wenn die Pflichten und Aufgaben erfüllt sind. Wer sich eine Aufgabe zutraut, so ihre Devise,
der hat sie auch zu erfüllen oder die Aufgabe zurückzugeben.
Dabei fällt es ihnen schwer, zurückhaltend zu sein. Sie glänzen
eigentlich immer, und sie können selbst die härteste Pflichterfüllung als Show ausbauen.
Das heißt, sie verstehen es großartig, darauf hinzuweisen, wie
wunderbar und pflichtbewußt sie wieder einmal gehandelt
haben. Oder anders gesagt: Einen Dank erwarten diese Menschen schon, ihr Einsatz soll ja nicht als Selbstverständlichkeit
aufgefaßt werden. Denn wer etwas geleistet hat, der darf auch

belohnt werden; wenn dies keiner tut, tun sie es selbst, indem sie sich irgend etwas Schönes anschaffen oder eine kleine Feier veranstalten. So geben sie insgesamt ein gutes Vorbild ab, wenn es um große Dinge geht, während sie kleinere Aufgaben lieber delegieren. Allerdings sind sie auch da in gewisser Weise Vorbild, denn sie lassen sich nicht lumpen und entlohnen äußerst großzügig.

 Menschen mit der Pflichtzahl 2 (durch eine 0 verstärkt) erfüllen ihre Pflichten weniger für sich selbst als für ihre Partnerinnen oder ihren Partner. Wenn ihre Freunde, Kollegen – wer auch immer – etwas von ihnen erwarten, dann sind sie zur Stelle. Geht es allein um sie selbst, dann handeln sie eher etwas nachlässig, dann lassen sie sich Zeit. Manche meinen, dann lassen sie sich gern gehen. Wie sie ihre Aufgaben und Pflichten erfüllen, das hängt sehr von ihren Stimmungen ab, wobei auffällig ist, daß man mit Lob bei ihnen sehr viel erreicht, während Kritik und Meckern sie nur lähmt. Dann fühlen sie sich überfordert und wehren sich mit dem Argument, es ja doch nicht recht machen zu können. Diese Menschen empfinden ungemein intensiv mit anderen, so daß es im Grunde von anderen abhängt, wie die »Zweier« ihre Aufgaben meistern. Ihren stärksten Antrieb beziehen sie aus der Hoffnung, anderen mit ihrem Einsatz große Freude machen zu können. Diese Menschen erwarten also ein Echo, ja sie erwarten, daß man sich gebührend bei ihnen bedankt. Kommen Leute in Not, die ihnen irgendwie am Herzen liegen, dann entwickeln sie aus Liebe eine Einsatzbereitschaft, die andere kaum aufbringen, dann wird meist (und dies gilt auch für Männer) ihre mütterliche Betreuungskraft geweckt. Die bleibt aber nur solange bestehen, wie die Motivation stimmt.
Fühlen sie sich ausgenutzt, dann verschwinden sie – je nach Laune – oft auf Nimmerwiedersehen. Werden sie dagegen benötigt, und zeigt man ihnen das, dann sind sie mit Anhänglichkeit und einer starken inneren Kraft mit von der Partie, so daß sie Berge versetzen können. Wenn die Motivation stimmt, leisten diese Menschen aus Pflichtbewußtsein ungeheuer viel.

 Menschen mit der Pflichtzahl 3 (durch eine 0 verstärkt) erfüllen ihre Pflichten mit Schwung und Elan, im Grunde aber aus der Überlegung, so mehr Zeit für die eigenen Pläne zu haben. Was getan werden muß, wird schnell getan, auch mit Ehrgeiz, aber nur, um danach mit den Pflichten und Aufgaben nichts mehr zu tun zu haben. Pflichten dürfen also nicht lästig werden, denn ihre Ziele gehen ja weiter – meist sehr hoch hinaus. So sind sie in punkto Pflichterfüllung immer mit als erste fertig. Darin steckt aber die Gefahr, daß sie viele Aufgaben nicht mit ganzem Herzen erfüllen. Unterordnung fällt den »Dreiern« sowieso schwer, so daß sie zusehen, sich nicht zu viele Pflichten aufzubürden. Meist können sie einen großen Teil der Pflichten auf den Partner übertragen, weil sie diesem den Eindruck vermitteln, daß sie die süßesten Kirschen hoch oben am Baum pflücken müssen, während er unten am Boden das Laub und die Blüten zusammenkehren soll. Diese Arbeitseinteilung ist nicht einmal böse gemeint, aber die Last bleibt doch meist beim Lebenspartner hängen. Schwer wird diese Arbeitsteilung, wenn beide Partner in diesem Bereich zu den »Dreiern« gehören. Dann tobt oft ein Machtkampf, wer was wann und wie zu tun hat! Daran können sogar enge Partnerschaften auseinandergehen. Die Kraft dieser Menschen liegt in ihrem Tempo. Wenn sie anpacken, dann tun sie es für drei. Geht die Arbeit schnell voran, dann sind sie auch bei Laune zu halten, aber wenn sich Verzögerungen einstellen, besteht die Gefahr, daß die ganze Arbeit, die getan werden muß, hingeworfen wird. Nur wenn ein inneres Muß (etwa aus echter Liebe) dahintersteht, werden die Pflichten und Aufgaben so beispielhaft erfüllt, als gäbe es nichts Wichtigeres auf dieser Welt zu tun.

 Menschen mit der Pflichtzahl 4 (durch eine 0 verstärkt) handeln getreu dem Motto, daß das, was getan werden muß, auch getan werden soll. Sie erledigen alles fast planmäßig. Sie planen genau Einsatz, Aufwand und Zeit. Ihr Tagewerk wird eingeteilt. Sie versuchen, jedem Streß dadurch zu entgehen, daß sie die Stunden für Dinge, die erledigt werden müssen, genau einkalkulieren. Da wird also etwa eine Stunde für Post eingeplant, eine Stunde für Hausarbeiten

(gerade wenn diese ein Mann tun muß) und so weiter. Selbst Pausen sind fest eingeplant, so daß der Terminkalender kaum Überschneidungen kennt. Genauso – nur noch präziser – handeln diese Menschen bei den großen, lebenswichtigen Pflichten. Wenn sie einen »Einsatz haben« (diesen Ausdruck gebrauchen sie gerne), dann bereiten sie sich gut darauf vor. Sie schätzen vorher ein, was der Einsatz, die Pflichterfüllung von ihnen verlangt, und weil dies meist richtig eingeschätzt ist, kommen sie damit auch klar. So wirken sie nicht nur zuverlässig, sondern sie sind es auch. Pflichten, die ihnen schwerfallen, werden als erstes erledigt, und kaum einer merkt ihnen an, wie lästig es ihnen manchmal wird, ihre Aufgaben korrekt zu erfüllen.

Ist die Arbeit aber getan, dann geht nichts mehr. Der Mensch will schließlich auch leben und das Leben genießen. Es sei also davor gewarnt, diese an und für sich hilfsbereiten Charaktere zu überfordern. Ihre scheinbare Güte und Großherzigkeit darf nicht dazu verführen, nun etwa den Versuch zu unternehmen, sie auszunutzen. Kaum jemand reagiert, wenn er dies merkt, so böse wie die »Vierer«. Ansonsten kann man sich jedoch auf sie verlassen, und die fast generalstabsmäßige Planung der Erledigung aller anfallenden Aufgaben verschafft ihnen und denen, die mit ihnen zu tun haben, einen großen Freiraum.

 Menschen mit der Pflichtzahl 5 (durch eine 0 verstärkt) leben nach dem Motto: Erst kommt die Pflicht (Arbeit), dann das Vergnügen. Und das meinen sie vollkommen ernst. Sie empfinden das Leben wie eine Art karmischer Prüfung, da niemand zu seinem Vergnügen auf der Welt ist, sondern um über seine Aufgabenerfüllung geprüft zu werden und sich so zu entwickeln. Deshalb gehen sie mit voller Konzentration an ihre Arbeiten heran. Die »Fünfer« sind Arbeitstiere, die sich manchmal wie verbissen in eine Aufgabe hineinknien, so daß die Umwelt sie entweder bewundert oder verspottet. Aber Spott macht ihnen nichts aus, da es ihnen gar nicht darauf ankommt, was die anderen von ihnen denken. Sie wollen mit sich zufrieden sein, und sie haben das beste Gewissen, wenn sie abends todmüde und völlig erschöpft ins Bett fallen. Der Tag voller Arbeit hat sich gelohnt. Einen Tag Pause in der Woche

gönnen sie sich allerdings, aber nur einen Tag – nicht etwa ein verlängertes Wochenende.

Diese Menschen verlassen sich im Grunde nur auf sich selbst, so daß ihnen kaum jemand helfen oder ihnen gar Arbeiten abnehmen kann. Und wenn, dann vergeht den Helfern bald die Lust daran, denn diese Charaktere schauen ihren Kollegen, Nachbarn, Freunden sehr genau auf die Finger, ob auch alles zur Zufriedenheit erledigt wurde, wobei sie oft die strengsten Maßstäbe anlegen.

Eine Besonderheit fällt noch auf: sie wachsen an ihren Aufgaben. Während andere sich oft erdrückt fühlen, wenn ein Berg von Pflichten auf ihnen lastet, dann steigern sich diese Menschen erst so richtig und erreichen ihre Höchstform. Härte gegen sich selbst ist eine Selbstverständlichkeit, so daß ihre Lebenspartnerinnen oder -partner von ihnen nur profitieren können. Allerdings sollten diese sich nicht einbilden, die Hände in den Schoß legen zu können, auch sie müssen ran.

 Menschen mit der Pflichtzahl 6 (durch eine 0 verstärkt) erledigen ihre Pflichten mit viel Humor, aber in erster Linie mit viel Köpfchen. Sie greifen zu, wenn sich die beste Gelegenheit ergibt. Oft arrangieren sie alles, wie es sich nach ihrer Meinung am leichtesten und auch am bequemsten erledigen läßt. Da sie häufig flink sind oder gut nachdenken können, schaffen sie die meisten Arbeiten wie mit der linken Hand. Ihr wacher Verstand erlaubt es ihnen, das Wichtige vom Unwichtigen zu unterscheiden, und sie haben es sich angewöhnt, alles in letzter Minute zu erledigen. So geraten sie zwar fast immer in Zeitnot und damit Streß, aber sie vergessen auch nichts. Ihr Terminkalender ist voll gefüllt und zeigt ein Durcheinander, durch das Fremde nie hindurchfinden könnten. Da ist durchgestrichen, übergemalt oder Daten mit bunten Sternen versehen, weil man das Wichtige, dann das Unwichtige irgendwie markiert hat. Im Laufe der Zeit haben sie sich eine schöne Trickkiste erarbeitet, mit der sie dem Ernst des Lebens Paroli bieten können. Erstaunlich, wie diese Menschen – wenn auch mit hechelnder Zunge – immer noch die Verkehrsanschlüsse bekommen oder zu Terminen eilen, die sie längst für erledigt hielten.
Mit ihrem Witz können sie das meiste überbrücken. Was irgend-

wie geht, wird telefonisch erledigt. Gegen schriftliche Verpflichtungen besteht ein Horror, außerdem kostet es Zeit und könnte einem auch eines Tages vorgehalten werden. Zeit darf man diesen Charakteren nicht lassen, weil sie Terminverlängerungen mit Begeisterung ausnutzen. Erst unter Druck leisten sie, was sie können, und weil sie das selbst wissen, versuchen sie auch, sich ja nie unter Druck setzen zu lassen. Doch wenn es ernst wird, dann sind sie da, wenn auch fast immer fünf Minuten zu spät.

 Menschen mit der Pflichtzahl 7 (durch eine 0 verstärkt) sind – was die Pflichterfüllung angeht – Meister der Improvisation. Sie tun alles intuitiv und dadurch oft richtig. Terminkalender kennen sie nicht, auch keine Zettelwirtschaft. Es fällt ihnen gar nicht ein, daß es ja möglich wäre, auf einem Blatt Papier einmal niederzulegen, was als erstes, dann als zweites, als drittes und so fort erledigt werden könnte. Sie tun, was ihnen einfällt, und irgendwann fällt ihnen auch ein, um welche Pflichten oder Aufgaben sie sich nun doch nicht länger drücken können. Das Beste, was andere machen können, wäre, diese Menschen ständig unter Zeitdruck zu setzen, so daß sie nicht ausweichen können. Sowie sie nämlich einmal Luft haben, und wäre dies nur eine Stunde, dann brechen sie aus. Kommen sie am Bahnhof an, und haben sie noch eine Stunde Zeit, dann verabreden sie sich mit irgend jemandem in der Stadt, was sich selbstverständlich in die Länge ziehen kann, so daß schon wieder Termine platzen.

Die »Siebener« sind recht unzuverlässig, was Termine und Korrektheiten in der Erfüllung von Aufgaben angeht (ohne, daß sie als Mensch unzuverlässig sein müssen). Man sollte sie also festhalten und nach Möglichkeit anbinden! Als Handwerker bringen sie alle Kunden zur Verzweiflung, weil sie einfach nicht kommen, und ruft man sie an, fallen diesen »Siebenern« immer die besten Ausreden ein, und ihre Dienstleistungen verzögern sich erheblich. Jedoch wenn es wirklich darauf ankommt, dann sind sie da, dann scheinen sie die Sieben Zwerge als ihre Helfer organisieren zu können, um doch noch ihr Ziel zu erreichen. Ihr Geheimnis liegt darin, mit überraschenden Einfällen auf die Lösungen für ihre Aufgaben zu kommen, die diese dann als Kinderspiel erscheinen lassen. Patentlösungen sind ihr Metier.

 Menschen mit der Pflichtzahl 8 (durch eine 0 verstärkt) erfüllen ihre Pflichten eigentlich mit Liebe. Ihr Motto ist:»Was getan werden muß, das soll auch getan werden«, aber möglichst in der Art, daß die Harmonie des Alltags dabei nicht verlorengeht. Oft wirken sie daher so herrlich hilflos, wenn sie etwas tun müssen, das sie nicht verstehen; dann wiederum sind sie so einsatzfreudig wie kaum andere. Das Geheimnis liegt allein in der Tatsache, ob sie etwas aus Liebe tun oder nicht. Hierbei darf der Begriff»Liebe« nicht zu eng gesehen werden. Sicher ist das persönliche Engagement sehr wichtig, aber sie sind auch fähig, ihre Umgebung oder ihre Nachbarn in ihre Liebe mit einzubeziehen. Den Menschen, an denen sie hängen, möchten sie jede Last abnehmen. Oft erweist sich dies als falsch verstandene Liebe, weil die Partnerinnen oder die Partner daraus schnell einen Anspruch konstruieren, der letztlich jede dauernde Liebe belastet.

Die»Achter« versuchen, alles mit einem gewissen Charme zu erfüllen, auch das, was keinen Spaß macht. So singen sie etwa gern bei schweren Arbeiten, und wenn sie Behördengänge zu tun haben, von denen sie nichts Gutes erwarten, dann kleiden sie sich besonders elegant (je nach ihren Möglichkeiten), um auf diese Weise Lebensfreude und Optimismus auszustrahlen. Ihr Lachen ist meist ansteckend, was sie ungemein beliebt macht, denn sie zeigen höchst selten, wie schwer ihnen diese oder jene Arbeit fällt.

Allerdings, dies muß auch gesagt werden, sehr penibel sind sie meist nicht; es kann schon sein, daß manche Pflichten ein bißchen schlampig erledigt werden, aber wen stört das schon, wenn dadurch keine Lebensfreude verloren geht! Zumal erst Pausen jede Arbeit wahrhaft verschönern, gerade wenn die Pausen stets überzogen werden.

 Menschen mit der Pflichtzahl 9 (durch eine 0 verstärkt) erledigen ihre Pflichten und Aufgaben fast wie im Schlaf. Sie werden quasi nebenbei abgehandelt, wobei nur das Allerwichtigste Beachtung findet. Sie beherzigen den Satz, daß sich das meiste durch Liegenlassen erledigt, daß die Zeit also als Faktor in die Lebensführung eingebaut werden sollte. Und sie haben recht! Sie ahnen fast immer,

was sich von allein erledigt oder wo sie sich vielleicht doch einmal melden sollten. Die »Neuner« haben die Gabe, das instinktiv zu wissen.

Gefährlich ist es, wenn sie zu sehr auf die Ratschläge derer hören, die völlig anders als sie selbst eingestellt sind. Das bringt sie durcheinander, das stört ihre Sensibilität, so daß sie außer Fassung geraten können. Also schummeln sie sich derart gekonnt durch das Leben, daß die ganze Umwelt neidisch werden kann. Kommt Zeit, kommt nicht nur Rat, sondern auch die Lösung der Probleme.

Nicht, daß sich diese Menschen vor Anstrengungen drücken, nein, die nehmen sie schon auf sich – aber alles zu seiner Zeit. Außerdem vertrauen sie auf ihre Inspiration. Sie wissen, Hilfe kommt immer, wenn auch meist erst in letzter Minute. Dabei sind sie nicht unordentlich oder schlampig, wenn sie auch dauernd Dinge suchen. Das schlimmste wäre für sie ein aufgeräumter Schreibtisch, dann finden sie nichts mehr.

Wie sie instinktiv alles ablegen, so finden sie auch nur instinktiv alles wieder. Nervosität steckt sie an, deswegen machen sie zwischendurch immer mal ein kurzes Nickerchen, das sie erholt.

Oft können sie zweigleisig fahren, was andere um sie herum zur Verzweiflung bringen kann, aber ihnen gereicht es zum Vorteil. Ihr Gespür ist ihr Talent – gerade wenn es um die ernsten Forderungen des Lebens geht.

# Bereich VII
# Die Herzzahl

## Ermittlung und Bedeutung der Vokalzahl

Je weiter wir in die Materie der Numerologie eindringen, um so aufwendiger wird die Auffindung der richtigen Zahlen und um so differenzierter ihre Deutung. Ein besonderes Kapitel stellt die Herzzahl dar. Die Herzzahl wird aus den Vokalen aller Namen gebildet. Wenn wir hier betont von *allen* Namen sprechen, dann sind damit auch die Mittel- und Kosenamen gemeint, die ein Mensch trägt. Hier geht es also wirklich um alle Bestandteile des vollständigen Namens, da sind keine Abkürzungen erlaubt. So mag sich jemand, der Wolf Egon Müller-Herget heißt, Wolf E. Herget nennen. Dies wäre sein *verwendeter* (diese Rubrik kommt noch), aber nicht sein *vollständiger* Name. Zur Ermittlung der Herzzahl benötigen wir jedoch alle Namen, von denen aber nur die Vokale gezählt werden. Die Vokale haben die Zahlenwerte:

```
A E I O U Y
1 5 9 6 3 7
```

Beispiel:
Vorname:          Heike Rike
Mittelname:       Annemarie
Nachname:         von Gattern-Neuhaus
Die Auszählung des vollständigen Namens sieht dann so aus:

```
H E I K E   R I K E   A N N E M A R I E
  5 9   5   9 5   1     5   1   9 5 = 54 = 9.
```

```
V O N   G A T T E R N - N E U H A U S
  6       1     5       5 3   1 3   = 24 = 6.
```
Es werden also nur die Vokale gezählt.
Die Endquersumme 9 des Vor- und Mittelnamens wird nun addiert mit der Endquersumme des Nachnamens: $9 + 6 = 15 = 6$.
Die Herzzahl in unserem Beispiel ist also die 6.

Man kann auch alles in einem Rechengang ermitteln:
```
H E I K E   R I K E   A N N E M A R I E   V O N
5 9 5     9 5 1     5 1 9 5       6
G A T T E R N - N E U H A U S
1   5       5 3   1 3  = 78 = 15 = 6.
```

Unser zweites Beispiel:
```
K L A U S   M A R I A   F R A N Z   J O S E F
1 3       1 9 1       1       6 5    = 27 = 9.
F E L S E N R E I C H
5   5   5 9     = 24 = 6.
```
Wir addieren 9 plus 6 und erhalten 15 = 6 als Herzzahl.
Oder:
```
K L A U S   M A R I A   F R A N Z   J O S E F
1 3       1 9 1       1       6 5
F E L S E N R E I C H
5   5 . 5 9     = 51 = 6.
```

Eines darf nicht vergessen werden: der Kosename! Der wird selbstverständlich nur dann mitgezählt, wenn er auch gebraucht wird. Aber wer als Kind einen Kosenamen bekam, behält ihn meist ein Leben hindurch, zumindest für Eltern und Geschwister, und oft schließen sich Freunde dem an.

Die so ermittelte Herzzahl wird im Planetennumeroskop-Bogen auf Seite 222 beim Bereich VII notiert.

Die Herzzahlen zeigen uns an, wie sich die Menschen gegenüber dem Du und der Liebe verhalten. Wie sie eine Partnerschaft auffassen, wie ihr »Du-Echobedürfnis« beschaffen ist.

Viele Numerologen werden immer wieder nach der Herzzahl gefragt, aber auch hier sei betont, daß die Herzzahl nur so wichtig wie jede andere der 13 Zahlen ist, die wir insgesamt heraussuchen. Alle Zahlen sind untereinander unbedingt gleichwertig, mögen auch manche sich auf spezielle Zahlen mehr konzentrieren. Das wäre aber völlig falsch. Es kommt stets auf das Gesamtbild an.

Ganz besonders sollte die Herzzahl in Verbindung mit der Pflichtzahl gesehen werden, weil diese beiden Zahlen zusammen gesehen erst so richtig die Einstellung gegenüber einer Partnerschaft widerspiegeln. Also nie die Herzzahl allein bewerten, sondern immer die Pflichtzahl mit einbeziehen.

Eine besondere Rolle spielt die Herzzahl übrigens im Zusammenhang mit der letzten aller Zahlen, der Aufgabenzahl, da wir vor allem unsere Aufgabe am Du, also die Aufgabe des Herzens zu erfüllen haben.

## Deutungshinweise für die Zahlen 1–9

 Menschen mit der Herzzahl 1 (durch eine 0 verstärkt) möchten im wahrsten Sinn des Wortes ihr ganzes Herz verschenken, ohne sich dabei jedoch aufgeben zu wollen. Das heißt, sie streben in einer Bindung – ob Frau oder Mann – die Führungsrolle an. Dieser Zwiespalt zwischen der Du-Sehnsucht und dem Anerkennungsstreben ist oft schwer zu überbrücken, da kann meist nur das Glück der großen Liebe helfen.

Die »Einser« besitzen eine starke Ausstrahlungskraft und ziehen das andere Geschlecht (manchmal auch das eigene) fast magnetisch an. Sie erobern die Herzen der anderen im Fluge, ohne daß ihnen ihr eigenes Herz davonfliegt. In der Du-Beziehung sind sie schon sehr anspruchsvoll, sie verlangen eine völlige Hingabe des anderen in der Partnerschaft. Stets versuchen sie, ihre Partnerinnen oder Partner zu verwöhnen, wenn sie sich nur nicht unterordnen müssen.

Auch als Künstler – oder in einem anderen Beruf, der auf Echo angewiesen ist – haben diese Charaktere eine starke Ausstrahlungs- und Anziehungskraft. So sind eigentlich alle Voraussetzungen für die erstrebte Anerkennung gegeben; wenn nun noch Können und Fleiß hinzukommen, ist die Karriere eigentlich sicher.

Ihr Engagement für die anderen ist immer sehr heftig. Gegen Bewunderungen sind sie leider nicht gefeit, sie sind verführbar. Wird ihre Eitelkeit, ihr Anerkennungsbedürfnis angesprochen, dann sind sie echt gefährdet. Trennen sich Partner von ihnen, dann bleiben diese Menschen meist nicht lange allein, was nicht heißt, daß sie etwa dem Verlust nicht nachtrauern. Das tun sie schon, aber sie finden kaum die Kraft, dies zuzugeben, genauso, wie es ihnen sehr schwer fällt, sich zu entschuldigen oder auch nur einmal in der Partnerschaft klein beizugeben. Das Beste, was ihnen passieren kann, wäre, daß sie von einer Liebe erfaßt werden, die alles in ihnen *ver-rückt*.

 Menschen mit der Herzzahl 2 (durch eine 0 verstärkt) möchten möglichst dem Du, ihrer Ergänzung, ihre ganze Seele schenken. »Möchten« deshalb, weil sie Furcht haben, sich dem anderen ganz auszuliefern. Aber diese Furcht wird dann meistens doch schnell überwunden. Sie brauchen Wärme, suchen das Echo, benötigen Liebe und Verstandensein. Aus diesem Grund sind sie auch bereit – nicht nur am Anfang – mehr zu geben, als sie vielleicht zurückbekommen. Und genau damit gewinnen sie schließlich in der Liebe. Das tiefe Verstehen ist ihnen wichtig. Sie können bestens mit ihren Partnerinnen oder Partnern schweigen, und doch spricht alles. Auch in der Öffentlichkeit entscheiden sie sich frühzeitig für ein Sichstellen oder ein Sichnichtstellen. Sie haben die Zivilcourage – die man ihnen zunächst gar nicht zutraut – sich zu bekennen und persönlich Partei zu nehmen. Dabei kommt es ihnen weniger auf die intellektuellen Argumente an, als auf ihre innere Stimme. Daher sind sie auch gegen Warnungen meist immun.

Die »Zweier« lieben bedingungslos. Haben sie einmal ja gesagt, dann ist die Seele engagiert, und dann stimmt es auch. Sicher leiden sie sehr, wenn es einmal schief geht, doch letztlich finden sie meist den Weg zu ihrer Du-Erfüllung. Ihre Liebe oder Zuneigung hat in der heutigen Zeit oft einen romantischen Anstrich, ihre Du-Einstellung ist weniger emanzipiert, als von Meinungsmachern gefordert wird. Opfer gehört für sie zur Liebe, Selbstverwirklichung hat *vor* dem Ja zu einer Bindung zu erfolgen. Wegen dieser inneren Konsequenz werden sie zwar oft belächelt, aber im Grunde tief beneidet. So entwaffnen sie viele mit ihrer bedingungslosen Hingabe und gewinnen dafür eine enge Bindung, die auch Trennungen wie selbstverständlich überdauern kann.

 Menschen mit der Herzzahl 3 (durch eine 0 verstärkt) sind Eroberer-Typen. Sie kommen, sehen, siegen. Von ihnen geht meist der Impuls, der Antrieb zu einer Bindung aus. Wenn sie sich verliebt haben, dann müssen sie zum Ziel kommen – und das tun sie auch! Wenn es ihnen um Resonanz in der Öffentlichkeit geht, dann schaffen sie das auch, selbst wenn sie sich mancher Kritik aussetzen sollten. Diese Menschen sind zunächst dem anderen bedingungslos ausgeliefert, solange die- oder derjenige noch nicht

erobert ist. Dann kehrt sich das Bild um, dann versuchen sie, ihre Partnerinnen und ihre Partner nach ihren Vorstellungen umzubiegen, auch zu erziehen. Das gelingt ihnen zunächst recht gut, weil sie mit Elan die Bindung auf eine höhere Stufe erheben, denn ihre Liebe soll ja immer die größte auf der Erde sein. Oft übertreiben sie eher und erkennen zu spät ihr rücksichtsloses Handeln. Entwaffnend ist der Mut der »Dreier«, mit dem sie eine Partnerschaft wagen! Wo andere sich nicht trauen würden, da riskieren sie alles – und gewinnen fast immer. Was sie nicht vertragen können, das sind Niederlagen. Wenn sie jemand abweist, dann können sie mit bitterem Zorn reagieren, was auch zu negativen Handlungen führen kann.

Eifersüchtig sind diese Menschen meist sehr, und sie werden leicht neidisch, wenn andere mehr Erfolg haben. Dann geben sie keine Ruhe, bis sie nicht gleichgezogen oder gar die Konkurrenz überholt haben. Diese Menschen haben auch beim Du Erfolg, weil sie stets engagiert, ja wirklich begeistert sind und scheinbar alles einsetzen, um den anderen zu gewinnen, um selbst nicht zu verlieren, denn das könnte ihren Selbstwert schwer schädigen.

 Menschen mit der Herzzahl 4 (durch eine 0 verstärkt) möchten sich zusammen mit ihrem Du entfalten. Sie streben eine vom Ehrgeiz bestimmte Bindung an, in der aber beide zu bestimmen, zu schalten und zu walten haben. Sie möchten das Du anspornen und vom Du angespornt werden. Allein – so meinen sie – würden sie es nie so gut schaffen wie zu zweit.

Auch in der Öffentlichkeit wollen sie an dieser Bindung wachsen. Sicher streben sie eine Führungsposition an, aber nicht (oder nicht nur) auf Kosten anderer. Beim Kampf um die Führung, der ja immer stattfindet, scheint zunächst alles offen, bis die »Vierer« dann doch siegen. Prallen zwei Menschen mit der Herzzahl 4 aufeinander, dann bleibt dieser Kampf meist bis ans Lebensende unentschieden, es sei denn, derjenige, der mehr liebt, gibt nach. Mögen sie auch sonst manchmal Einzelgänger sein, in der Partnerschaft sind sie es sicher nicht.

Allerdings unter einer Voraussetzung: Außer der selbstverständlichen Liebe und Zuneigung muß die Sinnausrichtung gleich sein, müssen die Ziele von beiden übereinstimmen. Zwei verschiedene

Ziele vertragen sich schlecht, das könnte eine noch so feste Bindung gefährden, ja dann wäre ein Scheitern fast unausweichlich. Daran ändert auch die Tatsache nichts, daß die »Vierer« meistens sehr idealistisch an eine gemeinsame Aufgabe und Bindung herangehen.

Oft ist das abgesteckte Ziel auch der Beginn einer engen, dann kaum mehr aufzulösenden Partnerschaft. Krafteinsatz, Mut und Erfolgserlebnisse sind sehr ausschlaggebend, dann kommt es nicht darauf an, ob der andere der Idealtyp ist. Das heißt, außer durch Liebe sollten die »Vierer« auch durch ein gemeinsames Lebensziel mit ihren Partnern verbunden sein.

 Menschen mit der Herzzahl 5 (durch eine 0 verstärkt) möchten eine Partnerschaft, in der Zuverlässigkeit garantiert wird. Sie selbst bieten Treue, Sicherheit und eine feste Verwurzelung. Genau dies erwarten sie auch vom anderen, zumindest aber, daß sich die Partner darum bemühen.

Die »Fünfer« haben Angst, sich zu binden, was sie oft hindert, eine Heirat zu wagen. Dann warten sie lieber ab und versäumen oft damit ihr Glück. Gerade junge Menschen binden sich deswegen gerne an ältere Partner, bei denen sie Zuversicht und Vertrauen finden. Die »Fünfer« möchten einen festen Baum, an den sie sich anlehnen können. Allerdings, wenn sie sich einmal gebunden haben, dann sind sie sicher und stabil wie eine alte Eiche, dann bieten sie Schutz und Hilfe in jeder Lebenslage.

Dies gilt auch für Auftritte in der Öffentlichkeit. Wenn sie einmal »ja« gesagt haben, kann man sich auf sie verlassen. Vorher sind diese Charaktere meist spröde und fast übervorsichtig. So wirken sie oft auch ohne Schwung, ja meist viel älter, als sie in Wahrheit sind. Hat man sich einmal für sie entschieden, dann verlangen sie, daß alles gemeinsam getragen wird.

Die Partner der »Fünfer« müssen wissen, daß sie mit ihnen durch dick und dünn zu gehen haben. Für die »Fünfer« ist dies eine Selbstverständlichkeit. Bei aller Herbheit sind diese Menschen zu ihrem Du sehr lieb, wenn sich das auch in der Öffentlichkeit meist nie äußert. Werden sie alleingelassen, richten sie sich auf ihre Einsamkeit ein, und es wird so schnell keinen Menschen geben, der ihnen wirklich ins Herz schauen oder es gar öffnen kann.

der Partner darauf – auch in punkto Kleidung – eingerichtet, dann kann es durchaus geschehen, daß am Flugplatz umgebucht wird, nur weil ein schönes Plakat einen sonnigen Urlaub in Mittelafrika mit abenteuerlichen Erlebnissen verspricht. Sicher, so kraß geht es meist nicht zu, aber es könnte passieren! In der Öffentlichkeit fallen die »Siebener« besonders dadurch auf, daß sie heute dafür und morgen für etwas ganz anderes sind. Ihre Meinungswechsel werden oft als Opportunismus verschrieen, aber es handelt sich in der Regel immer um echte neue Erkenntnisse. Die »Siebener« sind schwer festzulegen, dazu ist ihre Intuition zu stark. So werden sie auch fast immer wechselnde Partnerschaften haben (oder anvisieren), es sei denn, die »große« Liebe hat sie einmal wirklich erwischt. Doch da sie alles Neue fasziniert, so auch neue Bekanntschaften mit interessanten Menschen, die zumindest zunächst eine ungewöhnliche Ausstrahlung haben, ist das unwahrscheinlich.

Die »Siebener« beten Personen an, die sich von ihnen den Alltag wegzaubern lassen, denen sie einen Hauch von Extravaganz ins Leben bringen können. Sie sind die Kobolde, die Märchenzauber und Spuk zugleich bringen. Aber nichts kann mehr binden als gemeinsam erlebte Überraschungen!

 Menschen mit der Herzzahl 8 (durch eine 0 verstärkt) haben eine Sehnsucht nach Liebe, die ihnen Harmonie, Ausgeglichenheit und Güte bringt. Sie sind bereit, dies selbst zu geben und bringen meist ein sehr warmes Herz in jede Bindung ein, ebenso eine sinnliche Freude an allen Dingen des Lebens. Besonders die »Achter«-Frauen kommen bestens an (die »Achter«-Männer auch – nur nicht so markant) und unter diesen Menschen findet man wahre Liebeskünstler. Ihr Geschick, mit Vertreterinnen oder Vertretern des anderen Geschlechts umzugehen, ist schon bemerkenswert. Auch in der Öffentlichkeit gefallen sie. »Achter«-Künstler machen sicher leichter ihren Weg als andere, denn sie wissen, wie man von der Erde aus, ohne viel Umwege und ohne viele Leitern ersteigen zu müssen, in den siebten Himmel kommt, da sie die Liebe als nichts anderes ansehen als ein himmlisches Glück. So sind sie auch sehr dankbar, wenn sie lieben dürfen oder wenn sie geliebt werden.

Dazu kommt eine musische Begabung, die sich sowohl öffentlich wie privat äußern kann. Diese Menschen besitzen eine Zauberkraft, die manchmal – leider – etwas zuviel verspricht. Aber sie bieten in punkto Liebe immer noch mehr als der Durchschnitt. Die »Achter« brauchen Zärtlichkeit, also geben sie auch welche. Da sind wir bei ihrem größten Geheimnis angelangt. Sie sind immer bereit, das zu geben, was sie erwarten, wobei es ihnen gar nicht auf den ersten Schritt ankommt. In der Liebe kennen sie kein Prestige und auch sonst sollte kein Prestigedenken vorherrschen. Dies macht einen Großteil ihres Charmes aus, der es ihnen erleichtert, die geeigneten Partnerinnen oder Partner zu finden, was sie selbst als großes Glück betrachten.

 Menschen mit der Herzzahl 9 (durch eine 0 verstärkt) suchen sich ihre Partner nie bewußt sondern nur instinktiv. Wie ein Tier (was alles andere als beleidigend gemeint ist) finden sie passende Ergänzungen. Ihre Witterung dafür ist fast untrüglich. Aber sie ahnen auch, wann eine Bindung sich ändert oder gar zu Ende geht.

Meist lösen sich diese Probleme dann wie von selbst, zumindest machen die »Neuner« kaum Schwierigkeiten wenn sie spüren, daß etwas zerbrochen ist. Auch in der Öffentlichkeit bewegen sie sich instinktsicher (es sei denn, andere Zahlen aus anderen Bereichen sprechen dagegen, aber dies gilt ja bei allen), und so finden sie oft für sich die richtige Art und Weise, um unauffällig und doch passend zu reagieren.

Sie schwören keine ewige Treue, obwohl sie treu sind, wie sie sich überhaupt große Schwüre oder andere Feierlichkeiten ersparen, darauf kommt es ihnen nicht an. Sie sehnen sich nach einem Nest, das ihnen Schutz und Wärme bietet. Ist die Partnerin oder der Partner verreist, dann ahnen sie meist, ob es diesem gut ergeht oder nicht. Schwierigkeit haben sie aber oft, wenn sie zum vernünftigen Reagieren aufgefordert werden, wenn also alles über den Verstand gehen soll. Dann werden sie unsicher, dann trügt sie ihre gute Nase, auf die sie sich bisher so gut verlassen konnten. Dies gilt nur für den Bereich Herzzahl, also für Partnerschaft, Echo und Ergänzung, denn sonst können diese Menschen selbstverständlich sehr vernünftig reagieren. Nur ihre Liebe ist nie vernünftig, und das ist das Schöne!

# Bereich VIII
# Die Gerüstzahl

## Ermittlung und Bedeutung der Konsonantenzahl

Wenn auch ein Wort ohne Vokale nicht klingt, so geben doch erst die Konsonanten den Vokalen ein Gerüst. Nur Vokale erzeugten nichts anderes als einen primitiven Klang und erlaubten – von der Schriftsprache her – keinerlei Differenzierungen. Für das Ermitteln der Gerüstzahl benötigen wir wieder alle Namen – also auch Mittel- und Kosenamen. Diesmal werden aber nur die Konsonanten gezählt.

Bleiben wir bei unseren schon gebrauchten Beispielen:
```
H E I K E   R I K E   A N N E M A R I E
8     2     9 2         5 5   4   9     = 44 = 8
V O N   G A T T E R N - N E U H A U S
4 5 7   2 2   9 5   5         8     1 = 48 = 12 = 3
```
Das ergibt die Gerüstzahl 8 + 3 = 11 = 2
Oder:
```
H E I K E   R I K E   A N N E M A R I E   V O N
8     2     9 2         5 5   4   9         4 5
G A T T E R N - N E U H A U S
7   2 2   9 5   5         8     1 = 92 = 11 = 2.
```

Das zweite Beispiel:
```
K L A U S   M A R I A   F R A N Z   J O S E F
2 3   1     4   9       6 9   5 8   1   1   6 = 55 = 10
F E L S E N R E I C H
6   3 1   5 9     3 8 = 35 = 8
```
10+8 ergibt die Endsumme von 18 = 9.
Hierbei sei darauf hingewiesen, daß eine 10 als Zwischenergebnis (wie nach dem Namen Klaus Maria Franz Josef) nur als 1 zählt.

Zählt man nun aber alle Buchstaben des vollständigen Namens hintereinander ohne Zwischenergebnis zusammen, dann ergibt sich folgendes Ergebnis:

K L A U S   M A R I A   F R A N Z   J O S E F
2 3   1 4 9   6 9   5 8   1   1   6
F E L S E N R E I C H
6   3 1   5 9   3 8 = 90

Zählen wir also alle Buchstaben (egal ob Gesamt- oder Herz- oder Gerüstzahlen), nur dann kann eine Zahl mit einer Null erscheinen. Also sollten alle Zahlen stets erst vollständig zusammengezählt und dann erst die Quersumme gezogen werden.

Wir haben diese Einteilungen der Zusammenrechnung hier nur deswegen aufgeführt, weil sie in vielen anderen Numerologiebüchern vorkommen und weil dadurch klargelegt werden sollte, daß letztlich die Quersumme immer gleich bleibt.

Da wir jedoch mit der 0 rechnen, wäre es gut, *alle* Buchstaben in einem Zug zusammenzuzählen, auch wenn dies mühsamer sein mag. (Achtgeben: Nur bis 90 gilt die 0 – ab 100 nicht mehr!)

Genau wie bei der Berechnung der Herzzahl müssen eventuelle Kosenamen bei der Ermittlung der Gerüstzahl mitgezählt werden!

Die Gerüstzahl wird auf dem Planetennumeroskop-Bogen von Seite 222 beim Bereich VIII eingetragen.

Was besagt nun die Gerüstzahl? Sie weist uns auf die seelische Belastbarkeit eines Menschen hin, aber auch auf seine Beziehung zu jenseitigen Dingen wie vielleicht Neigungen, die in den okkulten Bereich führen können. Es geht hier um die seelische Basis, gemäß dem Wort:»nach dem Gesetz, nach dem wir angetreten...«

Das Gerüst gibt uns den Halt, nicht nur dem Körper, sondern auch unserer Seele, die ja nach uralter Karmalehre mit dem ersten Atemzug in einen Körper eintritt, um ihn mit dem letzten Atemzug zu verlassen. Die Seele also ist unsterblich, und sie findet ihre Wirkungsstätte in unserem Körper – in dem Gerüst, das ihr jeder Körper gibt.

Alle Dinge, die über das real Faßbare hinausgehen, kommen im VIII. Bereich zum Ausdruck. Die nähere Deutung erfahren wir also über die Gerüstzahl, die auch als übersinnliche Zahl anzusprechen ist. Sicher ist dieser Bereich derjenige, der mit am schwersten zu verstehen ist. Mancher mag uns hier vielleicht nicht folgen wollen, das macht nichts. Er kann diesen Bereich vielleicht überspringen. Aber wer sich mit einer Geheimwissenschaft beschäftigt, wozu die Numerologie gehört, der muß sich auch mit der Welt der Dunkelheit, der der sogenannten Dämonen, beschäftigen.

Wenn es um die Seele geht, dann akzeptieren die meisten zwar noch, daß damit in religiösen Dingen durchaus etwas anzufangen ist. Geht es aber um die individuelle Seele, um das persönliche Unterbewußtsein, dann hört das Verständnis oft auf. Denn daß zwei Seelen in einer Brust existieren, mag ja noch angehen, aber daß die dunkle der beiden Seelen uns stärker beherrscht, das wird schon weniger leicht verstanden. Geheimwissenschaft heißt aber in erster Linie, an das persönliche Geheimnis heranzukommen, das in jedem von uns steckt.

Man sollte sich also doch mit den Themen dieses Bereiches, die in den Deutungsanregungen zur Sprache kommen, nicht nur nebenbei beschäftigen. Wie vielen Menschen könnte bei Erkrankungen leichter geholfen werden, wenn sie etwas von ihrer Seele und von der Sprache ihres Unterbewußtseins wüßten.

Gerade wer seine Seele verleugnet, der wird meist gezwungen, sich mit ihr auseinanderzusetzen, und wer nicht an die Heilkraft seiner Seele glaubt, der wird – wenn überhaupt – viel schwerer gesund werden als derjenige, der weiß, welche hohe, positive Kraft in ihr wohnt. Daher verlangt der VIII. Bereich sicher die intensivste Beschäftigung innerhalb der Bereiche der Numerologie.

## Deutungshinweise für die Zahlen 1–9

 Menschen mit der Gerüstzahl 1 (durch eine 0 verstärkt) ruhen recht gut in sich, solange alles mit dem Bewußtsein erleuchtet, ja erhellt werden kann. Unsicherer werden sie, wenn – etwa in Träumen – aus dem Dunklen etwas aufsteigt, was nicht logisch und selbstverständlich zu erklären ist. In diesem Bereich erleben die sonst strahlenden »Einser«, daß es Dinge zwischen Himmel und Erde gibt, die nicht die Sonne an den Tag bringt, weil unter dem Horizont oder in der Tiefe eines Menschen Kräfte leben, die auch wirken und sich um-

setzen wollen. Diese Charaktere wenden sich meist sehr lange gegen die Kräfte aus dem »Unterbewußten«, wie es Psychologen, oder aus der »Seele«, wie es Priester (egal welcher Religion) ausdrücken. Oft läßt ihr Stolz es nicht zu, etwas als wahr anzunehmen, was kaum beweisbar erscheint, was nicht zu fassen ist. So lassen sich die »Einser« schwer von Träumen oder Visionen beeinflussen, denn für sie ist zunächst nur der bewußte Mensch allein der Schmied seines Glücks. Innere Zweifel kennen sie in der Jugend kaum, erst mit dem Älterwerden wird ihnen bewußt, daß manche Handlungen und Reaktionen nicht nur vom Verstand gesteuert, sondern auch unlogisch und unerklärlich sind.

Erkennen diese Menschen jedoch, daß man sich auch um das Unbekannte in sich bemühen muß, gehen sie mit Energie an die Lösung dieser Aufgabe heran. Sie vertiefen sich um so mehr, je schwerer es ihnen fällt. So meistern sie schließlich auch diesen Bereich und bekommen ihn in den Griff – wenn sie auch selten den selbstverständlichen Umgang mit der Seele begreifen werden.

 Menschen mit der Gerüstzahl 2 (durch eine 0 verstärkt) fühlen sich im seelischen Bereich wie zu Hause. Das Seelische, das Dunkle, das Unbewußte sowie alle unerklärlichen Dinge dieser Welt bis hin zum Okkulten sind ihnen, wenn nicht gerade bekannt, doch innerlich sehr vertraut. Ihr Interesse war und ist immer schon auf diese Dinge ausgerichtet. So hören sie, wenn man sie nur angelernt oder darauf aufmerksam gemacht hat, auf ihre Träume, sie lauschen nach innen in der festen Überzeugung, da viel über sich zu erfahren, was sonst nicht erkennbar ist. Sie wissen um die Heilkraft der Seele, aber auch, daß alles krankt, wenn die Seele krank ist.

Meistens schweigen diese Menschen darüber, denn sie möchten nicht gerne, daß sie in der Öffentlichkeit oder im Berufsleben belächelt, ja verspottet werden. Ihre innere Überzeugung ist jedoch meist so stark, daß ihnen auch Ironie auf diesem Gebiet nicht viel ausmachen kann.

Genauso fest glauben sie an ein Weiterleben nach dem Tod. Sie meinen auch, daß jedes Leben nur eine Stufe auf den Weg einer großen menschlichen Entwicklung ist, die weit wegführt von der

Erde. Daher beschäftigen sie sich häufig intensiv mit Fragen des Jenseits, deren Beantwortung für sie äußerst wichtig ist und oft ein ganzes Leben ändern kann. Die Harmonie der Seele spielt bei ihnen eine große Rolle, sie ringen um ihren Seelenfrieden, der ihnen wichtiger werden kann als Hab und Gut. Dies lieben sie zwar auch, aber vor die Entscheidung gestellt, was wichtiger ist, würden sie sich für die Seelenruhe entscheiden. So geht von diesen Menschen eine große innere Kraft aus, die vielen Trost und Zuversicht bringen kann, weil sie glauben, damit leichter die eigene Mitte zu finden, die erst Ruhe und Sicherheit gibt.

 Menschen mit der Gerüstzahl 3 (durch eine 0 verstärkt) wollen sich die Welt der Seele mit allem Ehrgeiz und festem Willen erschließen. Der Drang danach ist immens, gerade weil sie sich zunächst in diesem Bereich eher abwartend verhalten haben. Aber wenn sie die Welten des Okkulten und des Jenseits einmal erfahren haben, dann beschäftigen sie sich damit mit aller Intensität, oft bis hin zur Selbstauflösung. Das heißt, sie können sich diesem Bereich mit Haut und Haaren verschreiben und erkennen womöglich die Psychologie (im Sinne der Lehre von der Seele) fast als wichtigsten Bereich in ihrem Leben an. Das »Psychologische« fasziniert sie, damit kommen sie in ihrer Entwicklung entscheidend weiter. Sie versuchen, dieses Gebiet auch für andere zu öffnen, wobei sie des öfteren recht absolut und bestimmend vorgehen können. Was sie machen, wickeln sie eben immer mit ganzem Einsatz ab. Um ihr Wissen über die verborgenen Winkel der Seele zu erweitern, arbeiten sie auf diesem Gebiet unermüdlich – oft übertreibend bis zur Erschöpfung. Es ist deshalb gut, wenn es in ihrer Umgebung Menschen gibt, die die »Dreier« da etwas bremsen (was im Grunde für alle »Dreier« in jedem Bereich gilt)! Manches zu ehrgeizige Streben in die dunklen Bezirke bei sich selbst oder bei anderen hat ja durchaus seine Gefahren, so daß vor möglichen Selbstschädigungen zu warnen ist. Aber da diese Menschen diese Art von Dunkelheit nicht fürchten, bestehen sie diese Abenteuer (und um solche kann es sich tatsächlich handeln) meist recht gut. Erschwerend könnte allerdings die Tatsache sein, daß sie den realen Dingen, die ja auch lebenswichtig sind, zu wenig Aufmerksamkeit schenken.

 Menschen mit der Gerüstzahl 4 (durch eine 0 verstärkt) können die unbewußten Kräfte durchaus mit den bewußten Kräften zusammenbringen. Die »Vierer« suchen also die Mitte zwischen beiden Ebenen, um die größtmögliche Entfaltung zu erreichen. So finden sich unter diesen Menschen diejenigen, die das Diesseits und das Jenseits am besten »koordinieren« können, die auch über das Jenseits verständlich sprechen, weil sie eine gewisse Abgeklärtheit auszeichnet. Die »Vierer« treten für Toleranz und gegenseitiges Verstehen ein und sind so oft im wahrsten Sinn des Wortes Vorbilder. Einseitigkeit oder einseitige Überbewertung eines Trends, einer Richtung und auch eines Glaubens ist ihnen fremd. So bremsen sie einerseits die Fanatiker, wie sie andererseits auch Skeptiker zum Interesse an dunklen Seelenbereichen ermuntern können. Aber das Beweisbare hat am Ende doch Vorrang, das naturwissenschaftliche Denken siegt – wenn auch nicht mit absolutem Anspruch. Diese Menschen wissen auch von Träumen, die sie völlig richtig als Sprache der Seele verstehen, aber es liegt ihnen mehr, zur Ausdeutung ein Traumlexikon zu benutzen, als auf Träume persönlich einzugehen, weil ihnen hier zu viele Assoziationen ein klares Konzept verhindern. Außerdem sind die »Vierer« der Meinung, daß das Dunkle – damit die Seele – beherrscht werden muß, das erst mache den wahren, suchenden Menschen aus. Allerdings verwechseln sie dabei oft das, was sie für die Seele halten, mit animalischem Instinkt, der in jedem Wesen steckt, das lebt. Theoretisch verstehen sie also viel von der Dunkelheit im Menschen, aber praktisch lassen sie davon für ihre Lebensgestaltung nicht viel gelten. Immerhin halten sie sich jedoch stets ein Hintertürchen offen, denn es könnte ja sein...

 Menschen mit der Gerüstzahl 5 (durch eine 0 verstärkt) fühlen sich sehr in der Seelenwelt verwurzelt. Sie beschäftigen sich intensiv mit dem Gewissen, im kleinen wie im großen. Sie haben wohl von allen die stärkste karmische Beziehung und betrachten die Kreuzwege des Lebens stets als Prüfung, die unsere Seele, unser Unbewußtes formt. Erst wenn nicht das Denken und das Bewußte, sondern das Unbewußte sich wandelt, ist eine wahre Entwicklung gesche-

hen. Der Tod wird ohne Angst betrachtet, bestenfalls existiert eine Angst vor dem Sterben, aber sie setzen sich ja mit dem Sterben grundsätzlich auseinander. Die »Fünfer« versuchen, die Welt der Toten in sich zu verstehen, womit sie oft nicht verstanden werden. Außerdem wissen sie über Teufel, Hexen und andere Dämonen so gut Bescheid, daß sie meinen, all diese Geister würden im Menschen selbst leben, daß sie also nie einfach beiseite zu schieben sind.

Wenn die »Fünfer« von Selbstprüfungen reden, dann meinen sie damit das eigene Dunkle erst einmal zu erhellen, als wahren Beginn eines neuen Wegs. Es besteht allerdings die Gefahr, daß sie nicht die Kraft haben, auf Einfluß zu verzichten. Sie könnten sich durchaus der schwarzen Magie zuwenden, um so schneller zu Macht zu kommen. Manche »Fünfer« können dabei auf gefährliche innere Irrwege geraten, denn die Gefahr, sich damit an finstere Mächte zu ketten, ist nicht von der Hand zu weisen. Einige kommen davon nicht mehr los, es hat sie wie eine Sucht erfaßt, und sie fühlen sich in nächtlichen Träumen wie in Wachträumen dann von Wahnvorstellungen oder dunklen Visionen verfolgt. Den Lichtschein am Ende eines langen Tunnels wollen diese Menschen oft gar nicht sehen.

 Menschen mit der Gerüstzahl 6 (durch eine 0 verstärkt) setzen sich mit der Seelenwelt eher im intellektuellen Sinn auseinander. Sie hören sich alles an, denken darüber nach und kommen dann zu ihrem Urteil. Alles, was interessant ist, fasziniert sie, so auch die Welt des Unterbewußtseins, die Welt des Jenseits, des Okkultismus. Aber nur, wenn sie einer logischen Überprüfung auch standhält. Dabei zeigen sich gerade diese Charaktere über das Seelenleben sehr gut orientiert, sie haben alle wesentlichen Bücher gelesen, sie hören viele Diskussionen, sie beteiligen sich an Seminaren oder Kursen, so daß sie mit am ehesten über diese Dinge, die vielen anderen unheimlich sind, sprechen können.

Aber das besagt noch lange nicht, daß sie diese Welt wirklich als die ihre annehmen! Im Gegenteil: Im Grunde betrachten sie das Dunkle in sich grundsätzlich als fremdes Territorium. Es ist ein Ausflugsziel, das man auch einmal anvisieren sollte, man kann ja sehen, ob man dort dann auch verweilen will. Meistens wollen es diese Menschen nicht, denn die praktische Verwertbarkeit scheint ihnen zu kompliziert und im Grunde auch nicht lohnend zu sein. Das Rationale spielt doch eine recht beachtliche Rolle, wie sich überhaupt in diesem Bereich die Geister am deutlichsten scheiden. So wird letztlich von den »Sechsern« nur anerkannt, was man schwarz auf weiß getrost nach Hause tragen kann. Der Gebrauch des Verstandes darf nie ausgeschaltet werden, er ist lebenswichtig. Am liebsten denken diese Menschen über das Übersinnliche gründlich nach, weil Gedanken ja nicht sofort in die Praxis umgesetzt werden müssen.

 Menschen mit der Gerüstzahl 7 (durch eine 0 verstärkt) wissen intuitiv, was Seele ist und wo sie wohnt. Voraussetzung dazu ist allerdings, daß sie sich sehr lange mit dieser Materie beschäftigt haben. Erst danach kann ein Saulus zum Paulus werden, und dies ist ein hervorstechendes Merkmal der »Siebener«. Vor dieser Wandlung lehnen sie das Dunkle meist ab, weil sie ja hoch in den Himmel hinaus wollen. Allmählich spüren sie dann eine gewisse Verbundenheit zwischen Hellem und Dunklem, und plötzlich geht ihnen ein Licht auf, und dies im wahrsten Sinn des Wortes. Urplötzlich haben sie die Existenz des Lebens außerhalb unserer realen Erde wahrgenommen. Auf einmal lebt für sie der ganze Kosmos und der Mensch da mittendrin!

Nun wissen sie – und das ist für ihre innere Entwicklung meist ungeheuer wichtig –, daß dieses Leben, von einem Schöpfer initiiert, nicht nur für höchstens 100 Jahre einen Sinn haben kann. Dies zeigt sich besonders bei psychosomatischen Krankheiten, denn zu deren Ursachen haben die »Siebener« einen deutlichen Zugang. Sie erkennen, daß Krankheiten (oft Erkrankungen karmischer Art) aus der Seele kommen, ob sich dies zunächst im Stolpern oder Stottern zeigt, oder ob es sich später in schweren Depressionen oder anderen Symptomen offenbart. Dieser urplötzliche Zugang zu den psychologischen Wurzeln kann ihnen manchmal die Möglichkeiten der Heilung deutlich machen, ohne daß jeder »Siebener« bereits ein Heilkundiger sein muß. Die scheinbare Unlogik von seelischen Erscheinungen ist diesen Menschen durchaus logisch, vielleicht weil sie sich schon im Realen heftigst mit der Logik herumschlagen müssen.

 Menschen mit der Herzzahl 6 (durch eine 0 verstärkt) möchten zunächst einmal mit anderen reden. Sie brauchen die gemeinsame Sprache, das Grundverstehen. Liebe vermag sich erst danach zu entwickeln. Nichts ist für sie schlimmer, als mit ihrem Du nicht sprechen zu können. Es ist durchaus möglich, daß er zu ihr sagt: »Du, wir ziehen zusammen, weil ich Dich verstehe, und Du verstehst, was ich sage und denke. Danach ergibt sich alles von selbst.« Die »Sechser« schreiben die hinreißendsten Liebesbriefe, die man sich denken kann, wenn sie im Grunde auch lieber telefonieren oder ein Telex schicken. Ihnen geht es also – zunächst – weniger um die Leidenschaft als um das Grundverständnis.

Auch in der Öffentlichkeit können diese Menschen bestens reden und antworten. Ihnen fällt immer ein Gag ein, der kitzlige Situationen entschärft. Ihr Witz gefällt, auch die Wendigkeit, die ihnen in der Öffentlichkeit eigen ist. Alle, die etwas (und sich) verkaufen müssen, sollten die Herzzahl 6 haben, dann hätten sie es leichter. Diese Charaktere können sehr schwer allein sein, sie benötigen die Ansprache. Daher suchen sie das Gespräch, wo immer es sich bietet, sei es bei der Kasse im Supermarkt oder beim Postbeamten am Schalter. Sind sie eine feste Bindung eingegangen, dann kann die im Grunde nur gefährdet werden, wenn jemand auftaucht, mit dem sie sich noch besser unterhalten oder gar aussprechen können! Außerdem wollen sie vom Partner genau wissen, was er gemacht hat, was er plant, ja was er denkt; sie selbst gehen da mit bestem Beispiel voran. Wichtig ist das Niveau, damit sich aus dem starken Sprech- und Verständigungsbedürfnis keine Klatsch- und Tratschsucht entwickelt.

 Menschen mit der Herzzahl 7 (durch eine 0 verstärkt) möchten ihre Partner zum einen fortwährend überraschen, zum anderen sie aber auch ständig in Bewegung halten. Bei ihnen steckt in jeder Partnerschaft ein echtes und aufregendes Abenteuer. Wer dies nicht aushält, der sollte gleich von hinnen ziehen. Bei den »Siebenern« ist in punkto Partnerschaft niemand vor Überraschungen sicher. Diesen Menschen fällt immer wieder etwas ein, was zunächst Verblüffung und danach Jubel auslöst. Planen sie etwa eine Reise, um das Nordlicht im Sommer zu sehen, und hat sich die Partnerin oder

 Menschen mit der Gerüstzahl 8 (durch eine 0 verstärkt) finden den Zugang zu ihrer Seele meist über die Liebe oder über das engagierte Gefühl. Wenn die Partnerin oder der Partner sich sehr mit der Seele beschäftigen, dann tun es diese Menschen auch. Wenn sie hören, daß sie jemandem helfen können, indem sie ihm den Zugang zur Seele ermöglichen, dann werden sie alles daransetzen, um auch selbst etwas über die Seele und ihre Kräfte zu erfahren. Sie wissen urplötzlich etwas von einer Seelenliebe oder von einer Seelenverbindung, so daß die Tore zu dieser Welt ihnen weit offen stehen.

Bei den »Achtern« haben wir es mit Menschen zu tun, die die Seelenwelt nicht als Dunkelheit verstehen. Im Gegenteil. Sie wissen, daß die Sonne (was ja uralte Anschauung ist) abends in die dunkle Welt absteigen muß, um ihre Kraft zu erhalten. Ja, sie wäre längst ausgeglüht, wenn sie sich nicht im Dunklen immer wieder aufladen würde.

Diese Menschen besitzen sehr oft die Fähigkeit, einen Menschen vollständig zu lieben, und so lieben sie auch die Schattenseiten in ihm. Auch meinen die »Achter«, daß die wahre Liebe über den Tod hinausgehen muß, womit sie auf ihre Art die Existenz des Jenseits anerkennen. Jemanden aus ganzer Seele lieben ist dann mehr als sein Herz in Liebe verschenken. Ein ägyptisches Sprichwort sagt: »Wer seine Liebe auf die Waagschale legt, der wird auf der anderen Waagschale die Seele finden.« Beides ist gleichwertig oder: eins bedingt das andere.

Daher haben die »Achter« zu diesem Bereich die innerlich hellste Beziehung, wenn auch nicht unbedingt die tiefste.

 Menschen mit der Gerüstzahl 9 (durch eine 0 verstärkt) finden ihren Zugang zur Seele instinktiv. Sie haben eine mehr animalische Beziehung zur inneren Dunkelheit, weshalb sie auch selten darüber sprechen können. Aber sie verstehen, daß Tiere sich plötzlich aus der Herde zurückziehen, weil sie wissen, daß ihre Seele (und diese Lebewesen haben sicher auch eine) nicht mehr in diesem Körper bleiben will, so daß das Tier sterben muß. Dieser »natürliche« Zustand (so umstritten das Wort natürlich in diesem Zusammenhang auch klingen mag) ist diesen Charakteren innerlich tief

vertraut; wenn sie können, verhalten sie sich ebenso. Deswegen ziehen sie sich instinktiv zurück, wenn sie unsicher sind, weil sie mehr ahnend als wissend fühlen, daß ihre Seele unzufrieden ist. Die »Neuner« haben noch den gesunden Instinkt umzukehren, wenn sie auf einem wichtigen Weg mehrmals stolpern, oder sie beenden Diskussionen, wenn sie bemerken, daß sie ins Stottern geraten sind. Das Wissen, daß nicht nur Essen und Trinken Leib und Seele zusammenhält, sondern auch eine Kost (das heißt Beschäftigung) für die Seele notwendig ist, ist ein wichtiges Kapital in der Lebensweisheit dieser Menschen. Erst im Einklang mit der Seele sind bei ihnen echte Inspirationen möglich, die sogar in Hellsichtigkeit münden können. Dies ist jedoch Gnade und Last zugleich, denn das prophetische Sehen darf weder mißbraucht noch ausgenutzt, sondern muß hilfreich angewandt werden. Dies bedingt Einkehr – erst in sich selbst, dann in das All des Kosmos. Diese sehr seltene Gabe verlangt die größte Selbstdisziplin, die aber nicht aus dem Denken, sondern aus dem gesunden Instinkt erfolgen sollte.

# Bereich IX
# Die Berufungszahl

## Ermittlung und Bedeutung
## der verwendeten Gesamtnamenszahl

Die Berufungszahl wird aus dem verwendeten Gesamtnamen ermittelt. Dieser verwendete Name wird auch Gebrauchsname genannt. Diesen Namen kann jeder frei wählen. Es ist ja kein Geheimnis, daß Namen (besonders Doppelnamen) abgekürzt werden, daß andere sich einen Künstlernamen zulegen und dergleichen mehr.

Bei unserem Beispiel nannte sich etwa Heike Rike Annemarie von Gattern-Neuhaus nur:

H E I K E     R .   V O N     G A T T E R N
8 5 9 2 5     9 9     4 6 5     7 1 2 2 5 9 5 = 93
$93 = 9 + 3 = 12 = 3$
Hier finden wir also die Endquersumme 3.

Da dieser Name sowohl auf Visitenkarten wie auf dem Büro- und Namensschild verwendet wurde, gilt er auch für unsere Rechnung.

*Beim verwendeten Gesamtnamen also kann sich der Namenseigner zu einer Änderung entschließen, damit kann er das Numerologiebild verändern.*

Er kann also selbst etwas tun – ob bewußt oder unbewußt. Selbstverständlich ändert sich dadurch kein Grundcharakter vollständig, aber etwas doch. Denn jede Namensänderung erfolgt ja aus einem Grund, der vom Namenseigner auch akzeptiert werden muß. Und dieses Akzeptieren ist das Wesentliche. Wichtig ist nur, daß es sich tatsächlich um den *verwendeten* Gesamtnamen mit all seinen Bestandteilen handelt.

Da hatten wir noch den Namen: Klaus Maria Franz Josef Felsenreich. Dieser Mann nannte sich im Leben:

```
K L A U S   M A R I A   F E L S E N R E I C H
2 3 1 3 1   4 1 9 9 1   6 5 3 1 5 5 9 5 9 3 8 = 93
93 = 12 = 3
```

Wir haben also hier auch – wie beim ersten Beispiel – als Ergebnis die 3.

Falls jemand einen Titel zum Bestandteil seines verwendeten Gesamtnamens gemacht hat, wird dieser natürlich in diesem Bereich auch mitgezählt. Beispiel:

```
D I P L . - I N G .   D R .   H A N S   M U E L L E R
4 9 7 3 9 9 9 5 7 9   4 9 9   8 1 5 1   4 3 5 3 3 5 9
= 140 = 5
```

Das Ergebnis der Berechnung der Gesamtnamenszahl wird wieder im Planetennumeroskop-Bogen auf Seite 222 bei Bereich IX festgehalten.

Manche Leute lassen sich ihren Gebrauchsnamen von erfahrenen Numerologen errechnen, was übrigens mit die Hauptarbeit vieler Numerologen ist. Dazu muß der Numerologe selbstverständlich ein Gesamtnumeroskop aufstellen, denn der Gebrauchsname muß ja auch der Gesamtpersönlichkeit entsprechen.

Der Gesamtpersönlichkeit kommen wir über die übrigen Bereiche nahe. Es hat ja keinen Zweck, einem Menschen einen Gebrauchsnamen zu geben, der etwa der 40 entspricht oder gar der 10 oder sonst einer Zahl mit einer 0, wenn die anderen Bereiche dann die Erwartungen nicht erfüllen können. Hier liegt die Kunst der Numerologen, die weitgehend unterschätzt wird. Immerhin ist in diesem Bereich aktiver Eingriff möglich, der jedoch seine Gründe und Begründungen haben sollte.

Manche Schriftsteller änderten ihren verwendeten Gesamtnamen noch, nachdem sie ins sechste Jahrzehnt eingetreten waren. Der Grund: Sie hatten sich vorher nicht ernsthaft mit der Numerologie beschäftigt, dann aber waren sie davon angetan und richteten sich nach dem Zahlenwert und der Ausstrahlung einiger Zahlen. Denn jede Zahl besitzt ja eine Ausstrahlung, aber jede ist anders und individuell.

Ein technischer Sachbuchautor käme mit einer 9 als Aufgaben-zahl (die letzte aller Zahlen) oder der 9 als Berufungszahl nicht viel weiter, während ein Autor, der über okkulte Gebiete schreibt, sicher mit einer 9 als Berufungszahl richtig läge. Das gilt auch für eine Künstlerin, der eine 4 als Berufungszahl sicher gut zu Gesicht steht, weil hier Jupiter die reale Entfaltung unterstützt. Trotzdem kann weder die 9 noch die 4 willkürlich gewählt werden, weil in sich alles übereinstimmen muß. Die Berufungszahl muß ins Ge-samtbild passen und muß vor allem einen »positiven« Einfluß auf die Aufgabenzahl (die wichtigste aller Zahlen) besitzen. Es handelt sich übrigens um eine Arbeit, die Tage, ja Wochen in Anspruch nehmen kann. (Äußerst wichtig kann die Zahl für Firmen sein!) In der Findung der Berufungszahl zeigt sich die Kunst der Numerologen am deutlichsten.

## Deutungshinweise für die Zahlen 1–9

 Menschen mit der Berufungszahl 1 (durch eine 0 ver-stärkt) streben Erfolg an und haben Führungsansprü-che. Sie wollen etwas schaffen, auf das sie mit Stolz schauen können. Vorübergehende Erfolge interessie-ren sie weniger, sie wollen ganz hoch hinauf auf den Gipfel. Diese Menschen möchten – ob sie es zugeben oder nicht – Beispiele setzen, was für Frauen genauso wie für Männer gilt. Ihr innigster Wunsch ist es, von niemandem in ihrem Berufs- oder sonstigen Aufstiegsweg abhängig zu sein. Da dies die wenigsten erreichen, suchen sie sich zumindest ein Betätigungsfeld, wo ihnen keiner hineinreden kann. Finden sie dies nicht, dann werden sie im Familienkreis manchmal wirklich autoritär, denn irgendwie muß sich ihr innerer Hochmut ja ausleben.

Dieses Streben an die Spitze, verbunden mit der Überzeugung, fast als einziger den Weg dahin zu kennen, schafft ihnen nicht nur Freunde, so daß diese Menschen manchmal recht einsam sind, was sie jedoch in ihrer Überzeugung bestärkt, auf einem be-sonderen Weg zu sein. Am besten sind deshalb für sie Einzelaufga-ben, an denen sowieso nur sie und niemand anders wirken kann, geeignet. Sie wollen zudem einen starken Einfluß auf ihre Umwelt ausüben, da sie meinen, daß an ihrem Wesen die Welt genesen kann.

Aber sie sind auch bereit, sich für ihre Grundüberzeugungen einzusetzen, und wenn man sie allein läßt, dann gehen sie gerade und unbeirrt ihren Weg weiter. Sie wollen es der Welt um sich herum beweisen, und die meisten schaffen es auch (wenn in den anderen Bereichen genügend Energie vorhanden ist). Ihr Stolz trägt sie durch viele Gefahren und Anfeindungen, wobei sie sich vor Hochmut hüten sollten. Ihr Hauptantrieb ist (und wenn dies erst nach der Pensionierung erfüllt wird), nur das zu tun, was sie selbst wollen. So bewältigen sie die schwersten Aufgaben.

 Menschen mit der Berufungszahl 2 (durch eine 0 verstärkt) streben danach, alle Tiefen des Lebens auszuschöpfen, sie wollen die Welt im Urzusammenhang ergründen, wobei sie das Unbekannte geradezu magisch anziehen kann. Daneben möchten sie die richtige Ergänzung für ihren Lebenspartner sein, da sie einfach wissen, daß das Leben allein keinen Sinn hat und Einsamkeit auch nicht der Absicht des Schöpfers entsprechen kann. Ferner möchten sie anderen helfen, manchmal auch Schicksal spielen. So streben sie danach, Beraterpositionen einzunehmen.

Sie interessieren sich für die Sprache der Seele – meist über den Traum – und sind in bezug auf psychologische Probleme höchst wissensdurstig.

Sie drängen sich aber nicht in die vorderste Position. Es reicht ihnen, aus dem Hintergrund Einfluß zu haben, etwa bei Führungsmanagern die rechte Hand zu werden. Einen Posten, den sie glänzend bewältigen können. Sie engagieren sich dabei derart, daß sie oft (ein geheimer Traum von ihnen) als graue Eminenz angesehen werden. Erfolgreiches Wirken aus dem Hintergrund ist ihr Ziel, weil sie auf diesem Posten am wirksamsten tätig werden können, wobei ihnen die Arbeit an sich selbst genauso wichtig ist wie die Arbeit für andere.

Die »Zweier« können aus ihrer eigenen Sicherheit (deswegen halten sie sich oft stark zurück) anderen Sicherheit geben, was ihnen eine innere Befriedigung verschafft: So bemühen sie sich um Posten als Ghostwriter oder als Vermittler, um aus dem Hintergrund die Fäden zu ziehen. Aus diesem Holze sind die stillen Teilhaber geschnitzt, die einem Unternehmen Kraft und wichtige Impulse geben können.

 Menschen mit der Berufungszahl 3 (durch eine 0 verstärkt) sind voller Ehrgeiz. Sie wollen aber mehr, als nur die Ersten und die Besten zu sein. Sie möchten die Welt erobern, dabei den Horizont überschreiten, um zu erleben, wie es sich auch am anderen Ende der Welt lebt. Sie weichen keiner Mutprobe aus, so gefährlich sie auch sein mag. Hier finden wir die Menschen, die in den Weltraum streben, die sich als Testpiloten oder in anderen, ähnlichen Funktionen bewähren wollen.

Schon in der Jugend träumen die »Dreier« von der aufsehenerregenden, rettenden Tat. Wenn es gilt, helfend einzugreifen, dann sind diese Menschen von ihrer inneren Einstellung her dafür prädestiniert. Sie wollen dort ihren Mann stehen, wo andere nicht mehr weiter wissen und sich vielleicht hilflos im Netz von Gesetzen oder Schicksalsschlägen verfangen haben.

Diese Charaktere sind auch stets bereit, »Heldisches« zu wagen. Dabei ist das Wort »heldisch« für sie kein Schlagwort, sondern steht für eine besondere innere, tiefempfundene Einstellung. Sie gehen zwar ihren eignen Weg, möchten den aber mit anderen beschreiten. Sie wollen nur die Rammspitze sein.

Oft führt sie jedoch gerade dieser Anspruch auf einen gefährlichen Weg, weil ihre Taten leicht egozentrisch, ja egoistisch erscheinen.

Die Dreier sind leider manchmal anfällig für die erlernbare Kunst, ein Egozentriker zu sein. Jedoch riskieren sie dabei oft ihre eigene Existenz, sie wagen also nichts auf Kosten anderer. Aber erst ein riskantes Leben vermittelt ihnen die Freude am Dasein. So verlieren sie so gut wie nie den Glauben an sich, und wenn die ganze Welt darüber zusammenbrechen sollte! Sie sind besessen von dem Wunsch, das Schicksal mutig zu meistern.

 Menschen mit der Berufungszahl 4 (durch eine 0 verstärkt) streben im höheren Sinne Erfolg an. Das heißt, es darf nicht nur um das Ego, um das Ich, gehen. Die »Vierer« wollen für eine gute Sache, sei es für eine Religion, eine Überzeugung, eine Lehre, eine Weltanschauung eintreten. Im Vordergrund steht dabei stets die Erweiterung des Horizonts. Erfolge wollen sie nicht für sich erwerben, sondern sie möchten sie anderen zukommen lassen.

Sie sind bis ins hohe Alter bildungshungrig. Die Rentner-Universität könnte von ihnen ins Leben gerufen worden sein!»Auf jeden Fall über den Alltag hinauswachsen«, so könnte ihre Devise lauten. So wollen Journalisten nicht nur Reportagen für den Tag, sondern für das Leben schreiben. Autoren wollen Dichter sein, Politiker nicht nur Tagespolitiker, sondern geistige Führer. Rechtsanwälte oder Amtsrichter tun alles, um eines Tages ans Bundesverfassungsgericht berufen zu werden. Wer schult, will auch die Lehrbücher gestalten und die Richtlinien mitbestimmen. Die»Vierer« haben einen latenten Führungsanspruch, der sich jedoch weniger um das Ich dreht, obwohl dieses Ich auch nicht gerade unter den Scheffel gestellt sein will, sondern um das Wohl der Allgemeinheit.

Oft geht ihr soziales Engagement sogar so weit, daß sie nicht nur einzelnen Sündern helfen wollen, sondern sich stattdessen gleich für eine ganze Generation engagieren. Sie versuchen, alles auf eine höhere Ebene zu heben und auch alles vom persönlichen in einen allgemeinen Standpunkt zu überführen. Ein Konflikt hat Hintergründe, die es zu erfassen und aufzudecken gilt. So streben sie also weniger nach punktuellen Verbesserungen als nach einer allgemeinen Umgestaltung. Das ist allerdings auch mit der Gefahr verbunden, daß der einzelne ihnen kaum etwas gilt, wenn es um alles geht.

 Menschen mit der Berufungszahl 5 (durch eine 0 verstärkt) leben nach der Devise, daß jedes Geschehen eine ganz individuelle Ursache hat. Dies sind die Charaktere, die immer nach dem Warum fragen. So kommen sie schon recht früh dazu, mehr als andere grundsätzlich – im philosophischen Sinn – nachzudenken. Unter den »Fünfern« finden wir diejenigen, die mehr zurück als nach vorn schauen, die immer die Wurzel jedes Geschehens finden wollen. So möchten sie gerne in alte Kulturländer reisen, würden die alten Kulturen liebend gerne studieren und zum Beispiel als Archäologe tätig sein. Die Wiege der Menschheit hat es ihnen angetan, weil für sie der Mensch mit seinen Vorzügen und Fehlern nur durch die Kenntnis seiner Herkunft deut- und erklärbar ist.

Die»Fünfer« werden vom Archetypischen und Archaischen förmlich angezogen. Viele engagieren sich für Geschichtsforschung, um herauszufinden, warum einzelne Menschen wie auch die Menschheit immer wieder die gleichen Fehler machen. Die Frage, wie und woraus man lernen kann, beschäftigt sie tief, und so können sie zu den großen Denkern aufsteigen. Manchmal gebärden sie sich dann – das wäre die Schattenseite – wie humorlose Moralisten, und in der Tat neigen sie dazu, den Humor zu verlieren; zum Ausgleich werden sie eher witzig böse, ja sarkastisch. Die Vergangenheit ist für sie immer spannender als die Zukunft, zumal sie, wenn sie älter und erfahrener sind, durch ihr Geschichtsinteresse gelernt haben, daß bei allem Fortschritt die Zukunft doch nur Wiederholungen bringt. In den Weltraum wollen diese Menschen fast nie, um so mehr suchen sie zu erfahren, was sich im Kern der Erde abspielt.

 Menschen mit der Berufungszahl 6 (durch eine 0 verstärkt) streben danach, noch aus den kleinsten Dingen etwas Brauchbares zu schaffen. Insbesondere geht es ihnen um praktische, real zu verwertende Möglichkeiten, das Leben zu erleichtern. Diese Charaktere erfinden gerne und sind auf Erfindermessen zahlreich vertreten. Auch sonst streben sie stets nach neuen Lösungen. Ihre zahlreichen Verbesserungsvorschläge können eines Tages ihren Chefs auf die Nerven gehen. Aber in diesem Punkt sind sie unermüdlich. Außerdem wollen sie mit anderen reden und Gedanken austauschen. Diskussionen und nächtelange Gespräche können fast zu einer Leidenschaft werden. Allerdings darf eine Diskussion nicht ins Uferlose gehen, auch hier sollte alles verwertbar und praktisch umsetzbar sein.

Diese Charaktere schätzen das einleuchtende Argument und die Logik. Dabei interessiert sie weniger eine Weltanschauung oder eine Religionsrichtung. In den kleinen Dingen liegt für sie die Wahrheit, und sie lehnen die Menschen ab, die nur das letzte Ziel sehen, dabei aber die Stolpersteine des Lebens mißachten.

Es kommt ihnen sehr auch auf die Kleinigkeiten an. So erheben sie oft das Nützliche zum Prinzip. Während andere sich mit der vollständigen Ausnutzung der Nuklearkräfte beschäftigen, konstruieren die »Sechser« ein praktisches Einkaufsgefährt, mit dem ein Rentner die Waren ohne Fahrstuhl gut in den dritten Stock eines Hauses heraufzuschaffen vermag. Es geht also mehr um die unmittelbaren Hilfen, die in ihren Augen weit mehr Nutzen bringen als große Zukunftsvisionen. Den Keller mit Sonnenlicht zu erhellen erscheint diesen Menschen wichtiger als eine neue Weltanschauung zu predigen, mit der in den nächsten Jahrzehnten doch kaum einer etwas anfangen kann.

 Menschen mit der Berufungszahl 7 (durch eine 0 verstärkt) streben danach, das Durchschnittliche zu überwinden. Nun, das möchten viele. Diese Charaktere aber sehnen sich nach »außerirdischer« Freiheit, um dies einmal kraß zu formulieren. Im Grunde möchten sie weg von diesem Stern und sich hoch in den Kosmos erheben. Wenn es nach ihnen ginge, dann hätten alle Menschen Flügel. Da dies aber nicht so ist, würden manche von ihnen sich schon morgen für eine Reise zum Mond anbieten, andere mieten sich regelmäßig ein Segelflugzeug, etliche beginnen zu dichten. Aber es gibt unter den »Siebenern« auch welche, die sich in Trance versetzen lassen, die die Seele soweit trainieren, daß diese den Körper verläßt, um weit hinaus zu fliegen, während der Körper zu Hause schläft. Diese Charaktere finden den Planeten Erde zu eng, zu klein, das Denken auf ihm zu penibel, sie suchen andere Welten. So sind sie stets um neue Erkenntnisse bemüht, ob diese nun zu dem Kulturraum, in dem sie geboren wurden und leben, passen oder nicht. Guru-Jünger dürften hier genauso zu finden sein wie Menschen, die das irdische Glück gering einschätzen.
Die »Siebener« hätten nichts dagegen, wenn viermal im Jahr Karneval wäre, daß man sich maskiert und verkleidet so geben kann, wie einem zumute ist. An einer grundsätzlichen Weltverbesserung sind sie dabei nicht einmal interessiert, ihnen genügt es, erst einmal alles auf den Kopf zu stellen.
In jedem »Siebener« – ob weiblich oder männlich – kann man einen Narren, einen Schalk, einen Till Eulenspiegel spüren. Die Welt ist für sie nur eine Satire wert! Das möchten sie zum Kummer ihrer Umwelt allen am liebsten ins Stammbuch schreiben! Sie graben andern gern eine Grube, in die sie aber vielfach selbst hineinpurzeln.

 Menschen mit der Berufungszahl 8 (durch eine 0 ver-
stärkt) sehen ihre Berufung einfach darin, das Leben
zu lieben und andere wie sich selbst durch Liebe
glücklich zu machen. Sie erfahren dann meist schnell,
wie schwer sich dieser Vorsatz verwirklichen läßt. Aber sie
bemühen sich darum, möglichst niemandem weh zu tun und dies
auch dann, wenn sie selbst (was durch andere Bereichszahlen
deutlich werden müßte) sehr kritisch veranlagt sind. Oft haben
gerade die »Achter« in der Kindheit manch schmerzvolle Erfahrung gemacht, die sie dann nicht mehr vergessen können, was
jedoch ihren Wunsch, Liebe zu bekommen und zu geben, oft
ungemein verstärkt.

Da Liebe auch etwas mit Dienen zu tun hat, sind die »Achter« bereit, Pflichten auf sich zu nehmen, zumal sie den Glauben an eine
ausgleichende Gerechtigkeit kaum verlieren. Dabei spielt es
keine Rolle, ob sie da recht bekommen, wo sie es erwarten, oder
ob sie Genugtuung von einer völlig anderen Seite her erfahren.
Sie wissen, es gibt eine höhere Gerechtigkeit, der sie einfach
vertrauen, mag diese im Himmel oder in der Hölle (wo dann die
Sünder hinfahren) liegen.

Ein weiterer Berufungswunsch, der viele »Achter« erfüllt, ist der
nach Kunsterlebnis oder gar Kunstgestaltung. Dabei braucht dies
nicht einmal beruflich zu sein, aber ein Schönheitssinn wird sich
stets bemerkbar machen, ob in der Mode oder in der Gestaltung
der eigenen vier Wände. Das Schöne wird angestrebt, und wenn
dies teuer ist, dann wird eben dafür gearbeitet. Diese Menschen
würden auch gerne gütig sein, was ihnen aber nicht so sehr
gelingt, weil ihre persönlichen Ansprüche meist doch zu hoch
geschraubt sind. Bei allem aber lieben sie die Harmonie, und sie
sehnen sich nach innerer Ruhe.

 Menschen mit der Berufungszahl 9 (durch eine 0 ver-
stärkt) streben danach, das Unbegreifliche zu er-
fassen und zu ergründen. Das Okkulte zieht sie wie ein
mächtiger Magnet fast unwiderstehlich an. Selbst die
»Neuner«, die das nicht zugeben, verraten sich, indem sie okkul-
tes Denken vehement, ja fast feindselig ablehnen. Alles Undurch-
schaubare möchten diese Menschen durchsichtig machen, es
treibt sie, »den Schleier der Maja zu lüften«. So beschäftigen sie

sich nicht nur mit Mystik, sie studieren sie bis zur letzten freien Minute des Tages. Sie sehnen sich weniger nach realen Erfolgen als danach, auf dem Weg der Erkenntnis einen Schritt weiterzukommen.

Sie erforschen die Zauberkräfte der Schamanen oder anderer Medizinmänner, widmen sich dem Studium alter magischer Bücher des Mittelalters, und sie fühlen sich von Logen und Orden stark angezogen. Sie suchen die Gesetze, die der Verstand nicht begründen kann, aber nach denen sich die Erde trotzdem dreht. Das karmische Gesetz, aber nicht im Sinne von Schuld und Sühne, sondern mehr in der Ausrichtung, was denn vor diesem Leben war und was nach diesem Leben kommt, übt eine große Faszination auf sie aus. Manche laufen Gefahr, ihre Seele dabei dem Teufel zu verschreiben, wenn sie nur so ergründen könnten, was andere vergeblich vor ihnen gesucht haben. Alchemie interessiert sie, wie auch jeder Verwandlungszauber, der einen Sinn hat, während sie billige magische Tricks als Gauklerallüren ablehnen.

Sie schweben aber in der Gefahr, ein »Zauberlehrling« zu werden und damit die Kräfte, die sie riefen, nicht mehr loszuwerden, auch wenn diese dann verderbliche Einflüsse auf sie und ihre Umwelt ausüben. Aber all dies nehmen sie in Kauf – oft bis zur Selbstschädigung –, wenn sie den Vorhang des geheimnisvollen Tempels nur ein wenig lüften dürften!

# Bereich X
# Die Außenweltzahl

## Ermittlung und Bedeutung der Gesamtgeburts- datums- plus Gesamtnamenszahl

Bei dieser Zahl geht es in der Numerologie um die Ausdeutung der Außenweltstellung. Das heißt: Wie kommt jemand in der Außenwelt an? Welche Erfolgsaussichten (als junger Mensch wichtig) habe ich, wie wirke ich, wie werde ich anerkannt? Oder: Wo erwarte und erhoffe ich zuviel? Bin ich überhaupt auf dem richtigen Weg? Es dürfte ja schon deutlich geworden sein, daß zum Beispiel die Zahl 1 und die Zahl 2 im Grunde genommen konträr sind, also Gegenteiliges aussagen, weil die 1 das Bewußte repräsentiert, die 2 das Unbewußte, und dies zeigt sich im Leben – wie Psychologen wissen – oft sehr gegensätzlich.

Unser Leben wird aber nicht nur von uns selbst gesteuert. Oft bewirken etwa Einflüsse von Eltern oder Erziehern, deren Vorstellungen man erfüllen will, einen Weg in die Außenwelt, die dem Charakter des Betreffenden gar nicht entsprechen. Hier sollte man auf die Außenweltzahl schauen, weil dies auch wichtig für die Berufswahl sein kann, da ja die Stellung im Beruf meist mit der Stellung in der Außenwelt identisch ist.

Errechnen läßt sich diese Zahl ganz einfach, weil hier nur zwei Quersummen addiert werden müssen. Und zwar die Quersummen der Bereiche III (also die Zahl des Gesamtgeburtsdatums) und IX (Zahl des verwendeten Gesamtnamens).

Beispiel: Im Bereich III (Alltagszahl) hatten wir für das Datum 29. 2. 1952 (ein Schaltjahr übrigens) die Endzahl 8. Für Heike R. von Gattern im Bereich IX (verwendeter Gesamtname) die Endzahl 3. So addieren wir 8 + 3, was 11 ergibt. 11 hat die Quersumme 2. Damit ist die 2 die Außenweltzahl.

Im zweiten Beispiel hatten wir die Alltagszahl 6 (Bereich III) und die Berufungszahl (Bereich IX) 3, was die Außenweltzahl 6 + 3 = 9 ergibt.

Diese Zahl wird wieder im Planetennumeroskop-Bogen auf Seite 222 bei Bereich X notiert.

# Deutungshinweise für die Zahlen 1–9

 Menschen mit der Außenweltzahl 1 (durch eine 0 verstärkt) stellen im Beruf wie in der Außenwelt etwas dar, ja, sie wollen sogar glänzen. Ihr Auftreten ist dementsprechend voller Selbstbewußtsein und das auch dann, wenn es gilt, Niederlagen einzustecken oder zu verkraften. Meist erreichen diese Menschen irgendwann und für irgendeine Zeitspanne eine Führungsposition, und es liegt dann allein an ihnen, ob sie diese ausbauen können oder aufgeben müssen. Die »Einser« haben zu lernen, daß es im Grunde nur auf sie selbst ankommt, wie sich ihr Leben gestaltet. Sie dürfen also nicht andere, die Umstände oder das Schicksal verantwortlich machen, wenn es nicht so gut läuft, wie sie es sich vorgestellt haben. Geht alles glatt, dann betonen sie sowieso, daß sie es waren – ganz allein auf sich gestellt –, die das Schicksal gemeistert haben! Diese Menschen haben meistens eine sehr sonnige, optimistische Ausstrahlung, aber man wird sie auch oft als recht autoritär empfinden!
Sie sind nicht so einfach um den Finger zu wickeln, sie weisen den Weg, daher lassen sie sich nur höchst ungern und meist widerwillig führen. Eine ihnen unwürdige Behandlung, die sie ertragen müssen, vergessen sie nie! Wenn man sie zu Unrecht gekränkt hat, ruhen sie nicht eher, bis eine Wiedergutmachung erfolgt und ihre Ehre (darum geht es ihnen meist) wieder hergestellt ist. Fehler sehen sie selbst nur sehr schwer ein; aber wo es drauf ankommt, finden sie die Kraft, sich auch mal zu entschuldigen. Im Grunde erwarten sie von den anderen, daß sie ihnen zuerst die Hand zur Versöhnung reichen. Insgesamt steckt in diesen Menschen eine große Führungskraft, der man vertrauen kann.

 Menschen mit der Außenweltzahl 2 (durch eine 0 verstärkt) engagieren sich mit Herz und Seele für eine Sache, ganz besonders dann, wenn positive persönliche Bindungen hierbei eine Rolle spielen. Also vielleicht eine Bindung zu Eltern oder Kindern oder zu den Lebenspartnern. Wenn ihnen jedoch eine Arbeit gegen den Strich geht, dann können sie sich noch so sehr mit dem Willen bemühen, es wird nichts daraus, denn sie sind leider (oder zum Glück) sehr

von ihrer Grundstimmung abhängig. Eine schlechte Laune läßt sie schnell alles hinwerfen, aber eine himmelhochjauchzende Stimmung mobilisiert in ihnen unerwartete Kräfte. Dabei kommt es ihnen weniger auf die Karriere als auf das Menschliche an. Ist die Atmosphäre gestört, dann sollte der Beruf gewechselt werden. So ähnlich verhält es sich in der Stellung der »Zweier« zur Außenwelt. Sie werden einmal geliebt, dann wieder völlig abgelehnt. Kaum eine andere Zahl des zehnten Bereichs ruft so viele gegensätzliche Empfindungen auf den Plan wie die Zahl 2! Hinzu kommt, daß diese »Zweier« sehr viel auf das Zusammengehörigkeitsgefühl setzen. Mit »Fremden« können sie nicht. Man muß sich kennen, verstehen und irgendwie schätzen gelernt haben. Eigene Fehler zuzugeben fällt ihnen leicht, aber sie erwarten auch von anderen, daß sie einlenken, wenn sie etwas verbocken.

Sind diese Charaktere in eine Führungsposition aufgestiegen, so verbreiten sie erst einmal Vertrauen. Unter ihren Fittichen sollen sich alle wohlfühlen, selbst wenn die Geschäfte darunter etwas leiden müßten. Sie suchen und geben Vertrauen. Bei ihnen kann jeder seine Kümmernisse loswerden, was viel dazu beiträgt, daß diese Menschen letztlich angesehen sind und zu Recht geschätzt werden.

 Für Menschen mit der Außenweltzahl 3 (durch eine 0 verstärkt) ist der Ehrgeiz die Triebfeder, um etwas zu gelten. Der Wille, nach oben zu kommen, scheint nicht bremsbar. Das sind die Menschen, denen man oft nicht zutraut, daß sie es schaffen. Sie haben nicht immer die Ausstrahlung, die man Siegern zuschreibt, sie wirken manchmal eher unbedeutend. So werden diese Charaktere sehr unterschätzt. Passiert ihnen dies, dann wird dadurch ihr Antriebswille noch mehr verstärkt!

Meist können die »Dreier« nicht verlieren, weswegen sie sich auch verhältnismäßig viele Feinde machen. Sie wollen stets auf dem richtigen Dampfer sitzen – und dort auf der Kapitänsbrücke. Sie verbreiten einen scharfen Wind! Wenn sie Chef werden, dann kehrt wirklich ein neuer Besen, ob immer gut, ist allerdings die Frage, aber er fegt radikal das hinaus, was sie nicht mögen oder als hinderlich betrachten. Ihre Zielstrebigkeit ist optimal, und das kann ein ganzes Team mitziehen.

Aus dem Vorsatz, alles ganz besonders gut zu machen, kommt aber leicht der Fehler der Übertreibung. Diese Menschen schweben in der Gefahr, alles nur von ihrer Warte und nur aus einer Richtung zu sehen. Sie sind vergleichbar mit rassigen Rennpferden, denen man Scheuklappen angelegt hat, damit sie nicht abgelenkt werden. So erreichen sie viel, aber meist nicht das, was sie anstreben, nämlich die allerobersten Positionen. Für diese zeigen sie sich nicht gelassen genug, wobei Ausnahmen die Regel kurzfristig ad absurdum führen können. So legen die »Dreier« eine Härte an den Tag, die ihnen oft übelgenommen wird, aber das nehmen sie in Kauf. Übrigens lieben sie ihre persönliche Freiheit über alles, und sie verabscheuen nichts mehr als Routine.

 Menschen mit der Außenweltzahl 4 (durch eine 0 verstärkt) verfügen über wahre Führungsqualitäten, selbst wenn sie nicht sehr viele fachliche Qualifikationen besitzen. Aber diese Menschen haben den großen Überblick. Sie schauen über den Rand des Tellers, und sie können bestens koordinieren. So werden sie – ob sie nun praktisch eine Führungsposition einnehmen oder nicht – immer wieder vor wichtige Entscheidungen gestellt. Und sie haben den Mut zu entscheiden! Dabei sind sie sogar meist höchst sachlich.

Diese Charaktere wirken jovial, obwohl sie innerlich recht »cool« sein können, was oft nicht unwichtig ist. Als Arbeitgeber beraten sie ihre Angestellten und Arbeiter. Sind sie selbst ein Arbeitnehmer, dann schaffen sie es, daß ihr Rat gefragt ist, weil sie in jeder Position den Gesamtüberblick behalten.

Ein weiteres Positivum ist ihre Fähigkeit zu lachen, wobei sie auch über sich selbst lächeln können. So vermitteln sie den Eindruck, als nähmen sie sich selbst nicht so wichtig. Zwar handelt es sich hier häufig um eine gekonnte Schauspielerei, aber der Eindruck ist angenehm, so daß jeder glaubt, mit diesen Menschen gut auskommen und reden zu können.

Die »Vierer« haben Freude an der Erweiterung, an der Expansion. Sie investieren gerne – was sowohl für das Menschliche wie für das Materielle gilt. Große Opfer allerdings wird man von ihnen nicht erwarten dürfen. Werden solche verlangt, dann streben sie ein Gemeinschaftsopfer an. Dafür fördern sie das Mitdenken und die allgemeine Leistungsbereitschaft.

 Menschen mit der Außenweltzahl 5 (durch eine 0 verstärkt) betrachten ihr Leben und dessen Wirkung nach außen als Prüfung für sich selbst, um die eigene Existenz auf dem Planeten Erde zu begründen. So sind diese Menschen bereit, hart ins Geschirr zu gehen. Sie scheuen keine Schwierigkeiten, weichen keinen Hindernissen aus und erhöhen sogar die Anforderungen an sich selbst ständig. So schwer das Leben oft sein mag, Entmutigung ist ein Fremdwort für diese Charaktere. Als Vorgesetzte sind sie knapp und präzise, und sie bewerten nur die Leistung. Auf lange Diskussionen lassen sie sich nicht ein, weil sie Debatten, die länger als fünf Minuten dauern, für überflüssig halten. Wer ihnen lange Briefe in dienstlichen Angelegenheiten schreibt, ist nicht gut beraten. Sie selbst stehen auf dem Standpunkt, was nicht in sechs Zeilen formuliert werden kann, geht am Kern einer Sache vorbei. So zwingen sie ihre Mitarbeiter zur Konzentration auf das Wesentliche. Als Chefs oder in anderen Führungspositionen sind sie Meister im Rationalisieren und erreichen damit den größten Gewinn. Die »Fünfer« lieben Knappheit und Zuverlässigkeit, sie schätzen Pünktlichkeit, wobei auch ein Zufrühkommen für sie Unpünktlichkeit ist. Sie wollen sich auf ein Wort verlassen können.

Meist sind sie als zu traditionell verschrien, wie sie überhaupt keinen sehr guten Ruf haben, solange sie im Amt sind. Haben sie »endlich« ihren Sessel geräumt, trauert man ihnen plötzlich nach und spricht von der alten Schule, die hier noch (ob durch Frau oder Mann) repräsentiert wurde. Ihr Einsatz ist unermüdlich, auch im hohen Alter, zumal diese Leute das Arbeiten in der Einsamkeit durchaus zu schätzen wissen.

 Menschen mit der Außenweltzahl 6 (durch eine 0 verstärkt) erringen ihr Ansehen durch ihre praktische Lebensbewältigung. Dadurch wirken sie zunächst einmal patent. Das sind doch Menschen, mit denen man von gleich zu gleich reden kann! Bei den »Sechsern« begegnet man den klugen Köpfen, die nicht gerade mit großen Ideen zu glänzen scheinen, aber die auf alles eine Antwort wissen. Dabei können sie durchaus auch glänzende Einfälle produzieren, aber

diese Ideen werden eben als Selbstverständlichkeiten und nicht als einmaliger Genieblitz verkauft.

Diese Charaktere haben fast immer ihr Denken auf die Gegenwart gerichtet. Die Vergangenheit ist bewältigt, man hat seine Lehren daraus gezogen – nun gut. Die Zukunft wird sich ergeben. Wichtig ist die Gegenwart, sie hat der Ausgangs- und Mittelpunkt des Denkens und Handelns zu sein.

So stimmt bei diesen Menschen fast immer die Bilanz, weil sie sich keinen Illusionen hingeben, aber auch nie soviel gewagt haben, daß sie Belastungen aus Jahrzehnten mit sich herumschleppen müssen.

Arbeit schändet nicht, also packen sie zu, aber sie wollen sich auch nicht totschuften und haben Zeit für andere. Sie suchen Seminare auf und sind gerngesehene Gäste, die ihren Beitrag zur allgemeinen Diskussion liefern. Ein auffallendes Auf und Ab gibt es in ihrer beruflichen Bilanz auch deshalb nicht, weil sie sich selten auf andere verlassen und wenn, dann haben sie über den Einsatz der Mitarbeiter ganz konkrete Vorstellungen, auf deren Einhaltung sie stets achten. Kurz: mit ihnen macht man gerne Geschäfte. Sie gehen strikt ihren Weg, ohne Eigenbrötler zu sein. Auch hier wählen sie den guten Mittelweg.

 Für Menschen mit der Außenweltzahl 7 (durch eine 0 verstärkt) verändert sich die Außenstellung ständig. Sie selbst sind sehr unruhig und immer wieder unterwegs. Man weiß nicht, fliehen sie vor der Beständigkeit oder vor der Routine? So fangen sie immer wieder neu an, müssen sich also immer wieder eine Stellung in einem fremden Kreis schaffen. Ihr Vorteil: Stillstand gibt es für sie nie. Sie bleiben innerlich lange jung, so daß sie Generationsprobleme gut verstehen, ja überbrücken können.

Alles Neue fasziniert sie, und so sind diese Menschen auch sehr von der Technik angetan. Ihre Stärke liegt in der intuitiven Einstellung auf Veränderungen. Überraschungen gibt es für sie so gut wie keine, und wenn diese trotzdem eintreten, dann zeigen sie sich zumindest wenig davon berührt. Das Wechseln von einem Ufer zum anderen fällt ihnen nicht schwer.

Allerdings verstehen sie es, Überraschungen auszulösen, und das wiederum erleichtert es ihnen nicht gerade, ihre Stellung in der Außenwelt zu festigen. So ist das Echo auf diese Charaktere sehr unterschiedlich. Für Chefs mag es wichtig sein, daß die »Siebener« keine Arbeit gut ausführen können, die stets im gleichen Rhythmus abläuft oder die sie acht Stunden am Tag an einen einzigen Stuhl bindet. Sie brauchen Bewegung und Abwechslung wie das tägliche Brot. Dann erst laufen sie zu großer Form auf, dann haben sie Ideen, die manchen Geschäftsablauf völlig aus der Bahn werfen können – und dies zum Vorteil des Geschäfts. Für neue Anstöße, Impulse und auch überraschende Denkanstöße sind diese Menschen allemal gut – das macht sogar einen Teil ihres Wertes aus.

 Menschen mit der Außenweltzahl 8 (durch eine 0 verstärkt) verschaffen sich ein ganz besonderes Ansehen, weil sie sich stets sehr diplomatisch und taktvoll verhalten. Ihr Harmoniebedürfnis tragen sie in die Außenwelt hinein, indem sie mit gutem Beispiel vorangehen. Den »Achtern« stehen viele Berufe offen, ob es sich um künstlerische Möglichkeiten handelt, um Berufe in der Modebranche oder Berufe in diplomatischen Diensten, in der Kosmetik, in Haarstudios oder in der Grafik. Und wenn so ein Beruf nicht in Frage kommt, dann werden diese Menschen versuchen, immer eine künstlerische Note mit in ihren Beruf einzubringen. So ist der Arbeitsplatz sehr geschmackvoll ausgestattet, und Blumen sind fast immer in der Nähe.

Diese Charaktere pflegen den Teamgeist ganz besonders stark, wie sie auch sehr gut Menschen zueinander führen können, die zusammengehören. Fast immer sind sie beliebt, zumindest machen sie auf den ersten Blick einen guten Eindruck. Ihre Freundlichkeit, die dabei sehr distanziert sein kann, schafft erst einmal ein wohlwollendes Klima, das manche Annäherung erleichtert. Wenn man ihnen sehr unfreundlich und unverdientermaßen barsch und von oben herab begegnet, können diese »Achter« jedoch leicht in eine depressive Stimmung kommen, weil so ihr innerliches Gleichgewicht erschüttert wird.

Gegen Launen und Unwirschheit sind sie fast machtlos, zumal sie ein Sichgehenlassen in dieser Beziehung für einen Mangel an Kultur halten. Wenn das Arbeitsklima oder auch das im Freundeskreis unharmonisch wird, verschwinden sie, weil sie wissen, daß jetzt üble Nachrede und Intrigen aufkommen. Diese hassen sie, aber leider zeigen sie sich ihnen gegenüber völlig machtlos, so daß sie bei Kabalen einfach das Feld räumen sollten. Oft werden sie in ihrer Freundlichkeit für kindisch-naiv gehalten, dabei stehen sie auf einer höheren Kulturstufe als die meisten Menschen um sie herum.

 Menschen mit der Außenweltzahl 9 (durch eine 0 verstärkt) haben im Grunde einen sehr guten Instinkt für ihren Aufstieg oder für ihre Möglichkeiten. Sie gehen an diese Dinge mit einer fast naiven Natürlichkeit heran, so wie junge Tiere wissen, wo es etwas zu fressen und zu trinken gibt. Das Problem für die »Neuner« ist die verkehrte, zu intellektuelle Welt von heute. Den Winkelzügen, den programmatischen Taktiken können diese Menschen schwer folgen, das ist ihnen zu kompliziert und erscheint ihnen zu widernatürlich. So finden sie sich da am wenigsten zurecht, wo der harte Konkurrenzkampf mit Ellenbogen und anderen spitzen Waffen geführt wird. Dabei wissen diese Leute recht gut, zur richtigen Zeit das Rechte zu tun, nur stoßen sie damit meist auf verständnisloses Kopfschütteln.

Da sie – wenn sie jemand sehen – spontan (was früher durchaus richtig war) auf ihn zugehen und ihn ansprechen, erregen sie Verwunderung, denn die wichtigen Leute von heute haben doch einen Terminkalender, von dem das Leben bestimmt wird und nicht vom Zufall.

So entstehen durch ihre natürliche Art Mißverständnisse, deren Ausräumung sich oft als schwierig erweist. Meist handeln dann die »Neuner« wiederum instinktiv richtig, indem sie sich zurückziehen, was auch nicht immer konform erscheint. Das heißt: Diese Menschen benehmen sich für die Welt unserer Tage zu natürlich, zu selbstverständlich.

Ihre Umgebung bereichern sie mit besten Hinweisen und Anregungen, so daß sie meist sehr geschätzt und bewundert werden. Auch haben sie häufig eine gute Witterung für kommende Trends. Als Seismograph könnten sie treffende Voraussagen machen!

# Bereich XI
# Die Sozialzahl

## Ermittlung und Bedeutung der Mittel- und Kosenamenszahl

Die Sozialzahl wird aufgrund der nichtverwendeten Mittel-, Doppel- und Kosenamen ermittelt. Auch auf die Endzahl dieses Bereiches kann der Zahlenträger oder sein Numerologe einen gewissen Einfluß nehmen, das hängt mit der Wahl seines verwendeten Gesamtnamens zusammen (Bereich IX). Außerdem ist dies ein Bereich, wo zum ersten Mal eine 0 als einzige Ziffer (sie ist ja allein keine Zahl) erscheinen kann, was sogar sehr häufig vorkommt, immer dann nämlich, wenn keine Mittel- oder Kosenamen vorhanden sind! Wenn jemand nur Ilse Krüger heißt und keinen Kosenamen bekommen hat, der wirklich in das Alltagsleben integriert wurde, bleibt es eben dabei, daß der Taufname auch der verwendete Gesamtname ist – dann gibt es keine Mittelnamen, so daß für den Bereich XI die 0 eingesetzt wird.

Der Kosename kann im Numeroskop an zwei Stellen erscheinen. Da wurde ein Mädchen, das den Vornamen (nach dem Paß) Ingrid trägt, immer Heidi gerufen. Dies hatte sich durch Geschwistermund in den ersten Jahren nach der Geburt ergeben. Zuerst übernahmen die Eltern diesen Namen, dann wurde die »Ingrid« in der Schule »Heidi« gerufen. Das taten auch die ersten Freunde und… und… und. Noch im Alter von 40 Jahren hieß sie bei Bekannten und Verwandten nur Heidi. Selbst auf Visitenkarten druckte sie diesen Namen, da er ihr vertrauter war als der Taufname. In einem solchen Fall muß selbstverständlich dieser Kosename »Heidi« auch beim verwendeten Gesamtnamen auftauchen. Dann muß hier im XI. Bereich Ingrid als nichtverwendeter Name gewertet werden.

Wenn die Namensträgerin mit Mitte 40 den Namen Heidi aber ablegt und sich offiziell wieder Ingrid nennt, muß der Taufname Ingrid nun über den verwendeten Gesamtnamen miteinbezogen, der Kosename Heidi aber jetzt im XI. Bereich gerechnet werden, denn im Firmenschild erschien jetzt »Ingrid«, während sie die Familie weiter mit dem Kosenamen »Heidi« ruft.

Unter Freunden oder im Betrieb sind Abkürzungen oft auch Ausdruck von Sympathie oder Antipathie. Auch diese Namen fallen unter den Begriff der Kosenamen. Wenn ein Vorgesetzter, der Matthiesen heißt, nur »Matti« genannt wird, dann muß das als nichtverwendeter Kosename gerechnet werden:

M A T T I
4 1 2 2 9 = 18 = 1+8 = 9.

Wird dagegen jemand stets (oder überwiegend) nur »Chef« gerufen, dann rechnen wir:

C H E F
3 8 5 6 = 22 = 2+2 = 4.

Ein Kollege wird aus Ironie nur »Mümmelmann« gerufen.

M U E M M E L M A N N
4 3 5 4 4 5 3 4 1 5 5 = 43 = 7.

Dies wird als nichtverwendeter (nicht verwendet in Bezug auf den Gebrauchsnamen) Kosenamen eingetragen, da der ganze Großbetrieb (über 2 000 Mitarbeiter) ihn nur so rief.

Es gilt die *Anrede,* nicht etwa ein Name, der nur als Bezeichnung, aber nicht als Anrede gebraucht wird. So werden viele Seniorchefs »Der Alte« genannt. Dies gilt nicht, weil niemand diesen Mann mit »Der Alte« anspricht. Auch bei privaten Kosenamen muß man aufpassen. So ist es ein Unterschied, ob jemand »Affe« oder »Äffchen« genannt wird.

A F F E ergibt:
1 6 6 5 = 18 = 9,
A E F F C H E N jedoch:
1 5 6 6 3 8 5 5 = 39 = 3 + 9 = 12 = 3.

Wird mal »Affe«, mal »Äffchen« gebraucht, ist es wichtig, welches Wort Freunde oder Kollegen häufiger benutzen.

Und so ähnlich verhält es sich bei den nichtverwendeten Mittel-

namen. Wir haben ja hier ein Beispiel. Die Dame, die wir berechnen, heißt: Heike Rike Annemarie von Gattern-Neuhaus. Der verwendete Gesamtname lautet: Heike R. von Gattern. Nicht verwendet wird folglich:
vom Wort Rike die Buchstaben ike
der Mittelname: Annemarie
und vom Nachnamen: Neuhaus
Wir berechnen also:

I K E  A N N E M A R I E  N E U H A U S
9 2 5  1 5 5 5 4 1 9 9 5  5 5 3 8 1 3 1 $= 86 = 14 = 5.$

In unserem zweiten Beispiel eines Mannes mit Namen Klaus Maria Franz Josef Felsenreich wurde nur der Name Franz Josef nicht verwendet. Die Rechnung lautet folglich:

F R A N Z  J O S E F
6 9 1 5 8  1 6 1 5 6 $= 48 = 12 = 3.$

*Nicht* gezählt werden intime Kosenamen, wie sie unter Liebes- oder Ehepaaren üblich sind, denn diese Namen gehen nicht ins Alltagsleben über. Wenn dies der Fall sein sollte, dann müßten sie selbstverständlich mitberechnet werden.
Die so ermittelte Quersumme wird auf Seite 222 bei Bereich XI notiert.
Was bedeuten nun die im verwendeten Gesamtnamen nicht verwendeten Namensbestandteile? Mittelnamen sind – wie schon ausgeführt – meist von Eltern aus Erinnerungsgründen mitgegebene Namen von älteren oder verstorbenen Verwandten, die so im Namensträger weiterleben sollen. Kosenamen sind entweder Liebes-, manchmal aber auch Spottbezeichnungen. Die Namen, die nun – aus welchen Gründen auch immer – abgelegt (damit meist auch innerlich abgelehnt) werden, symbolisieren eine Beschränkung auf das Wesentliche. Das heißt, der Namensträger entledigt sich der ihm auferlegten Bürden, womit unbewußt ein persönliches, manchmal egozentrisches Verhalten zum Ausdruck kommt, da man mit der Familie nichts mehr zu tun haben will oder nichts mehr mit seiner Kindheit, was besonders die Kosenamen betrifft. Mehr oder weniger spiegelt sich also darin ein soziales Verhalten wider, und meist auch eine veränderte

Grundsituation, die in Beziehung zur Umwelt gesehen werden muß. Der Abschied von der Kindheit (Kosenamen) kann ein wesentlicher Einschnitt sein, der auch das allgemeine Verhältnis zu Freunden und Kollegen völlig auf den Kopf stellen kann. Etwa, wenn jemand Karriere gemacht hat und nun von seiner Vergangenheit nichts mehr wissen möchte. Diese Fälle gibt es häufiger, als viele es sich vorstellen können. So weist die Quersumme der nicht verwendeten Mittel-, Doppel- und Kosenamen auf die soziale Grundeinstellung hin. Dies gilt auch dann, wenn kein Mittel- oder Kosenamen vorhanden ist. Denn dies zeigt, daß die Eltern nur an das Kind, nicht an Verwandte gedacht haben, als sie ihm nur einen Vornamen gaben. Oder daß dieser Mensch nie so beliebt wurde, daß man ihn auch mit Worten liebkosen wollte. Oder daß der Namensträger sich gegen Verniedlichungen zur Wehr setzte. Deshalb kann in diesem Bereich auch die 0 als Ergebnis auftauchen.

## Deutungshinweise für die Zahlen 0–9

Menschen mit der Sozialzahl 0 sind häufig nicht gerade vorbildlich sozial eingestellt. Sie sehen schon erst einmal zu, wo sie selbst bleiben. Nur darf daraus nicht geschlossen werden, daß sie unsozial wären. Ihre soziale Einstellung ist abhängig von ihrer Lebenserfahrung, die schon früh in der Kindheit einsetzen kann, und von ihrem Grundgewissen. Aber da diese Menschen sich meist auch im Leben allein (und dies oft sehr tapfer) durchschlagen, kommen sie so schnell gar nicht auf die Idee, andere könnten ihre Hilfe brauchen, weil sie ja selbst ihre Umwelt auch kaum um Unterstützung bitten. So beurteilen diese Menschen ihre Sozialhaltung erst einmal nach den eigenen, subjektiven Lebenserfahrungen. Sie argumentieren öfters damit, daß sie selbst »in so einer Lage« so und so gehandelt hätten. Und sie übertragen das, was für sie machbar war, auf andere, die das also auch können müssen.
Dafür sind sich die »Nuller« über die Folgen ihrer Haltung durchaus im klaren; und meist sitzt in ihnen zusätzlich noch ein recht bedeutender Stolz, der es ihnen – vor sich selbst – einfach nicht gestattet, vor anderen ihre eigene schlechte Lage auszubreiten. Lieber hungern sie, lieber leiden sie, lieber ziehen sie sich von der

Bildfläche zurück. So gelten sie im Kollegen- oder Freundeskreis als Einzelgänger, und sie selbst sehen sich sogar oft als Eigenbrötler, was Partnerschaften problematisch machen kann. Die Gefahr für die »Nuller« ist also, daß sie zu sehr von sich auf andere schließen oder meinen: »Wie ich denke und handle, so denken doch im Grunde alle und handeln auch danach.« An diesem möglichen Grundirrtum knabbern sie lange herum, und erst ab der Lebensmitte hat sie die Erfahrung gelehrt, daß andere auch anders zu handeln und zu denken vermögen.

 Menschen mit der Sozialzahl 1 (verstärkt durch eine 0) verhalten sich meist dann sozial, wenn damit keine Einschränkung der persönlichen Freiheit verbunden ist. Dies heißt, wenn sie ihren Weg ohne allzu große Belastung oder Einschränkung weitergehen können, dann denken sie auch an die anderen. Allerdings würden sie nie bewußt unsozial handeln, denn sie wissen schon, daß jeder in dieser Welt auf den anderen angewiesen sein könnte. Es geht nur um das Engagement schlechthin. Die »Einser« tun das Notwendigste, und damit hat es sich im Grunde.

Auch im Freundeskreis fühlen sie sich eigentlich nur dann wohl, wenn sie die Ersten unter Vielen sind. Deswegen schaffen sie sich manchmal Kreise, über die Außenstehende nur den Kopf schütteln können, da sie denken, so tief kann sich doch niemand unter sein Niveau begeben! Aber diese Charaktere sind lieber die Einäugigen unter den Blinden als nicht herauszuragen. Meist tarnen sie das mit dem Argument, auch um diese Menschen müsse man sich kümmern, und in der Tat: herzlos sind sie nicht. So gründen sie sogar Gemeinschaften und Freundeskreise, wobei ihnen entgegenkommt, daß sie durch diese Gründungstat schon etwas aus diesem Kreis herausragen. Ihr Führungsanspruch wird dann anerkannt, und dies ist auch der beste Weg, um von ihnen Opfer zu verlangen. Diese Menschen wollen Anerkennung (ein Ableger der Eitelkeit), dann geben sie auch großzügig, sie dürfen nur nie das Gefühl bekommen, ausgenutzt zu werden. Auch in einem Team – ob in einer Urlaubsgemeinschaft oder am Arbeitsplatz – möchten sie tonangebend sein. Sie tun dies übrigens auf eine unaufdringliche Art, die ihnen angeboren ist, so daß sich die anderen ihrer Autorität wie selbstverständlich beugen.

 Menschen mit der Sozialzahl 2 (verstärkt durch eine 0) sind von Grund auf erst einmal sozial eingestellt, weil sie wissen, daß niemand allein leben und existieren kann. Sie betreuen die Schwächeren und meinen einfach, daß geholfen werden muß. Menschen ohne soziales Gewissen bezeichnen diese Charaktere einfach als arm. Die Grundeinstellung der »Zweier« kann sich jedoch radikal ändern, wenn sie eine soziale Enttäuschung nach der anderen verdauen müssen. Dann geben sie sich abweisend hart, obwohl ihnen meist das Herz dabei blutet. Aber diese Härte stellt nichts anderes als einen Schutz dar. Sie warten dann förmlich – wie Dornröschen – auf eine Prinzessin oder einen Prinzen, der sie aus der harten Schale befreit, indem sie (oder er) wieder gutmacht, was man ihnen angetan hat.

Diese Menschen haben nicht die Kraft (zum Glück für die Umwelt), andere leiden zu sehen, sie haben sicher aber auch Angst, eines Tages selbst Hilfe zu benötigen, so daß sie versuchen, rechtzeitig von sich aus viel zu geben, um nicht Undankbarkeit zu ernten. Außerdem verfügen die »Zweier« über starke seelische Kräfte, um andere aufzubauen und um ihnen eine echte Stütze zu sein. Sie sind die wahren (oft jedoch stillen) Freundinnen und Freunde, die sogar auf manche eigene Befriedigung verzichten, nur um Bindungen nicht aufs Spiel zu setzen.

Im Team sind sie die Menschen, auf die man sich verlassen kann, die das Rechte zur richtigen Zeit tun, die Seele der Gemeinschaft, die sie zusammenhalten. Sie organisieren Klassentreffen oder andere Begegnungen, damit alte Bindungen nicht zerfließen oder auseinanderlaufen. Wer bei ihnen an die Tür klopft, der wird hereingelassen, wenn nicht, ist er mit Sicherheit selbst schuld.

 Menschen mit der Sozialzahl 3 (durch eine 0 verstärkt) sind in Sachen Sozialverhalten höchst engagiert. Sie versuchen hier oft, Gräben zu überbrücken und verkrustete Mauern einzureißen. Ihr Engagement ist voller Elan und Ehrgeiz, und manch einer, der unverschuldet ins Unglück gekommen ist, verdankt seine Rettung so einem »Dreier«. Diese Menschen haben das Gefühl, bei Freunden, Kollegen und Menschen in ihrer Umgebung helfend eingreifen zu müssen, wenn Not am Mann ist. Dabei ist jedoch Voraussetzung,

daß sie die Leute, denen sie beistehen, kennen. Irgendwelchen Fremden in einem anderen Erdteil zu helfen, das liegt ihnen nicht, es sei denn, sie könnten daraus eine »Show« machen. Bei allem Einsatzwillen brauchen diese Charaktere schon die Anerkennung als Ansporn. Ihre Einsatzbereitschaft muß nur lobend zur Kenntnis genommen werden, dann sind sie unermüdlich. Oft handeln sie sich deswegen Kritik ein, die aber überwiegend unberechtigt ist, denn warum soll man nicht bei jeder Hilfe auch etwas für sich tun? Mancher dieser »Dreier« kann sich zum Kämpfer für soziale Gerechtigkeit entwickeln, ganz besonders dann, wenn jemand (oder eine Gruppe) zu Unrecht leidet, wenn anderen also Ungerechtigkeit widerfahren ist. Dann strengen sich die »Dreier« besonders an, ja sie rufen sogar Selbsthilfegruppen oder andere Initiativvereine ins Leben.

Eine Absage, wenn sie selbst in Not geraten sind und von ihren Freunden das erwarten, was sie zu tun bereit waren oder wären, verbittert sie sehr. Sie vergessen dann jedoch oft, daß die anderen meist nicht die innere Kraft an den Tag legen können, die in den »Dreiern« nun einmal zu mobilisieren ist. So finden sich diese Menschen als »Helfer« sehr häufig allein auf weiter Flur.

 Menschen mit der Sozialzahl 4 (durch eine 0 verstärkt) sind stets für soziale Gerechtigkeit zu interessieren. Dabei geht es ihnen aber weniger um Einzelschicksale als um die große Richtung. Diese Menschen wollen umfassend helfen, sie planen, bevor sie handeln. Schnelle Hilfe ist bei ihnen weniger (wie es hin und wieder nötig wäre) zu erwarten, weil das Abwägen und Prüfen für sie wichtig ist. Sie versuchen, die persönlichen Emotionen aus dem Spiel zu lassen, weil nach ihrer Überzeugung nur so halbwegs Gerechtigkeit zu erzielen ist. Diese Charaktere wollen den Schmarotzern weniger Chancen geben.

Die »Vierer« interessiert weniger das Detail als die Grundlinie. Die Gefahr liegt dann darin, daß der Weg zur praktischen Hilfe länger als nötig wird, daß Zeit verlorengeht; andererseits aber wird so der sozialen Gerechtigkeit stärker zum Durchbruch verholfen. Sie sind eher die Schiedsrichter als die Helfer vor Ort. Vor allem können sie sich engagieren, wenn Leuten durch Behörden oder Amtshandlungen Schaden zugefügt worden ist.

Dies gilt auch für den Freundeskreis. Sie brauchen Freunde, denen sie sehr jovial entgegenkommen, sie wollen Gleichgesinnte um sich haben, mit denen man auch lachen und genießen kann. Oft tönt ihr gewaltiges Lachen durch ein Lokal, und sie spendieren eine Runde nach der anderen, damit es alle einmal gut haben. Auch dies entspringt ihrem sozialen Denken. Sie geben gerne, wenn sie wollen, aber nicht, wenn sie aufgefordert werden. Überhaupt sind sie gegen jeden Zwang (besonders den moralischen), weil sie der Ansicht sind, daß nur die Freiwilligkeit wirklich etwas bewirkt; denn wer unter Zwang gibt, trachtet danach, sich das Spendierte irgendwann wieder schnell zurückzuholen.

 Menschen mit der Sozialzahl 5 (durch eine 0 verstärkt) sind grundsätzlich der Meinung, daß jedermann selber seines Glückes Schmied und damit auch allein für sich verantwortlich ist. Ehe diese Menschen sozial hilfreich eingreifen, prüfen sie alles genau. Und oft haben sie das Recht auf ihrer Seite, denn viele soziale Taten werden heutzutage – zumindest in den Augen der »Fünfer« – ganz raffiniert erschlichen. Wenn sie so einen Fall miterleben oder nur von ihm hören, können sie sich noch mehr verhärten. Sie lehnen Leute ab, die sich auf Kosten anderer ein bequemes Leben machen, egal, ob dies nun in einem größeren Verband erfolgt oder im privaten Bereich.

So erscheinen diese Menschen oft hart und unerbittlich, aber das ist eigentlich nur Notwehr. Wenn es darauf ankommt, helfen sie, und lassen dann ihre Hilfe auch den wirklich Hilfsbedürftigen zukommen. Ihr Prinzip ist: Jeder bereite sich frühzeitig auf Notzeiten vor, denn keiner ist vor ihnen gefeit. Leute, die nur in den Tag hineinleben, werden von ihnen einfach verachtet. Mit denen kann es keine Freundschaft geben!

Die »Fünfer« haben sowieso kaum Freunde, weil sie eine Freundschaft nur nach ihrem sehr strengen Maßstab als solche gelten lassen, wobei sie sich aber auch selbst vorher hart prüfen. Denn für Freunde springen sie stets ein, dann ist auf sie Verlaß. Aber sie haben doch vorher abgewogen, ob sie hier ausgenützt werden könnten oder nicht.

Die Fassung verlieren sie, wenn sie jemandem materiell helfen, und der verschwendet das Geborgte, das Geschenkte! Wenn sich jemand mit ihrer Hilfe leichtsinnigen Luxus leistet, ist dieser Mensch ein für allemal erledigt, und es kann sein, daß dieser sogenannte Hilfsbedürftige dann sogar vor Gericht gezerrt wird. In punkto Sozialeinstellung sind sie noch recht autoritär.

 Menschen mit der Sozialzahl 6 (durch eine 0 verstärkt) handhaben ihre sozialen Verpflichtungen ganz praktisch. Das heißt, wenn es sie berührt, dann helfen sie. Dabei haben sie den Vorteil, wirkliche Möglichkeiten zu helfen, schnell zu erkennen. Sie wissen auch, wie sie selbst als erste Hilfe fungieren können. Das ist ein großes Plus. Die »Sechser« wissen schnell, wie die ersten Schritte zu gehen sind, danach aber überlassen sie die Verpflichtungen, wie sie sagen, den Fachleuten, zu denen sie auch den besten und vor allem kürzesten Weg wissen. Diese Charaktere sind also oft die ersten Helfer. Dabei gehen sie völlig unbürokratisch vor, auch Gesetze oder Verordnungen werden notfalls nicht beachtet. Es geht ja um das Umsetzbare.
Ähnlich sind ihre Freundschaften aufgebaut. Hier spielt die – allerdings gegenseitige – Nutzbarkeit eine wichtige Rolle. Freundschaften sollen ja auch in praktischen Bereichen funktionieren. Selbstverständlich gibt es hier auch Ausnahmen, aber im Grunde muß doch alles stimmen; so wäscht – und dies durchaus im positiven Sinn – eine Hand die andere. Diese Menschen sind dabei als Kollegen unschätzbar, weil sie eben keinen Illusionen nachjagen, sondern mehr das Praktische im Visier haben. So werden sie stets und viel um Rat gefragt. Das geht soweit, daß sich viele plötzlich im Betriebs- oder Personalrat wiederfinden, wo sie zunächst gar nicht hinwollten. Dann willigen sie ein, weil sie der Ansicht sind, daß die Vorgänger sowieso stets zu theoretisch agiert haben, wobei der Maßstab für das Brauchbare und Nützliche einfach zu kurz kam. So bleiben diese Menschen, haben sie einmal einen Posten dieser Art erreicht, daran ewig hängen. Doch im Grunde tun sie für andere stets den ersten Schritt, und da leisten gerade diese oft unscheinbaren »Sechser« Erstaunliches.

 Menschen mit der Sozialzahl 7 (durch eine 0 verstärkt) sind in sozialen Fragen – je nach Stimmung und Gedanken – mal an- und mal abwesend. Werden sie gefordert, dann können sie Gewaltiges leisten, weil ihnen im rechten Moment das Notwendige einfällt. Ihre Ideen, die oft ungewöhnlich sind, weisen hier auf naheliegende Wege hin, die die Routine durchbrechen können. Dann gibt es wieder Situationen, wo sie nur an sich denken, weil sie ganz in ihre Gedankenwelt eingesponnen sind.

Diese Menschen haben die Gabe, genau in dem Moment aufzutauchen, wo ihre Hilfe gebraucht wird, obwohl man sie vorher nicht erreichen konnte oder keiner an sie gedacht hatte. Da tritt die Freundin genau in dem Moment in die Tür, wo ohne ihr Erscheinen eine Katastrophe passiert wäre, da ruft der Freund genau in dem Moment an, wo ohne diesen Anruf etwas zu Ende gegangen wäre. Dieses intuitive Dasein, wenn man gefordert und damit gebraucht wird, ist oft ungeheuerlich und nimmt Dimensionen an, die manchem unheimlich vorkommen.

Dies gilt auch für die Freundschaften. Die »Siebener« haben zwar Freunde, aber die Bindungen an diese Freundschaft scheinen vom Wetter abzuhängen, so launisch sind sie. Mal ist die Bindung sehr nah, dann wieder sehen sich Freundinnen oder Freunde Jahre nicht mehr; aber wenn man sich sieht, ist alles, als hätte man sich gestern getrennt.

Und auch hier tauchen diese »Siebener« fast immer im rechten Moment auf, was dann als echte Schicksalsfügung angesehen wird. Meist scheint es auch so zu sein. Das Urplötzliche kann aber auch wieder schnell verschwinden. Für viele oft kaum ertragbar, aber dann wieder beglückend! Verlassen darf man sich auf die Versprechungen (vor allem wenn es um Termine geht) dieser Menschen nie, man muß einfach Vertrauen haben, daß sie doch noch kommen, bevor das Kind in den Brunnen gefallen ist.

 Menschen mit der Sozialzahl 8 (durch eine 0 verstärkt) sind – wie selbstverständlich – sozial eingestellt, schon weil bei ihnen die Sehnsucht nach Harmonie, sei es in ihrer Umgebung, bei Freunden, Kollegen oder im kleinen oder größeren Team, eine sehr wichtige Rolle spielt.

Diese Menschen geben erst einmal von sich mehr, als sie zurückerwarten, aber sie meinen, gerade in der Zuneigung, in der Liebe zu ihrer Umgebung muß man mit gutem Beispiel vorangehen. Sie sind auf die Leute fixiert, die sie täglich treffen. Hunger in Afrika oder Asien interessiert sie nicht so sehr.

Schön, sie spenden, wenn ihre Umgebung spendet, sie zeigen auch Verständnis, aber sie würden kaum ihre Siebensachen packen, um praktisch mit Hand anzulegen. Wichtig ist, daß bei den »Achtern« die Sympathie und die Antipathie eine enorme Rolle spielen. Diese Menschen werden also immer mit (nicht nur) von ihren Emotionen angesprochen! Neutral können sich diese Charaktere kaum verhalten, und so ist auch ihre soziale Einstellung immer etwas zwiespältig. Wen sie mögen, dem helfen sie, die anderen stoßen auf taube Ohren.

Auf Forderungen reagieren sie allergisch. Wenn Druck auf sie ausgeübt wird, dann hören sie nichts, sehen nichts, sondern entziehen sich ganz konsequent diesem Druck, besonders dann, wenn dieser von Institutionen oder Medien ausgeübt wird. Liebe, Fürsorge und Beistand ist für sie nicht erzwingbar und muß auch nicht an die große Glocke gehängt werden.

Haben sie ihre Wahl über die Form ihrer Bereitschaft zu sozialem Beistand getroffen, dann sind sie jedoch ziemlich selbstlos. Gesteuerte Solidarität ist ihnen verhaßt, weil diese in ihren Augen mit der Lebenspraxis kaum etwas zu tun haben kann.

 Menschen mit der Sozialzahl 9 (durch eine 0 verstärkt) handeln in Fragen des Miteinanderlebens sehr animalisch und instinktiv. In ihnen sitzt vielleicht noch am tiefsten die Erfahrung aus der Zeit, da auch der Mensch noch Teil einer Herde war, weil er allein nie überleben konnte. Dieses Wissen lebt einfach noch in ihnen! So reagieren sie auch ganz animalisch, etwa wie eine Hündin, die ihre Kleinen bis zum letzten verteidigt, auch wenn sie letztlich unterliegt.

In den »Neunern« sitzt noch – aber dies im positiven Sinn – etwas von einer dunklen Nibelungentreue. Einer für alle – alle für einen: Dieses oft schrecklich mißbrauchte Schlagwort wird von ihnen zwar nicht ausgesprochen, aber praktiziert. Bei diesen Menschen gibt es weder ein erklärbares Gerechtigkeitsstreben noch existieren Sozialpläne und dergleichen, sondern einfach ein Zusammengehörigkeitsgefühl. Die »Neuner« leben faktisch in einer Großfamilie, die aber nicht aus Kindern und Verwandten bestehen muß. Unter den »Neunern« finden sich die Charaktere, die beispielsweise in einer Wohngemeinschaft eine Bleibe finden, weil sie Nestwärme suchen, die sie zu Hause nicht gefunden haben. Menschen also, die sich auf ganz natürliche Art zusammenfinden, obwohl sie sich Minuten vorher noch nicht gekannt haben. Wenn ein Hungernder kommt, dann braucht der in der Regel nicht zu fragen, weil sie wittern, daß dieser Mensch (ob Frau oder Mann) etwas braucht, auch wenn er nicht wie ein Bettler aussieht. Dieses instinktive Zusammengehörigkeitsgefühl gilt auch für den Arbeits- und ganz besonders für den Freundschaftskreis. Man rückt automatisch zusammen, wenn Gefahr droht, man entfernt sich wieder, wenn der Sturm vorüber ist und die Sonne wieder scheint und Wärme spendet. Kurz: man zieht sich gegenseitig aus dem Sumpf, ohne daraus eine Staatsaktion zu machen.

# Bereich XII
# Die Erbzahl

## Ermittlung und Bedeutung der Elternnamenszahl

Die Erbzahl – oft auch Karmazahl genannt (dann aber nur in Verbindung mit der Pflichtzahl) errechnet sich aus dem Ruf- und Mädchennamen der Mutter und dem Ruf- und Nachnamen des Vaters, wobei nur der Rufname, also der offizielle Vorname (wie er im Paß steht), berechnet wird.

Hier ein Beispiel:

```
C A R O L I N E   T A X U S
3 1 9 6 3 9 5 5   2 1 6 3 1     =  54
                                   +
E R I C   V O N   G A T T E R N
5 9 9 3   4 6 5   7 1 2 2 5 9 5 =  72

                                = 126 = 9
```

Wir bekommen also die Quersumme 9 heraus.

Zu unserem zweiten Beispiel:

```
J O S E F I N E   L I E B S A M T
1 6 1 5 6 9 5 5   3 9 5 2 1 1 4 2           =  65
                                              +
K L A U S   P E T E R   F E L S E N R E I C H
2 3 1 3 1   7 5 2 5 9   6 5 3 1 5 5 9 5 9 3 8 =  97

                                   162 = 9
```

Da aber nicht nur das Familienerbgut eine Rolle spielt, sondern es auch wichtig ist, wer ein Kind erzieht, sollten Menschen, die einen Stiefvater oder eine Stiefmutter haben, auch deren Namen mit berücksichtigen. Bei ihnen spiegelt sich dann die Kraft der Eltern und der Stiefeltern wider. Nicht ohne Grund wird im Alter häufig beobachtet, daß Menschen einem Eltern- oder Stiefelternteil, von dem sie am meisten geprägt wurden, immer ähnlicher werden. Die Erbzahl wird im Planetennumeroskop-Bogen von Seite 222 beim Bereich XII eingetragen.

Die Erbzahl sagt nun aus, welches innere Erbe jemand mitbekommen hat, von dem er sich auch nicht befreien kann. Dies ist also sozusagen das Entschuldbare. Allerdings muß man an seinem Erbe arbeiten und sich ihm verpflichtet fühlen. Die Kraft der Eltern, die sich hier widerspiegelt, gilt es zu erkennen und umzusetzen. So geht es in diesem Bereich darum, wie jemand zu seinem Erbe steht und in welcher Richtung er sich mit diesem Erbgut entwickelt. (Dies gilt gerade für uneheliche Kinder, wo der Name des leiblichen Vaters sehr genau erfaßt werden sollte.)

## Deutungshinweise für die Zahlen 1–9

 Menschen mit der Erbzahl 1 (durch eine 0 verstärkt) werden ihr Erbe (sowohl das innerliche wie das äußere) im besten Sinn verwahren und weiter fördern wollen. Sie sind stolz auf ihre Herkunft und eigentlich nie unsicher im Verhältnis zu ihren Eltern, was zeitweilige Differenzen aber nicht ausschließt. Irgendwie sind die»Einser« meist die»Lieblingskinder«, und die Eltern sind (oder waren) besonders stolz auf dieses»ihr« Kind. Das Kind wiederum versucht, diesem Stolz gerecht zu werden.

Die»Einser« sind dazu berufen, über ihre Eltern hinauszuwachsen, und sie legen Wert darauf, daß der Familienname geachtet wird. Frühzeitig könnten diese Charaktere die Führung der Familie übernehmen, etwa indem der Sohn bald ins Geschäft eintritt oder die Tochter aktiver Teilhaber wird.

Ihre Herkunft ist diesen Menschen Verpflichtung, und sie haben oft den Ehrgeiz, das, was die Eltern sich erträumt und gewünscht haben, für diese zu erringen. Daher lassen die»Einser« auch die Familie an ihren Erfolgen teilnehmen und werden bis zum Ableben ihrer Eltern daran denken, diesen das Leben angenehm zu machen.

Allerdings wollen sie sich in ihre Auffassung über die Lebensführung wenig hineinreden lassen, da könnte es Konflikte geben, denn die»Einser« möchten recht früh ihr Leben völlig selbständig gestalten. Das wird nicht immer leicht sein und hängt selbstverständlich auch vom Niveau der Eltern ab. Doch bei allen»Macht«-kämpfen wird der Familienverband dadurch insgesamt kaum ernsthaft gefährdet werden, zumal nach außen ja sowieso auf Gedeih und Verderb zusammengehalten wird.

 Menschen mit der Erbzahl 2 (durch eine 0 verstärkt) sind sehr eng mit der Familie verwachsen. Ihre Herkunft ist für sie fast heilig. Ihr Zuhause ist daher ihr ein und alles. Zwar zieht es sie als junge Menschen oft hinaus, aber sie kehren immer wieder in den Schoß der Familie zurück. Wenn es unbedingt notwendig wäre, würden sie auch der Familie wegen ihre Karriere, ja ihr persönliches Glück opfern. So verzichten sie (insbesondere Frauen) auf ein privates Glück, wenn sie meinen, daß beide Elternteile oder der Vater beziehungsweise die Mutter sie brauchen.

Die »Zweier« sind vom Unterbewußtsein her an die Familie gebunden. Dies zeigt sich oft darin, daß sie ihren Eltern – wohl auch mit Recht – viele Vorwürfe machen und sich immer wieder von der Familie lösen wollen, aber dann können sie es doch nicht. Dann wollen sie ihrem Vater keinen Schmerz zufügen, oder ihre Mutter tut ihnen entsetzlich leid, womit jeder Groll für den Moment den Abhang hinuntergerollt ist. Dabei hatten diese Kinder meist keine frohe Kindheit, was aber am Familienerbe und ihre Bindung daran nichts ändert. Wenn die Familie ruft (das kann auch auf Geschwister übertragen werden), sind sie da, wenn auch oft genug zähneknirschend.

Selbst bei einer Partnerbindung entscheiden sie sich im Ernstfall immer für die eigene Herkunftsfamilie, in diese muß sich der Lebenspartner integrieren.

Die »Zweier« haben das Bedürfnis, immer im Einverständnis mit den Eltern zu handeln (ob diese nun noch leben oder nicht), selbst wenn sie längst aus der Familie hinausgegangen sind.

 Menschen mit der Erbzahl 3 (durch eine 0 verstärkt) streben erst einmal aus der Familie heraus. Sie wollen weiter und höher hinaus. Sie empfinden das Familiendenken als hinderlich und oft auch als spießig.

So gehen die »Dreier« sehr früh ihre eigenen Wege, ja sie verleugnen sogar ihre Familie, indem sie diese nie erwähnen. Ihr Ehrgeiz verführt sie dazu, sich manchmal ihrer aus sehr einfachen oder sehr gehobenen Verhältnissen stammenden Eltern zu schämen. Ihr Wille, allein den eigenen Weg zu gehen, kann auch sehr früh zu einem echten Zerwürfnis mit Vater oder Mutter führen.

Diese Menschen sind die Revolutionäre in der Familie, die manchmal als verlorener Sohn oder als verlorene Tochter zurückkehren. Die ersten Fesseln, die diese Menschen empfinden, sind die der Familie, die sie fast gewaltsam abschütteln möchten. Natürlich geht das nicht immer, und es gehört schon sehr viel Kraft dazu, dies durchzustehen und durchzuhalten. Doch in Gedanken werden diese Abnabelungen immer wieder vollzogen.

Meist lehnen die »Dreier« es ab, das Geschäft der Familie zu übernehmen; auch Traditionen wollen sie nicht weiterführen. Ihr Erbe ist, den Weg allein zu gehen. Je früher sie das tun, um so eher lernen sie vielleicht, den Wert ihrer Herkunft zu schätzen.

Eltern sollten diese Kinder daher nicht zu sehr und zu lange behüten wollen, sondern sie ziehen lassen. Vielleicht bekommen sie sie dann eines Tages von allein wieder. Denn diese »Dreier« müssen sich den Kopf einrennen, das tut ihnen gut, das brauchen sie! Risiko gehört zu ihnen, auch das Risiko, ohne Familie leben zu müssen.

 Menschen mit der Erbzahl 4 (durch eine 0 verstärkt) wollen das Erbe, auch das innerliche, im besten Sinne vermehren. Diese Menschen betrachten ihre Familie als Clan, den sie anführen, und zur Familie zählen auch die entferntesten Verwandten. So veranstalten sie Familienzusammenkünfte und Feste, um den Zusammenhalt der Familie zu untermauern. Immer wieder bestehen sie darauf, daß nur in der Familie der Same zum Überleben liegt. Sie haben von den Eltern ein starkes Selbstbewußtsein mitbekommen, so daß sie die Führung im Clan wie selbstverständlich anstreben.

Manche Mutter hat von ihrem Sohn gesagt: »Der hat das Zeug zum Bundespräsidenten« und von ihrer Tochter »Es gibt keine Frau, die mit ihr mithalten kann.« Mit diesem Erbe treten diese Menschen dann in den Lebenskampf, und die eigene Selbstsicherheit kommt an. Während andere Kinder zur Bescheidenheit und Demut erzogen werden, wird ihnen frühzeitig die Verpflichtung eingepflanzt, Karriere zu machen. Aber diese Karriere soll dann der gesamten Familie nicht nur zur Ehre gereichen, sondern ihr auch dienen. Wenn einer etwas wird, dann werden alle etwas, dies ist die Devise. So halten die »Vierer« die Familienmitglieder zusammen. Im Einflußbereich dieser Menschen finden wir die Großbetriebe, die von einer einzigen Familie geleitet werden, in denen alle führenden Positionen nur mit Familienmitgliedern besetzt sind, die die gleichen Interessen haben. Mag dies auch heute etwas altmodisch klingen, es funktioniert, wenn auch nicht immer in einem so großen Rahmen.

Auch bei Eheschließungen werden solche Nützlichkeitsüberlegungen von den »Vierern« nicht außer acht gelassen, da es ja um die Dynastie geht, die stets im Vordergrund zu stehen hat. Wer hier ausbricht, wird ausgegliedert. Für diese Menschen ist die Familie *immer noch* der Mittelpunkt der Welt, und sie regieren sie am liebsten wie ein Patriarch.

 Menschen mit der Erbzahl 5 (durch eine 0 verstärkt) sind – oft zu ihrem Leidwesen – tief in der Familie verwurzelt. Bei den »Fünfern« zeigt sich die Herkunft wirklich als Aufgabe. Meist haben sie sehr negative Erfahrungen in der Kindheit zu verarbeiten gehabt, aber sie kommen von ihrer Familie nicht los. Das sind die Menschen, die der Familie im wahrsten Sinn des Wortes dienen müssen. Sie möchten zwar ihr eigenes Leben führen, aber es gelingt ihnen nicht. Da ist der Betrieb, der hochverschuldet übernommen werden muß, obwohl diese Charaktere sich vom Berufswunsch her das Leben völlig anders vorgestellt haben. Oft leiden hier Kinder an den »Sünden ihrer Väter«, die ja bis ins fünfte Glied wirken sollen. Oder es sind Verpflichtungen anderer Art da. Kranke Geschwister vielleicht oder andere Familienmitglieder, die auf Abwege geraten sind, so daß die ganze Last auf den Menschen mit der Erbzahl 5 lastet.

Die »Fünfer« haben oft das Empfinden, durch eine Hölle zu gehen, aber sie weichen diesem Weg nicht aus. Sie träumen ab dem zweiten Lebensjahrzehnt nicht mehr von einem Himmel auf Erden, sondern nur noch von einer einsamen Insel. Aber so lernen sie, daß das Niedergeschlagenwerden nicht schlimm ist, sondern nur das Liegenbleiben. Sie rappeln sich (und das Erbe) wieder hoch, müssen aber vielleicht erleben, daß ein leichtsinniges anderes Familienmitglied dann wieder alles in Frage stellt. Sicher spielt sich das nicht immer in einem so großen Rahmen ab, wie hier angedeutet, doch auch im Kleinen stellen sich viele Verantwortlichkeiten so ähnlich dar. »Was blieb mir denn anderes zu tun übrig«, heißt es dann oft am Lebensende, »ich mußte doch einspringen!« Oft erkennen diese Menschen erst im hohen Alter die Folgerichtigkeit ihrer Lebensaufgabe.

 Menschen mit der Erbzahl 6 (durch eine 0 verstärkt) haben durch ihre Herkunft frühzeitig mitbekommen, daß nur dem geholfen wird, der sich selbst hilft. Mit Hilfe dieser Weisheit werden auch die Familienbande halbwegs realistisch und damit locker gesehen. Das Erbe selbst bedeutet ihnen so lange etwas, wie es sich gut verwerten läßt, und die Vernunft muß auch in Familienangelegenheiten das Ausschlaggebende sein. Sicher, Verwandte sind vorhanden und sollen auch als solche bevorzugt behandelt werden, aber wenn sie sich wenig gut verhalten, dann werden sie eben nicht anders als Freunde, Kollegen oder Nachbarn behandelt! Das Pochen auf Familienbande nutzt bei den »Sechsern« wenig. Auch Familienbande müssen gegenseitig gepflegt werden.

Wer also aus dem Haus gehen will, der gehe, wer bleiben möchte, der darf gerne daheim sein Glück versuchen. Hier löst sich oft auch das Partnerproblem am einfachsten. Da gibt es keine Überlegungen: Paßt das Niveau, heiratet unsere Tochter nach oben oder unten? Das ist Ballast vergangener Jahrhunderte. Auf das Hier und Heute kommt es an. Ist die Schwiegertochter lieb, ist sie willkommen, ist sie herb, soll sie draußen bleiben, ohne daß deswegen dem Sohn das Herz beschwert wird.

Und dieser selbstverständliche Umgang miteinander hat eine starke Anziehungskraft. Diese lockeren Familienbande halten oft verdammt fest. Familienfeste ja, aber es ist keine Tragödie, wenn der Sohn zum 50jährigen Hochzeitstag der Eltern nicht kommen kann. Denn schwerwiegende Familienauseinandersetzungen kennen diese Menschen kaum, auch keine Überschätzung der Heimat. Dafür erscheinen sie hin und wieder etwas wurzellos, da sie sich von Zuhause aus nicht genügend abgestützt wähnen. Andererseits werden sie von vielen wegen ihrer selbstverständlichen Einstellung zur Familie glühend beneidet.

 Menschen mit der Erbzahl 7 (durch eine 0 verstärkt) sind mit ihrer Familie und ihrer Herkunft auf recht seltsame – oder besser: unterschiedliche – Art verbunden. Mal sind die Bande sehr fest, um dann wieder plötzlich gar nicht mehr existent zu sein. Diese Charaktere nehmen einmal die Familie als Sprungbrett, dann jedoch wollen sie ganz bewußt ihren Weg – im Notfall gegen die Familie – gehen. Das heißt, Liebe und Haß zur Herkunft scheinen das Handeln dieser Menschen zu prägen. Immer wieder stoßen sie auf Erbanlagen, die sie abstoßen, dann wiederum empfangen sie aufgrund ihrer Herkunft wichtigste Impulse. Sie gehen in punkto Eltern und Erbe durch ein stetiges Wechselbad.

Die meisten Eltern verstehen diese sprunghaften Kinder nicht und fragen sich oft, ob das überhaupt ihre Söhne und Töchter sind. (Es sei denn, in einem Elternteil lebt auch etwas von diesem steten Hin- und Hergerissenwerden.) Da gibt es Kinder, die lehnen den Muttertag ab, weil hier die Mütter auf Befehl geliebt werden sollen, und dann schreiben sie ihrer Mutter am eigenen Geburtstag einen Brief, in dem sie ihr für ihr Leben danken. Sie schwanken also zwischen dem Gebundensein an die Eltern und dem unbedingten Wunsch, keinem Erbe verpflichtet sein zu müssen. Wenn sie Fehler an sich entdecken, die sie auch bei den Eltern gefunden haben, dann verfluchen sie diese, um ihnen fast im gleichen Moment für die Gaben und Talente zu danken, die sie mit in die Wiege gelegt bekommen haben. Sie schlagen sich wirklich mit dem Erbe herum, sie müssen ihren Familien- und Herkunftsstandpunkt erst mühsam finden, was sich dann allerdings produktiv niederschlagen kann.

 Menschen mit der Erbzahl 8 (durch eine 0 verstärkt) lieben ihre Familie, weil sie von ihr (scheinbar) nur Liebe empfangen haben. »Du bist die Schönste vom ganzen Land...«, das flüstert die Mutter gerne dem Kind ein, und dieser Stolz trägt Früchte. Diese Kinder haben die beste Mutter und den besten Vater, auch wenn es Konflikte geben sollte, und wo bleiben die aus! Solchen Kindern wird sehr viel Nestwärme mitgegeben und nach Möglichkeit fast jeder Wunsch erfüllt. Oft opfern die Eltern ihren Wohlstand für sie auf, und das vergessen die Kinder sicher nicht.

Allerdings besteht die Gefahr, daß sie zu sehr verwöhnt werden und erst spät im Leben lernen müssen, daß jeder sich seinen Lohn allein erarbeiten muß. Aber die Meinung der Eltern:»Das Leben ist so hart, das sollen unsere Kinder erst sehr spät kennenlernen«, diese Meinung prägt das Bild der Kinder von ihrer Herkunft, so daß sie immer gerne an ihre Kindheit denken werden. Liebe zu geben, dies ist ein Erbe, das sie weitertragen. Sicher, für die Härte des Lebens fehlt den»Achtern« das Training: Andererseits gehen sie ohne große Vorurteile oder Ängste in ihre Zukunft hinein. Und in der eigenen Familie versuchen sie das Erbe, das sie empfangen haben, zu verwurzeln. Oft aber erwarten sie zu viele Freuden vom Leben und der Zukunft! Erfüllt sich diese Erwartung nicht, dann leben sie schon sehr früh in ihren Erinnerungen und versäumen so häufig das halbe eigene Leben. Aber die Erinnerung ist ja ein Paradies, aus dem einen keiner vertreiben kann. Gut wäre es für sie, bald eine eigene Familie zu haben, in die sie ihr Erbe einbringen können!

 Menschen mit der Erbzahl 9 (durch eine 0 verstärkt) hängen mit ganz festen Nabelschnüren an ihren Eltern. Die Töchter meist an den Müttern, die Söhne meist an den Vätern. (Sicher kann dies auch umgekehrt sein, wie es stets Ausnahmen gibt.) Diese Bindung ist sehr natürlich, fast animalisch zu nennen. Da gibt es oft keine Erklärung, sie ist einfach da. Eltern und Kinder sind sehr lange eins, was das Abnabeln bedeutend erschweren kann. Treten Schwiegerkinder auf, kommt es fast unweigerlich zu Konflikten. Die Schwiegerkinder können so nahe Bindungen einfach nicht annehmen, und den Eltern fällt es unsagbar schwer, ihre Kinder hergeben zu müssen. Daran kranken sie oft ein ganzes Leben, obwohl sie sich mit den Schwiegerkindern die größte Mühe geben.
Die Träger der Erbzahl 9 spüren die Bedenken ihrer Eltern, so daß sie ihnen gegenüber auch immer gewisse Schuldgefühle haben, besonders dann, wenn nur noch ein Elternteil lebt. Manchmal kann bei dieser Art von Zuneigung zwischen Kind und Eltern (und umgekehrt) wirklich von einer»Affenliebe« gesprochen werden. Manche Partnerbindung wird so immer wieder verschoben. Daher besteht die Gefahr, daß die»Neuner« sich zu spät von ihrem Erbe abnabeln.

# Die Aufgabenzahl

## Ermittlung und Bedeutung
## der Gesamtquersummenzahl

Diese Zahl zeigt uns die Aufgabe an, die unser Leben bestimmen sollte. Über diese Zahl erhält man einen Hinweis, welche Richtung man seinem Leben geben beziehungsweise woran man verstärkt arbeiten sollte. Es geht hier also weniger darum, vorhandene Fähigkeiten und Charaktereigenschaften aufzuzeigen, sondern eher darum, unter welches übergeordnete Motto man sein Leben stellen sollte. Daß bei dem »wie« die Persönlichkeit des einzelnen eine Rolle spielt, ist selbstverständlich. Die Berechnung der Aufgabenzahl ist ganz einfach. Sie wird durch Addition aller Endquersummen der Bereiche I–XII ermittelt. Runde Ergebnisse wie 20, 30, 40 und so weiter zählen dabei als Zehnerzahlen. Hier ein Beispiel:

| | | | |
|---|---|---|---|
| Bereich I | = 29 | Bereich VII | = 6 = 75 |
| | + | | + |
| Bereich II | = 10 = 39 | Bereich VIII | = 2 = 77 |
| | + | | + |
| Bereich III | = 8 = 47 | Bereich IX | = 3 = 80 |
| | + | | + |
| Bereich IV | = 4 = 51 | Bereich X | = 2 = 82 |
| | + | | + |
| Bereich V | = 9 = 60 | Bereich XI | = 5 = 87 |
| | + | | + |
| Bereich VI | = 9 = 69 | Bereich XII | = 9 |
| | + | | = |

$$96$$
$$9 + 6 = 15 =$$
$$1 + 5 = 6$$

Die so ermittelte Aufgabenzahl wird als letzte Zahl auf dem Planetennumeroskop-Bogen von Seite 222 eingetragen.

## Deutungshinweise für die Zahlen 1–9

 Von Menschen mit der Aufgabenzahl 1 (durch eine 0 verstärkt) wird Zielstrebigkeit gefordert. Die »Einser« haben die Aufgabe, schöpferisch tätig zu sein, und zwar so, daß ihr persönliches Interesse zurückzustehen hat. Sie sollen Vorbild sein, ohne davon unbedingt Nutzen für sich haben zu wollen. Ihr Selbstbewußtsein hat anderen Kraft zu geben. So ist es auch ihre Aufgabe,»beispielhaft« zu wirken. Ihre Begeisterungsfähigkeit soll andere anspornen. Niederlagen müssen sie versuchen, in Siege zu verwandeln! Ihre Zuversicht soll aufmunternd und ansteckend sein, das heißt auch, daß sie sich mehr für eine Sache als für sich selbst zu engagieren haben. Das Individualistische müssen sie aber trotzdem pflegen, um damit auch zu zeigen, daß einer Vermassung entgegengesteuert werden kann, ohne daß dem Prinzip des Einzelkämpfers zu sehr gehuldigt werden muß.

Die »Einser« werden stets großen Einfluß auf Menschen haben, weil sie irgendeinmal im Leben zur Spitze (auf ihrer Basis) vordringen werden. Hier müssen sie dann mit gutem Beispiel vorangehen und zeigen: Was ich aus mir gemacht habe, das kann ein jeder tun. Die »Einser« haben die Pflicht, anderen im Notfall Beistand und Rat zu leisten.

Sicher sollten diese Menschen ein Team führen, aber nicht absolut und mit dem Anspruch, allein recht zu haben. Sie haben ihre Führungsqualitäten mit Bestimmtheit, aber auch mit Bescheidenheit ins praktische Leben umzusetzen. Im Glauben stark aber demütig sein, heißt eine weitere Devise, und bei allem Aufstieg stets Selbstzweifel hegen.

Diese Menschen müssen bereit sein, Verantwortung zu tragen, darum dürfen sie sich nicht drücken, sie müssen den Mut aufbringen, eigene Wege zu gehen und sollten nie opportunistischen Überlegungen folgen.

 Von Menschen mit der Aufgabenzahl 2 (durch eine 0 verstärkt) wird Empfangsbereitschaft und seelisches Verständnis gefordert. Das Verstehen des Unbewußten, das Sichauseinandersetzen mit der Seele, um so Erfahrungen und Erkenntnisse weiterzugeben, das ist eine der Aufgaben der »Zweier«. Sie müssen gegen das sogenannte Vernünftige angehen, sollten das Intellektuelle relativieren und mehr »aus dem Bauch heraus« handeln. Dabei müssen sie lernen, gegen ihre Launen und Stimmungen anzukämpfen, um die auch bei anderen verstehen zu können. Das Wissen auf die Stufe der Weisheit erheben, dies ist eine Lebensaufgabe, die die »Zweier« wie sonst niemand erfüllen können. Dazu gehört auch fadenscheinige Logik ad absurdum zu führen, da in allen Lebewesen etwas lebt, das mit dem Verstand allein nicht zu erklären ist.

Diese Menschen haben die Aufgabe, andere mit Fürsorge zu betreuen und ihnen mütterliche Kraft, also Grundkraft, zu vermitteln. Eine Kraft, die nicht aus der strengen Autorität kommt – das ist das Entscheidende! So werden sie Bindeglieder sein müssen, aber ohne Schiedsrichter zu spielen, denn sie wissen: auf das Rechthaben kommt es gar nicht an, wie recht zu haben noch nicht heißt, auch recht zu bekommen. Sie aber können Unrecht durch Betreuung und Barmherzigkeit ausgleichen.

Das gilt gerade für Partnerschaften, wo auf den Schultern der »Zweier« eine besondere Verantwortung lastet, der sie sich nicht entziehen dürfen. Streit nicht ausweichen, sondern ihn auffangen und ihm die Spitze nehmen, das ist ihr Gebot, das sie erfüllen müssen. Was meist heißt, die eigene Stimmung und das eigene Beleidigtsein zu besiegen. Von diesen Menschen muß die Kraft der Verzeihung ausgehen und die stete Bereitschaft, »verlorene Söhne« wieder aufzunehmen. Der Mut zum Nachgeben ist ihr Plus.

 Von Menschen mit der Aufgabenzahl 3 (durch eine 0 verstärkt) wird Kühnheit, Mut und Einsatzbereitschaft gefordert. Die »Dreier« müssen ihren Willen trainieren, damit sie nicht zu egozentrisch handeln. Die »Dreier« haben Pioniere, Forscher zu sein, haben zu wagen, um in dieser Beziehung anderen ein Vorbild zu sein. Dies gilt ganz besonders auf dem Gebiet der Zivilcourage. Sie selbst müssen aber achtgeben, daß sie nicht mit Scheuklappen agieren oder gar rück-

sichtslos handeln. Aber das Gebot der »Dreier« ist die Tat! Sie sollen handeln und nicht durch Zögern oder ewiges Überlegen und Diskutieren den Moment des Einsatzes verpassen. Immer bedenken: Es kommt auf die Sekunde an! Doch bei allem Mut müssen sich die »Dreier« erziehen, nicht zu waghalsig zu sein und nicht alles zu riskieren. Sie müssen um ihre starke Kraft wissen, um nicht, trotz bestem Willen, zerstörerisch zu wirken! Ein weiteres Gebot für die »Dreier« ist, sich für die Freiheit einzusetzen, besonders für die individuelle Freiheit. Einengung hassen sie, trotzdem müssen sie lernen, daß Zusammenleben auch Bindungen beinhaltet. Ihr Ehrgeiz ist hervorstechend, auch hier darf der Wille, stets an der Spitze zu sein, nicht zum alleinigen Lebenszweck werden. Einen großen Lernprozeß macht jeder »Dreier« durch – nämlich gegen die innere Ungeduld anzugehen. Mit etwas Geduld würden sie noch weit mehr erreichen, vor allem würden sie sich dann nicht immer in Händel oder Streit verwickeln.

Diese Menschen haben die große Aufgabe etwas auszulösen, etwas in Bewegung zu bringen, Einsatz zu wagen, gegen Verkrustungen aller Art anzukämpfen. Sie wollen die Welt erobern und bringen sie so wenigstens in Bewegung. Sie müssen sinnvoll Dampf ablassen, um ihr Gleichgewicht zu finden – und das letztere ist fast immer ihre Hauptaufgabe und ihr Hauptkampf im Leben.

 Von Menschen mit der Aufgabenzahl 4 (durch eine 0 verstärkt) wird gefordert, daß sie das Leben sinnvoll gestalten und ihren Horizont erweitern. Andere anzuspornen, aus dem Alltag herauszuwachsen, um sich nicht im Kleinkarierten zu verlieren, das ist die Aufgabe der »Vierer«. Das Leben auf der Erde zu beherrschen, um es nicht Zauberlehrlingen zu überlassen, damit die Erde – im engsten wie im weitesten Sinne – für alle bestehen und liebenswert bleibt. Dieses Ziel ist sicher den Einsatz der »Vierer« wert. Unter diesen Menschen finden wir die Gläubigen (ohne daß damit Frömmigkeit in einer Richtung gemeint ist), die wissen, daß der Mensch allein nichts ist. So heißt eines ihrer Gebote: Wenn du herrschen willst, dann lerne zunächst dich zu beherrschen, lerne die Dämonen in dir zu zähmen, um ihre Kraft in gute Bahnen zu lenken. Außerdem bedarf es auch eines starken Gespürs für wahre Ge-

rechtigkeit, die sich nicht an spießbürgerlichen Gesetzen orientiert, sondern alle – auch die Schuldigen – zu ihrem Recht kommen läßt. Da der Sinngehalt der Dinge im Vordergrund stehen sollte, wird für die »Vierer« auch die geistige Entfaltung wichtig. Es geht um mehr als die Befriedigung der Sinne, ohne daß dabei auch nur im entferntesten die Freude am Leben eingeschränkt werden sollte, denn die Freude trägt – nur nicht Freude auf Kosten anderer! Ihre Ausstrahlungskraft ist so groß, daß allein ihr Vorbild einiges bewirkt – wie der Glaube Berge versetzen kann. Ihr Sinn für Recht und Unrecht entschuldigt Fehler – bis auf den der Undankbarkeit.

Diese Menschen lehnen alles rein Intellektuell-Theoretische ab. Ihr Gebot: Wenn Menschen für ihr Tun auch die volle Verantwortung übernehmen, dann lernen sie am besten und am schnellsten. Die »Vierer« können aus der Mitte heraus leben, was ihnen Fülle, Kraft und ein wirkungsvolles Auftreten gibt, so daß sie viel von dem, was sie besitzen, weitergeben können.

 Menschen mit der Aufgabenzahl 5 (durch eine 0 verstärkt) haben keine leichte Aufgabe zu erfüllen. Im Vordergrund steht für sie Selbstprüfung, gepaart mit Disziplin und Konzentration. Das Zusammenfassen der inneren Kraft ist hier entscheidend ebenso wie die Einsicht in die Notwendigkeit der Beschränkung als Voraussetzung für das Erkennen des persönlichen Freiheitsraumes.

Diese Menschen müssen Illusionen zerstören und sich zudem gegen Spekulationen und das sogenannte »schnelle Geschäft« wenden. Die »Fünfer« prüfen die Grundmauern, die Basis, die Grundfesten. Oft wirken sie fantasielos, was sie nicht sind, aber sie dürfen sich allzuviel Fantasie einfach nicht leisten, um nicht das wesentliche Ziel aus den Augen zu verlieren. Manchmal erscheinen sie auch streng und pessimistisch, dabei ist ihr Lebensernst nur auf Erfahrung gegründet. Ihr Gebot ist, daß zunächst und vor allen Dingen die Pflichten zu erfüllen sind, und zwar ohne Ansehen der Person und auch möglichst ohne Sympathie oder Antipathie. Die »Fünfer« wirken auf andere meist prüfend und werden deshalb oft gehaßt – und nur im nachhinein gelobt. Ein weiteres Gebot: Jammern nützt nichts – nur anpacken! Diesen Menschen ist der Begriff des Karmas, der stetigen Entwicklung, die vor unserem jetzigen Leben begann und danach fortgesetzt wird, nicht fremd. Deshalb spielen Ursache und Wirkung in ihrem Leben eine ganz maßgebende Rolle. Ja, sie halten dies für die wesentliche Erkenntnis, wenn der Mensch nicht den Boden unter den Füßen verlieren soll. Sie bewahren das Bestehende, arbeiten die Vergangenheit auf und denken erst dann an die Zukunft. Die»Fünfer« wirken strenger als sie eigentlich sind, sie wissen jedoch, daß Lebensernst auf innerer Heiterkeit beruht, doch vermitteln sie dies erst, wenn Prüfungen bestanden sind. Die strengen Maßstäbe, die sie an sich selbst anlegen, projizieren sie auch auf andere, was nicht gerade zu ihrer Beliebtheit beiträgt.

 Von Menschen mit der Aufgabenzahl 6 (durch eine 0 verstärkt) wird praktische Vernunft, Köpfchen und intellektuelle Wachheit gefordert. Die»Sechser« haben das Leben mit hellem Verstand anzugehen, ohne daß das Gefühl dabei zu kurz kommt. Aber letzteres darf nicht ausschlaggebend sein. (Außer Liebe ist im Spiel, was übrigens für alle Aufgabenzahlen gilt!) Diese Menschen stehen in einem dauernden Lernprozeß.»Das Leben war eine Schule«, werden sie am Ende sagen müssen, oder sie haben an ihrer Bestimmung vorbeigelebt. Ihre Vielseitigkeit ist dabei eine ihrer Stärken, ebenso wie die Gabe, mit anderen sprechen und gemeinsam handeln zu können, so daß sie Verbindungen schaffen, Menschen zusammenführen und eine Gemeinschaft am Leben halten.
Ihre Träume, die sie wie alle Menschen besitzen, geben sie oft auf, weil das praktische Leben darüber nicht aus den Augen verloren werden darf. Sie wissen stets, daß sie nicht allein auf der Welt leben, daß einer den anderen benötigt, und danach richten sie ihr Verhalten aus. Sie meinen, es ließe sich bei gewisser gegenseitiger Rücksichtnahme alles einrichten.
So treten sie für Offenheit und Toleranz ein und versuchen, Übertreibungen zu vermeiden. Und da der Mensch die Gabe des Sprechens besitzt, hat er zu sprechen, auch wenn Gegensätzlichkeiten bestehen. Daher versuchen diese Menschen auch stets freundlich und entgegenkommend zu sein, um schnell eine gute Ausgangsbasis zu schaffen. Sie wissen viel und wollen alles wissen, aber auch da sollten sie sich beschränken. Ihr Wissensbedürfnis

befriedigen sie durch dauerndes Studieren. Ein weiteres Gebot der »Sechser« ist: Das Leben ist zu ernst, um es nicht lachend zu bewältigen. So spielt Humor und Witz eine wichtige Rolle für sie, und daran soll die ganze Umwelt teilnehmen. Die »Sechser« versuchen das Lebensschiff für sich und andere optimistisch durch die gefährlichen Fluten der Gegenwart zu lenken – und meist mit Erfolg!

 Von Menschen mit der Aufgabenzahl 7 (durch eine 0 verstärkt) wird Einfallsreichtum, Intuition, Einstellung auf Neues, auf Umkehrungen, auf Wenden gefordert. Bahnbrechende Erkenntnisse müssen erarbeitet oder aufgenommen werden. Die »Siebener« sollten in erster Linie voraussehen, spüren, was kommt, was gefordert wird. Da steht der Griff in das All, steht die Eroberung anderer Planeten (mehr bildlich gemeint) im Vordergrund. Jedoch muß die Gefahr der Wachträume gebannt werden, damit ein Höhenflug Sinn haben soll. Die Ideen dürfen also nicht nur wegen der Idee an sich geboren werden, sondern müssen verwertbar und damit wirklich weiterführend sein.

Eine wichtige Aufgabe ist, ihre eigene Wandlungsfähigkeit zu schulen und zu erhalten, womit kein Opportunismus gemeint ist. Aber die »Siebener« haben Vorbild zu sein, wie durch eigene, schnelle, intuitive Anpassung neue Situationen gemeistert werden können. Sie haben auch dafür zu sorgen, daß kein Stillstand eintritt, damit nichts rostet. Wenigstens die Ideen müssen den Handlungen immer etwas voraus sein. Die »Siebener« jagen oft Irrlichtern nach. Aber sie sollten der Versuchung des Bluffs widerstehen, also nicht den Wissenschaftlern beweisen wollen, daß die Sonne in Wahrheit im Westen auf- und im Osten untergeht. Das Neue darf also nicht zur exzentrischen Show avancieren.

Erfahrungen schlagen diese Menschen meist in den Wind, das sind für sie Hindernisse der Vergangenheit, und hier liegt vielleicht ihre größte Gefahr: Das Neue lernen, aber das Alte nicht aufarbeiten zu wollen. Ihre ideenreiche Sprunghaftigkeit wird gebraucht, aber an der Standfestigkeit ihrer Pläne müssen sie arbeiten, um nicht statt in der Höhe im Abgrund zu landen.

 Von Menschen mit der Aufgabenzahl 8 (durch eine 0 verstärkt) wird in erster Linie Liebe gefordert. Liebe geben um Liebe zu empfangen. Die »Achter« können viel dazu beitragen, daß das Leben auf dieser Erde harmonisch, im gegenseitigen Verständnis und vor allem friedlich abläuft. Diese Menschen besitzen eine innere Wärme, die nicht zurückgehalten werden darf. Dies fängt in der Zweierbeziehung an, setzt sich in der Familie fort und sollte auch in den Kollegenkreis und, wenn es geht, noch weiter hinausgetragen werden. Außerdem vermögen sie anderen Beistand zu geben, und sie tragen auch allgemein zur Verschönerung des Lebens bei, sei es durch künstlerische Gestaltungen oder durch Diplomatie. Die Gaben der »Achter« sind fast unendlich, deswegen ist es auch ihre Aufgabe, in einer Gemeinschaft einen Kristallisierungspunkt darzustellen.

Es sind die »Achter«, die wohl als einzige die Überzeugung verbreiten können, daß das Gute letztlich doch siegt. Dies kann heute für sehr viele Menschen von lebenswichtiger Bedeutung sein. Durch ihr Wesen und Auftreten, durch eine klare innere Einstellung, durch farbenfrohe, geschmackvolle Kleidung sollten sie Frohsinn und innere Heiterkeit verbreiten. Das Gebot für die »Achter« lautet: Wer das kleine Glück nicht achtet, lernt das große Glück nie kennen.

So sehr sie selbst für Harmonie und Ausgleich eintreten, so schwer müssen sie oft um ihre eigene, innere Balance ringen. Auch sie kennen also das Gesetz, daß alles, was nach außen wirken soll, erst einmal bei sich selbst im Innern errungen sein muß. So wissen die »Achter« auch, daß ein aufgesetztes, künstliches Lächeln wie eine Maske wirkt. Meist tragen diese Menschen den schwereren Teil der Liebe, da sie sich hier mehr als andere und wohl auch selbstloser engagieren.

Von Menschen mit der Aufgabenzahl 9 (durch eine 0 verstärkt) wird Lebensinstinkt und Inspiration gefordert. Diese Menschen sind spirituell begabt (sehr viele von ihnen), und sie haben die Aufgabe, mit diesem Talent andere in Bereiche zu führen, die ihnen schwer zugänglich sind. Dazu gehören okkulte Gebiete, Geheimwissenschaften, auch Beziehungen zum Tode, zum Jenseits und zur Esoterik. Sie haben die Geheimnisse zu ergründen, die unseren Alltag zwar nicht tangieren, aber den Kern der Dinge betreffen. Das Hineinhören in den Kosmos und in sich selbst sollten sich diese Menschen zur Grundaufgabe machen. Hier geht es also um die tiefen Zusammenhänge, die mit dem Verstand allein nicht zu erfassen sind, wozu eine gewisse Hellsichtigkeit vonnöten ist, ohne daß damit banale Wahrsagerei gemeint ist.

Die Alchimisten haben sich einst um dies alles gekümmert, da sie meinten, in jedem noch so unreinen Stoff stecke ein Körnchen Sonne, das es herauszuschälen gelte. Für die Fortsetzung dieser Kunst brauchen die »Neuner« den Rückzug in die Stille, die Einsamkeit, aber auch eine empfindliche Witterung und Sensibilität, um den Schleier der Maja zu lüften. Aber benötigt wird auch ein ernsthaftes Studium der Geheimwissenschaften und des alten Volkswissens, das in Brauchtum und Sitten überlebt hat. Sicher kann nicht jeder »Neuner« sein Leben völlig in den Dienst der Esoterik stellen, aber alle können wach für diese Gebiete sein und sich ernsthaft mit ihnen auseinandersetzen, um zu erfahren, was »die Welt im Innersten zusammenhält«. Daher wirken diese Menschen manchmal wie Einzelgänger, schon weil sie nicht mit jedem über ihre Gedanken sprechen können.

# Das Planetennumeroskop

## Die Planetenzahlen

Das Planetennumeroskop leitet sich aus dem Horoskop der Astrologie ab. Hier werden die Bereiche, die wir bisher einzeln vorgestellt und besprochen haben, zusammengefaßt.

Grundlage des Planetennumeroskops (wie des Horoskops) sind die zehn Planeten der Astrologie, die jeweils mit einer der Zahlen von 0 bis 9 in Verbindung gebracht wurden. (Die Zahlenzuordnungen zu den verschiedenen Planeten haben sich im Lauf der Zeit mehrfach geändert, entscheidend seit der Entdeckung der transaturnischen Planeten.)

Wir rechnen in der Numerologie also mit denselben Planeten, mit denen die Astrologie arbeitet, wobei auch die Astrologie erst seit etwas über zwei Jahrhunderten mehr als sieben Planeten in die Deutungsregeln einbezieht.

So kann es durchaus sein, daß in manchen Büchern noch nicht alle zehn Planeten genannt sind, die wir heute kennen, wie auch die Zahlenzuordnung teilweise verschieden ist.

Bewährt hat sich folgende Zuordnung, die auch die modernste ist:

| Zahl | Planet | Grafisches Zeichen | Zahl | Planet | Grafisches Zeichen |
|------|--------|--------------------|------|--------|--------------------|
| 1 | Sonne | ☉ | 6 | Merkur | ☿ |
| 2 | Mond | ☽ | 7 | Uranus | ⛢ |
| 3 | Mars | ♂ | 8 | Venus | ♀ |
| 4 | Jupiter | ♃ | 9 | Neptun | ♆ |
| 5 | Saturn | ♄ | 0 | Pluto | ♇ |

# Die Bedeutung der Planetenzahlen

### Die Sonnenzahl 1

Unser Hauptgestirn, die Sonne, der wir alles Leben auf der Erde verdanken, wird in der Numerologie durch die Zahl 1 symbolisiert. Es ist die Zahl des Uranfangs, die Zahl unseres Schöpfers, die Zahl der Einzigkeit. Diese Zahl ist die schöpferische Gottzahl, auch das Symbol für das Tor zu allen Geheimnissen, die die Sonne an den Tag bringt. Die 1 ist damit auch die Zahl des Lichts, der Helle und *die* mystische Zahl, weil sie das »All-Eine« repräsentiert. Die Sonne ist in unserem kosmischen System der Kraft- und Lebensspender schlechthin, und wie sich aus der Sonne jede Existenz entwickelt, so aus der 1 unsere Zahlenreihe. Vor der 1 war nichts – mit der 1 beginnt alles.

Wir haben in unserem Sonnensystem nur einen einzigen Stern, der allein aus sich heraus leuchtet. Alle anderen Lichtpunkte senden nur empfangenes, nicht gezeugtes Licht. Die Sonne ist also Mittelpunkt und Zentrum unseres Erden-Weltall-Systems, also in mehrfacher Hinsicht *ein*-zig. Somit gilt die Zahl 1 auch für unsere innere Sonne, unser Herz und für all das, was als Sonnenkraft in uns lebt. So ist die 1 auch das Symbol für das Erste überhaupt, weswegen auch Geburten stets am 1. eines Monats angestrebt wurden, weil diese Kinder der Sonne am nächsten sein sollten.

### Die Mondzahl 2

Wie die Sonne das Symbol des Tages, ist der Mond das Symbol der Nacht. Er wird durch die Zahl 2 versinnbildlicht. 2 ist die Zahl, die ausdrückt, daß zur 1 etwas hinzukommt. Dies wird am Himmel besonders deutlich, wenn der Mond aus dem Schatten der Sonne (als neugeborene Mondsichel) heraustritt und anfängt, ihr Licht zurückzuspiegeln. Die 2 ist das Dualsymbol, das Symbol des Gegenüber. Und der Mond leuchtet am herrlichsten, wenn er der Sonne genau in Opposition gegenübersteht. Damit strahlt das Licht der Sonne auch in der Nacht, wenn es unter dem Horizont steht. So drückt die 2 nicht nur den Gegensatz von Helligkeit und Dunkelheit aus, sondern auch die Ergänzung von Licht und Schatten. Durch die Nacht besteht der Tag aus zwei Teilen, und die 2 ist so auch das Symbol der inneren Dunkelheit im persönlichen Bereich, das Symbol für die Tiefe des Menschen, für seine Seele. Zwei Lichter regieren also die Menschen, wenn auch das Licht nur von einem Gestirn erzeugt wird. Durch dieses Licht zeigt uns der Mond das Wachsen, das Blühen, das Vergehen, aber auch das Auferstehen Monat für Monat an. So wurde die 2 zum Symbol des Wachstums nach der Zeugung, damit auch zum Symbol der Mutter wie die 1 das Symbol des Mannes ist. Man spricht von dem Logos der Zahl 1 und dem Eros der Zahl 2, die sich ergänzen sollen und müssen.

### Die Marszahl 3

Der Mars ist das Symbol des Antriebs, des Willens, der Grundenergie. Er wird durch die göttliche Zahl 3 symbolisiert, denn der Wille und Antrieb ist eine göttliche Kraft, die dem Menschen geschenkt wurde, wodurch er sich leider oft gottähnlich dünkt. So wurde das göttliche Licht, das der Erzengel Luzifer den Menschen brachte, als Geschenk des Schöpfers betrachtet. Doch Luzifer wollte die Menschen verführen, nunmehr ihr Schicksal ohne Gott in die eigene Hand zu nehmen, womit er zum Teufel wurde. All dies ging in die Symbolik des Mars ein. Der Trieb zum Überleben ist jedem Wesen eigen, nicht aber der Wille dazu, und das ist es, was den Menschen vom Tier unterscheidet – mit all den damit verbundenen Versuchungen. So symbolisiert die 3 auch die Auseinandersetzung zwischen den Menschen mit der Schöpferkraft, der Gottheit, an deren Anfang der Antrieb steht, es Gott gleich zu tun. Der Mensch wurde aus dem Paradies vertrieben, weil er vom Baum der Erkenntnis gegessen hatte. Nun muß er auch um das ewige Leben kämpfen, doch der Tod kann nur durch Zeugung überwunden werden. So ist die 3 der menschliche Abglanz der 1, wenn auch ein Geschenk und eine Gabe des Schöpfers. Und diese Kraft, die der Mensch braucht, die ist nur aus dem Antrieb des Mars zu schöpfen.

### Die Jupiterzahl 4

Jupiter ist das Symbol der Entfaltung und wird in der Numerologie durch die 4 symbolisiert. Die 4 ist die Ergänzung zur 3, die also den Willen auffängt und sinnvoll zur Entfaltung lenkt. Die 4 ist die

3 plus 1, also Sonne plus Mars, und besser kann Jupiter kaum symbolisiert werden, da er ja in der Astrologie die Sonne durch seine Zeitgesetze beherrscht und außerdem die oberste Gottheit im Olymp darstellt. Jupiter brachte den Menschen die sinnvolle Entfaltung, womit das Chaos eingeschränkt wurde. Bei den Pythagoräern galt diese Zahl als *die* heilige Zahl. Sie wächst aus der Trinität heraus und gilt als Zahl der Wirklichkeit. Und daß diese sinnvoll gefüllt wird, das ist Jupiters Gebot.

## Die Saturnzahl 5

Saturn, als Symbol der Tradition, der Konzentration und des Verwurzeltseins, wird durch die Zahl 5 symbolisiert. Es ist die Zahl der geballten, aber zusammengefaßten Kraft (Symbol der Faust, in der sich fünf Finger eng vereinen). Die Zahl der fünf Sinne und die Zahl des Pentagramms, ein saturnisches Zeichen. 5 ist auch die Zahl der geistigen Zusammenfassung dessen, was unsere Sinne fühlen und tun. Sie ist die Zahl der saturnischen Tugenden: Fleiß, Mäßigkeit, Bescheidenheit, Besonnenheit und Strenge gegen sich selbst. Es ist die 5, die über das Materielle zur Schwelle führt, deren Hüter Saturn ist. Es ist die Zahl der Mitte (der Reihe 1 bis 9), damit die Zahl der Reife. Es ist auch die Mitte, das Zentrum, von dem alle Himmelsrichtungen ausgehen. Das Zentrum ist aber das Bewahrende, der Kern – damit Saturn.

## Die Merkurzahl 6

Merkur ist das Symbol des Handelns und Denkens wie des Vermittelns. Er selbst wird durch die Zahl 6 symbolisiert. Es ist die verdoppelte marsische Zahl 3, da der sinnvoll entfaltete Wille vom Zentrum her nun ins praktische Handeln umgesetzt werden muß. Die 6 ist das Symbol für das Siegel Salomons und die erste vollkommene Zahl. Sie führt uns weg von der Einseitigkeit, denn eine Hand hat nur fünf Finger. Zum sechsten Finger der zweiten Hand bedarf es eines schöpferischen Sprunges. Ab jetzt erfordert das Abzählen auch Denken, wenn Kinder etwa mit einem Finger der linken Hand die Finger der rechten Hand abzuzählen lernen. Ein durchaus merkurischer Prozeß. Und der sechste Sinn, ein merkurischer Sinn, führt uns über die fünf Sinne hinaus.

## Die Uranuszahl 7

Uranus, das Symbol der Intuition, der Einfälle, der plötzlichen Umkehr, wird in der Numerologie durch die 7 symbolisiert. 7 ist die Zahl der göttlichen Intuition, da Gott am siebten Tage ruht, damit Neues nachwachsen kann. Diese Besinnung gibt uns neue Kräfte – auch in schöpferischer Hinsicht. Nur so gelangen die Menschen in höhere Dimensionen. Die 7 folgt der 6 wie Uranus dem Merkur folgt. Erst muß merkurisch gedacht werden, ehe uns der uranische Einfall zufliegt. Uranus ist auch der erste Planet nach dem Saturn, also hinter der Schwelle, der in eine neue Dimension weist. 7 ist die Zahl der großen Einfälle, wie sie sich etwa in den sieben Weltwundern offenbaren, und der Siebener-Rhythmus des Uranus durch den Tierkreis spiegelt von allen Planeten-Zeitgesetzen das menschliche Leben am besten wider.

## Die Venuszahl 8

Das Zeichen der Liebe, der Kunst, der Gefühle ist die Venus, die in der Numerologie durch die 8 symbolisiert wird. Liebe und Kunst sind unsterblich, wie auch die 8 das Unsterbliche zum Ausdruck bringt, da sich um einen Mittelpunkt alles im Auf und Ab bewegt. Liebe überdauert wie die Seele, und Künste führen Welten und Zeichen zusammen. Die 8 als doppelte Jupiterzahl 4 führt uns also weit über den Olymp hinaus, wo die Unsterblichkeit beginnt, die uns durch die himmlische Liebe (auch ein Venussymbol) ge-schenkt wird. 8 ist die Zahl der Läuterung, die nur durch Liebe möglich ist, wie es die acht Seligpreisungen des Evangeliums offenbaren.

## Die Neptunzahl 9

Neptun ist das Symbol der Inspiration, der höheren Empfängnis, der Hellsichtigkeit mit allen Gefahren. Er wird in der Numerologie durch die 9 symbolisiert. Neptun folgt als höhere Stufe der Venus, der 8, das heißt, die Inspiration führt uns noch weit über die Unendlichkeit hinaus. Hier wird die göttliche Zahl 3 in Potenz tätig, da das Antriebshandeln allein am Ende nicht mehr aus-reicht. 9 ist die Zahl der Magie, deren Herr Neptun ist, aber Magie verlangt Einsamkeit, die auch in Neptun als innere Kraft des

Eremiten (man denke an seine Tarotkarte) lebt. 9 gilt als Vollendungszahl des Himmels, und dessen Herr ist – den Mythen nach – Neptun. Die Inspiration als höchste Stufe der Suchenden führt uns zum wahrhaft Neuen.

## Die Plutozahl 0

Pluto gilt als Symbol der Durchsetzung mit oder gegen die Masse, und Pluto wird durch die 0 symbolisiert. Die 0 ist nichts und alles, wenn nur eine Zahl davorsteht. Sie ist das Unendliche, das gefüllte Nichts. 0 ist das Symbol des dunklen, noch nicht erkannten Triebes (weshalb hier auch noch keine Zahl erscheinen kann). 0 ist Symbol dessen, was erweckt werden muß, das Anonyme, das – einmal wach – nur sehr schwer zu beherrschen ist. Die 0 verstärkt alles, wie die plutonische Kraft in uns alles verstärkt und ihm zum Durchbruch verhilft. Als grafisches Symbol wird die 0 mit nur einem Punkt in der Mitte zum Symbol der Sonne. Die 0 ist das noch absolut Dunkle, die Welt, in der Pluto herrscht. 0 ist eine Zahl ohne Wert, jedoch vom dunklen Drang getrieben, Wert und Achtung zu erlangen.

## Das Übertragen der Daten

Das Planetennumeroskop wird wie ein Horoskop in Kreisform mit zwölf Einteilungen dargestellt.
Die römischen Ziffern – entgegen dem Uhrzeigersinn angeordnet – weisen auf die zwölf Bereiche hin, die wir vorgestellt und im Planetennumeroskop-Bogen notiert haben. Außen sehen wir einen Doppelkreis, da werden die Endzahlen eines jeden Bereiches eingetragen. In dem kleinen Kreis in der Mitte wird die Aufgabenzahl notiert. (Die Vorlage für dieses Formular finden Sie auf Seite 223 im Anhang.)
In den Mittelräumen zeichnen wir die Planetensymbole ein, die den Zahlen im Doppelkreis entsprechen (siehe Tabelle Seite 190).
Wir sehen so auf einen Blick, ob alle zehn Planeten vertreten sind (was praktisch nie der Fall ist) oder ob ein Planet dadurch herausragt, daß er sehr oft – im Verhältnis zu den anderen Planeten – erscheint. Dies gibt uns bereits Hinweise für die zusammen-

Aufgabenzahl

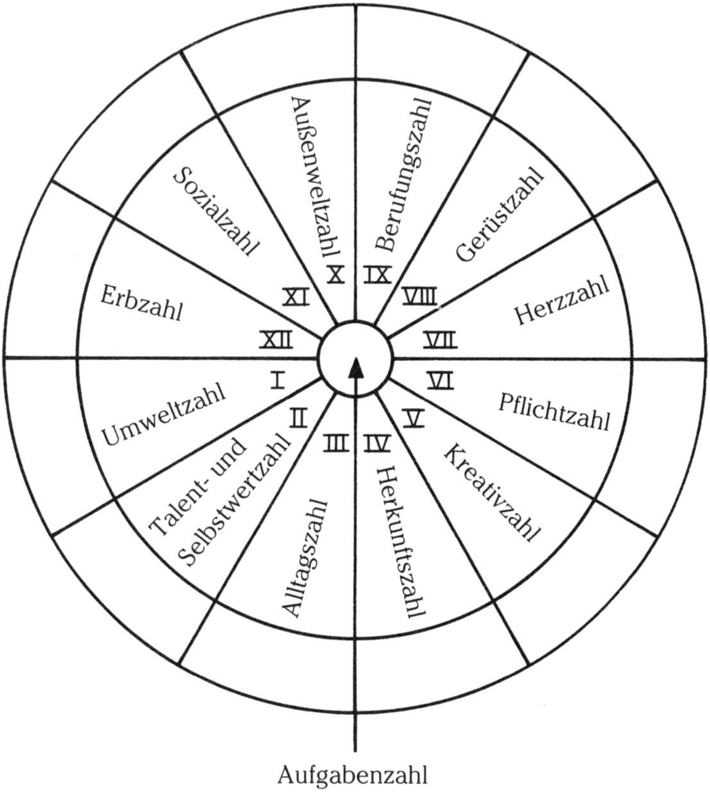

fassende Deutung. Außerdem müssen wir beachten, welche Planeten überhaupt nicht im Numeroskop erscheinen.
Hier unterscheidet sich das Planetennumeroskop von dem Horoskop der Astrologie. Dort müssen alle Planeten erscheinen, aber jeder Planet nur einmal. Im Numeroskop kann – theoretisch – in allen Bereichen nur ein Planet erscheinen, der aber dann zwölfmal. Mindestens ein Planet muß im Numeroskop viermal oder zwei Planeten drei- bzw. zweimal erscheinen, wenn alle anderen Planeten auch vertreten sind, da wir ja zehn Planeten, aber 13 Zahlen haben.
Auf den Seiten 198/199 ist der Bogen zur Berechnung des Planetennumeroskops, ausgefüllt für unsere Beispielperson Heike Rike

von Gattern-Neuhaus, abgebildet. Anhand dieses Bogens können Sie noch einmal alle Rechenvorgänge, die zur Ermittlung der Bereichszahlen geführt haben, Schritt für Schritt nachvollziehen. Dieser Berechnungsbogen ist die Grundlage des Planetennumeroskops.

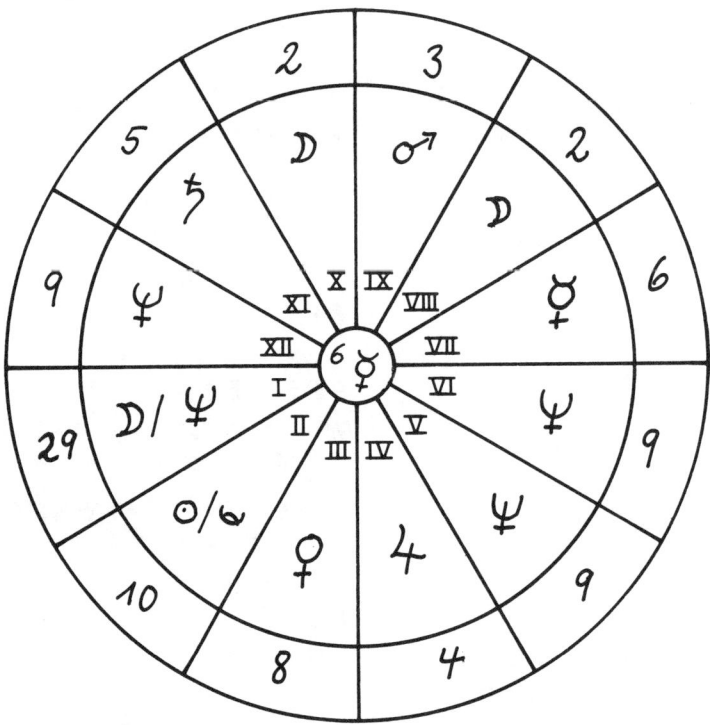

Wir haben nun die Möglichkeit, das Ergebnis für alle zwölf Lebensbereiche zu überblicken und gleichzeitig mit der Kräftewirkung der Planeten in Beziehung zu setzen.

Jeder Bereich wird durch einen (oder zwei) Planeten besetzt. Dieser Planet zeigt uns die Grundrichtung der Kraft an, die für jeden Bereich vorherrscht. Wenn wir uns dabei die Stichworte der Planeten einprägen und diese in Verbindung mit der Aufgabenrichtung der Bereiche kombinieren, kommen wir auf recht unkompliziertem Weg zu einer guten Charakteranalyse wie hier bei Heike Rike.

# Bogen zur Berechnung

| Berechnungsgrundlage | Berechnung |
|---|---|
| Geburtstag: | *29* |
| Geburtsmonat und -jahr: | *02. 1952* |
| Gesamtgeburtsdatum plus Sternzeichen: | *29. 02. 1952* |
| Geburtsort plus Prägungsort plus ev. Lebensort: | *BRESLAU* <br> *2 9 5 1 3 1 3* |
| offizieller Rufname (Taufschein) | *HEIKE RIKE* <br> *8 5 9 2 5 9 9 2 5* |
| offizieller Nachname | *VON GATTERN* <br> *4 6 5 7 1 2 2 5 9 5* |
| Vokale aller Namen: | *HEIKE RIKE ANNEMARIE* <br> *5 9 5 9 5 1 5 1 9 5* |
| Konsonanten aller Namen: | *HEIKE RIKE ANNEMARIE* <br> *8 2 9 2 5 5 4 9* |
| verwendeter Gesamtname: | *HEIKE R* <br> *8 5 9 2 5 9* |
| Quersumme Bereich III plus Quers. Bereich IX: | *8 + 3* |
| nicht verwendete Mittel-, Doppel- und Kosenamen: | *IKE ANNEMARIE* <br> *9 2 5 1 5 5 5 4 1 9 9 5* |
| Vor- und Mädchenname der Mutter plus Vor- und Nachname des Vaters plus ev. Vor- und Nachnamen der Stiefeltern: | *CAROLINE TAXUS* <br> *3 1 9 6 3 9 5 5 2 1 6 3 1* |
| Summe der Bereiche I–XII | |

## des Planetennumeroskops

|  | Zahl | Bereich |
|---|---|---|
| = | 29 | I |
| = 19 = | 10 | II |
| FISCHE<br>6 9 1 3 8 5 = | 62 = 8 | III |
| FRANK FuRT<br>6 9 1 5 2 6 3 9 2 = | 67 = 4 | IV |
| = | 54 = 9 | V |
| NEU HA uS<br>5 5 3 8 1 3 1 = | 81 = 9 | VI |
| VON GATTERN NEUHAuS =<br>6 1 5 53 1 8 | 78 = 6 | VII |
| VON GATTERN NEUHAuS =<br>4 5 7 22 9 5 5 8 1 | 92 = 2 | VIII |
| VON GATTERN<br>4 6 5 7 1 2 2 5 9 5 = | 84 = 3 | IX |
| = | 11 = 2 | X |
| NEUHAuS<br>5 5 3 8 1 3 1 = | 86 = 5 | XI |
| ERIC VON GATTERN<br>5 9 9 3 4 6 5 7 1 2 2 5 9 5<br>= | | XII |
| | 126 = 9 | |
| Aufgabenzahl = | 6 | |

# Hinweise zur Interpretation und Kombination der Daten

Bei jeder Interpretation müssen wir eines stets beherzigen: *Es gibt keine guten und keine schlechten Zahlen. Alle Zahlen haben ihre sehr persönlichen, individuellen Ausrichtungen, somit ihre Sonnen- wie Schattenseiten, wobei der Schatten zur Sonne gehört, weil Helligkeit und Dunkelheit sich nicht widersprechen, sondern ergänzen, ja das eine erst das andere möglich macht.*
Sicher gibt es für jeden individuell gesehen Zahlen, die ihm sympathischer sind als andere, was aber weder positiv noch negativ zu betrachten ist. Jede Zahl symbolisiert eine Kraft, jede Zahl hat ihre bestimmte Ausstrahlung, die nicht zu verändern ist. Deswegen sind oft – auf den ersten Blick merkwürdigerweise – Namens- oder Adressenänderungen so wirkungsvoll! Zahlen symbolisieren eine Grundprägung, mit der wir leben müssen, aus der wir aber – und dies bei jeder Zahl – das Beste machen können.
Kein Name kommt von ungefähr – auch kein Kosename! Die Aussage der Planeten kennen wir durch das Kapitel »Die Planetenzahlen« ja schon, aber wir wollen hier noch einmal Hinweise zur Ausdeutung unterbreiten, die sich mit denen der Astrologie decken, ja von ihr übernommen wurden, da die Astrologie als psychologische Erfahrungswissenschaft hier die umfassendsten und besten Grundlagen besitzt.

| Planet und Zahlenentprechung | Grafisches Symbol | Kräfterichtung |
|---|---|---|
| Sonne (1) | ☉ | Grundlebenseinstellung, Bewußtsein, Herzenssache, Führungsidee |
| Mond (2) | ☽ | Unterbewußtsein, Seele, Gemüt, empfangendes Prinzip, Ergänzung |
| Mars (3) | ♂ | Antrieb, Energie, Wille, Ehrgeiz |

| Planet und Zahlenentprechung | Grafisches Symbol | Kräfterichtung |
|---|---|---|
| Jupiter (4) | ♃ | Sinnentfaltung, Gerechtigkeit, Expansion, Objektivität |
| Saturn (5) | ♄ | Verwurzelung, Konzentration, Tradition, Schicksalskraft, Ernst |
| Merkur (6) | ☿ | Handeln und Denken, Vermittlung |
| Uranus (7) | ⊙ | Einfallskraft, Umkehr, Plötzlichkeit, Intuition |
| Venus (8) | ♀ | Gefühl, Liebe, Emotion, Kunst, Musisches |
| Neptun (9) | ♆ | Instinkt, Inspiration, Täuschungsgefahr, Animalisches |
| Pluto (0) | ♇ | Durchsetzung, Machtanspruch, Masse, Gewaltiges |

Wenden wir uns nun den einzelnen Bereichen zu. Diese zwölf Bereiche entsprechen den jeweiligen Zahlen, die über die Endquersummen der Daten oder Namen gefunden werden.

Die Namen der Bereichszahlen weisen bereits auf die jeweiligen Bereichsbedeutungen hin, die wir aber noch einmal in Stichworten umreißen wollen (siehe Tabelle Seite 202).

Dazu einige Erläuterungen:

Im ersten Bereich geht es um den Eindruck, den jemand beim Auftreten in der Umwelt macht, wobei es auch auf die Grundlebenseinstellung ankommt. (Hier finden wir sehr häufig zwei Planeten bei allen, die vom 10. bis 31. eines Monats geboren sind.

Im zweiten Bereich geht es um die Talente und den daraus resultierenden Selbstwert und um die materielle Einstellung im Leben.

Im dritten Bereich geht es um die Bewältigung des Alltags, um das Alltägliche und die Kommunikationseinstellung.

| Bereich | Zahlenart | Bedeutung |
|---------|-----------|-----------|
| I | Umweltzahl | Eindruck auf die Umwelt, Auftritt und Verhalten in der Umwelt |
| II | Talent- und Selbstwertzahl | Selbstwert, Talente, materielle Einstellung |
| III | Alltagszahl | Alltagsbewältigung und Alltagseinordnung |
| IV | Herkunftszahl | Heimatgefühl und Herkunftsprägung |
| V | Kreativzahl | Kreativität, Schöpferkraft, Freuden |
| VI | Pflichtzahl | Unterordnung, Pflichtauffassung, Bereitschaft zum Dienen |
| VII | Herzzahl | Du-Einstellung, Echo-Sehnsucht, Ergänzung |
| VIII | Gerüstzahl | Seelengrundbeziehung, psychosomatische Gefahren, Einsichten in Okkultes |
| IX | Berufungszahl | Berufung, Horizonterweiterung, Ideale |
| X | Außenweltzahl | Stellung in der Außenwelt, Beruf, Anerkennung |
| XI | Sozialzahl | Sozialeinstellung, Freundschaften, Teamverhalten |
| XII | Erbzahl | Erbprägung und Belastung, erarbeitetes Karma |

Im vierten Bereich geht es um die Einstellung zur Heimat und um das Verhältnis von Herkunfts- und Lebensort (wenn akut).
Im fünften Bereich geht es um das schöpferische Tun, die eigene Kreativität, die Lebensfreude, den inneren Elan.
Im sechsten Bereich geht es um die Pflichtauffassung, die Dienbereitschaft, die Aufgabenerfüllung, das eigene Zurückstellen.
Im siebten Bereich geht es um das Du, das Echo, um die Ergänzungsveranlagung im individuellen wie allgemeinen Sinn.

Im achten Bereich geht es um die seelischen Probleme, die Auseinandersetzung mit dem Tod, dem Jenseits, um die Einstellung zum Okkulten, um das Persönliche/Psychomatische.

Im neunten Bereich geht es um die eigenen Ideale, den Berufungswunsch, um die Sehnsucht nach Horizonterweiterung.

Im zehnten Bereich geht es um die Außenweltstellung, wie der Beruf gemeistert wird, um Rang, Ansehen und Geltung.

Im elften Bereich geht es um die Freundschaften, um das Team, die persönliche Sozialeinstellung. (Das ist der einzige Bereich, wo eine 0 – damit Pluto – als einzige Zahl erscheinen kann.)

Im zwölften Bereich geht es um das innere Erbe, mit dem jeder leben muß, um das, was in einem ganz tief sitzt, auch um das bewältigte Karma.

Die dreizehnte Zahl wird ja aus der Kombination aller zwölf Lebensbereiche ermittelt und zeigt uns die Aufgabe, die wir in diesem Leben erfüllen sollten.

Bewährt hat sich bei der abschließenden Interpretation des Planetennumeroskops folgendes Vorgehen:

Zunächst sollte jeder Bereich in der Reihenfolge seiner Berechnung einzeln ausgedeutet werden. Da aber kein Mensch aus vielen beziehungslosen Einzelteilen besteht, ist es gleichzeitig wichtig, die Ergebnisse und ihre Bedeutung immer wieder miteinander zu kombinieren. Hier ein Beispiel für die Kombination der Ergebnisse der ersten vier Bereiche:

Nehmen wir einmal an, wir haben einen Menschen, der im ersten Bereich die Zahl 1 aufweist, im zweiten Bereich jedoch die Zahl 5, im dritten Bereich die Zahl 9 und im vierten Bereich die Zahl 6. Damit kämen vier verschiedene, teilweise gegensätzliche Charaktermerkmale zum Tragen. Handelte es sich um eine Frau, so würden wir folgern können, daß diese Dame sehr selbstbewußt, ja fordernd in die Umwelt tritt (Umweltzahl 1), dort Respekt verlangt, sogar einen Führungsanspruch anmeldet. Aber bei Fragen, die ihren Selbstwert betreffen, würde diese Dame recht unsicher agieren, da sie sich hier zu sehr selbst prüft, also eine längere Zeit der Reife braucht (Talent- und Selbstwertzahl 5). Dies bedingt bereits Lebenskonflikte, denn den Anspruch, den sie stellt, den kann sie innerlich nur schwer (und nach Krisen) untermauern. Zum Glück hilft ihr da die Tatsache, daß sie Alltagsfragen mit einem guten Instinkt angehen kann (Alltagszahl 9), daß sie sich einfach richtig zu verhalten weiß. Auch im heimatlichen Bereich wird sich die Dame recht rational geben (Herkunftszahl 6). Sie braucht also zunächst Hilfe, um ihre Spätreife ohne zu großen Entwicklungsschaden zu erreichen. Sicher wird sie lernen müssen, ihr Auftreten etwas zu bremsen, das ja doch nur aus einer inneren unsicheren Einstellung kommt.

Allein so eine knappe Analyse – mehr bedarf es oft gar nicht – kann Menschen echte Hilfe bringen, weil sie sich so schnell und direkt kennenlernen. Deswegen hat es auch kaum einen Zweck, der jeweiligen Zahlenbedeutung der einzelnen Bereiche zu sehr nachzuspüren, weil dies mehr Verwirrung als Klarheit bringen könnte. Es geht mehr um die Aufdeckung von Widersprüchen in einem selbst, um mögliche Konsequenzen ziehen zu können. Da für die zwölf Bereiche die Einzelzahlen in der Schlußquersumme jeweils eine andere Bedeutung haben, sollte am Ende, wenn wir die Bereiche errechnet und einzeln ausgedeutet haben, eine Gesamtkombination erfolgen. Jeder Bereich repräsentiert ein anderes Lebensgebiet, und wer weiß nicht, daß sich Menschen auf verschiedenen Gebieten auch unterschiedlich zeigen! Diesem nachzuspüren und den Gesamtcharakter dabei nicht außer acht zu lassen, das ist die Kunst der Numerologie. Das bedarf der Übung, wie wir sie auch bei der Handdeutung oder der Ausdeutung eines Horoskops benötigen, wenn dies hier auch leichter erscheinen mag.

Manche Widersprüche sind nun derart groß, daß auf einen recht zerrissenen Menschen geschlossen werden muß. Andere Widersprüche ergänzen sich dagegen bestens oder heben sich gegenseitig auf. Wer kennt nicht Menschen, die nach außen recht forsch und scheinbar selbstsicher auftreten, innerlich aber voller Angstgefühle sind, aus denen sich große Hemmungen ergeben. Andere gehen dagegen sehr ruhig und gewissenhaft ihrer Tagesarbeit nach, aber sie sind dann nach Feierabend nicht wiederzuerkennen, so abenteuerlich geben sie sich.

Damit soll gesagt werden, daß jede der Quersummen der Bereiche zwar für den einzelnen Bereich eine recht treffende Aussage macht, daß es aber auf die *kombinierte Endaussage* ankommt. Die dreizehnte Zahl, die wir gewinnen, zeigt dann nämlich die Lebensaufgabe an, die unser Leben bestimmen *sollte*. Mit zwei oder drei Teilergebnissen ist es also in der Numerologie nicht getan, da es stets auf den ganzen Menschen ankommt.

# Zwei Kurzbeispiele

## Erste Beispielanalyse

Beim ersten Beispiel handelt es sich um eine Frau – unsere fiktive Person Heike Rike von Gattern-Neuhaus. (Den ausgefüllten Berechnungsbogen finden Sie auf Seite 198/199.)
Das Planetennumeroskop für Heike Rike sieht folgendermaßen aus:

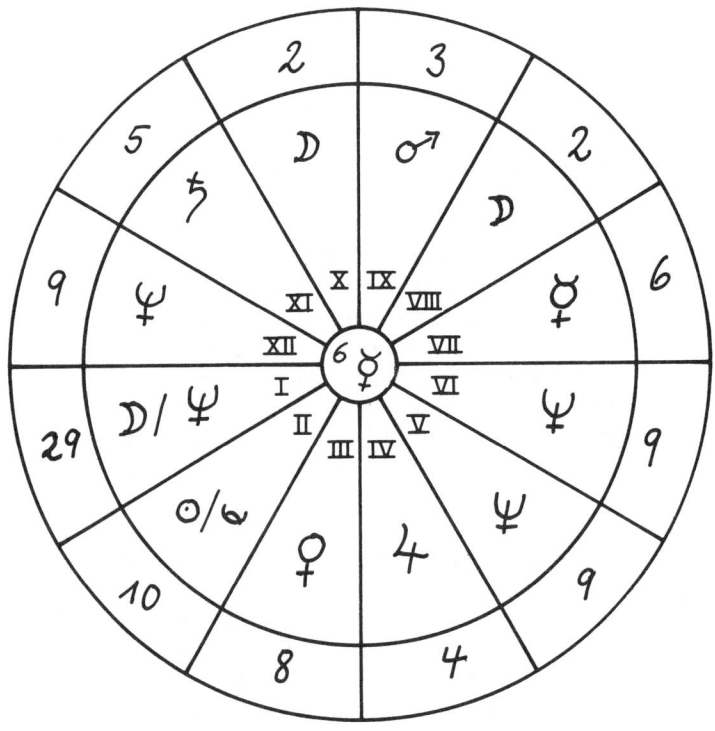

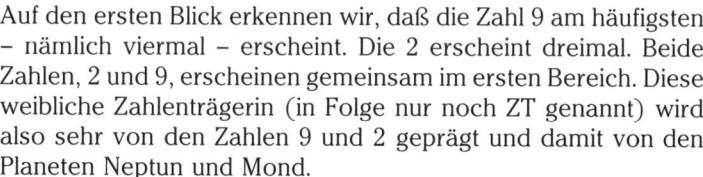

Auf den ersten Blick erkennen wir, daß die Zahl 9 am häufigsten – nämlich viermal – erscheint. Die 2 erscheint dreimal. Beide Zahlen, 2 und 9, erscheinen gemeinsam im ersten Bereich. Diese weibliche Zahlenträgerin (in Folge nur noch ZT genannt) wird also sehr von den Zahlen 9 und 2 geprägt und damit von den Planeten Neptun und Mond.

Die Zahl 1 (Sonne), 3 (Mars), 4 (Jupiter) und 5 (Saturn) erscheinen je einmal, während die 6 (Merkur) einmal als Bereichszahl und dann noch einmal als Aufgabenzahl erscheint. Nicht vorhanden ist die Zahl 7 (Uranus). Daraus können wir schon eine Menge folgern:

Instinkt und Seele (9 und 2) oder der unbewußte Instinkt überwiegen, ja bestimmen das Handeln der ZT. Da ist es gut, daß der Verstand (Merkur) als Aufgabe (Aufgabenzahl 6) geschult werden muß.

Alle anderen Kräfte sind zwar vorhanden, treten aber sehr zurück. An Intuition, also an Einfallskraft (die fehlende 7) dürfte es mangeln. Man könnte auch daraus schließen, daß sich die ZT nicht auf die Intuition verlassen sollte.

Soweit der erste Eindruck, der nun noch über die Ausdeutung der einzelnen Bereiche differenziert werden kann. Die ZT tritt mit Vorsicht in die Umwelt, verläßt sich auf ihren Grundinstinkt (Umweltzahl 29). Sie reagiert empfindlich gegen Angriffe, zeigt sich leicht verletzbar, spürt aber wiederum mit Empfindungskraft auf, was sich bei den Menschen ihrer Umgebung entwickelt. Eine gute Inspiration hilft ihr dabei, nicht nur die anderen zu verstehen, sondern diese auch anzuregen, so daß sie meist das Richtige tun dürfte, solange sie sich auf ihren Instinkt verläßt, was ihre Umweltstellung stärkt.

Was ihren Selbstwert angeht, da ist die ZT überzeugter, als es nach dem ersten Eindruck scheint (Talent- und Selbstwertzahl 10). Sie will ihre Talente und Gaben schon massiv durchsetzen, und auf Kritik an ihrer Person reagiert sie nicht nur empfindlich, sondern heftig. Ihr Selbstwertgefühl ist so leicht durch nichts zu erschüttern, hier zeigt sich die ZT stark und auch mutig.

Im Alltagsgeschehen reagiert sie dagegen überwiegend mit Gefühl (Alltagszahl 8). Das heißt, sie zeigt Empfindungen für andere Menschen, leidet mit, und sie versucht mit Liebe und Mitgefühl, sich und anderen den Alltag zu erleichtern. Dabei legt die ZT einen guten Geschmack an den Tag, sie verschönt ihre Umgebung wo sie kann, angefangen bei einem schönen Heim bis hin zur eleganten Mode, die mit viel Schick getragen wird; auch das Kunsterlebnis gehört zu ihrem Alltagsleben. Was ihre Einstellung zur Heimat und zum Heim betrifft, da zeigt sich die ZT gerade hier sehr entfaltend (Herkunftszahl 4). Sie tritt für ihre Heimat ein und kann durchaus patriotisch, aber nie fanatisch reagieren. Sie liebt ihre Heimat und will, daß ihrem Herkunftsort Gerechtigkeit widerfährt. Dafür tritt sie ein. Verleugner der Heimat lehnt sie ab.

Was ihre schöpferischen Impulse angehen, so sind diese ganz vom Instinkt angeregt und geleitet (Kreativzahl 9). Da hört sie (wenn) auf ihre innere Stimme und das eher in somnabuler Art. So kann sie zu großen Erkenntnissen fähig sein, sich aber auch teilweise mit animalischen Bedürfnissen (etwa auf erotischem Gebiet) zufriedengeben.

Dies gilt auch für ihre Pflichtauffassung. Instinktiv macht sie zunächst nur, was sie für unbedingt notwendig erachtet (Pflichtzahl 9). Dies ändert sich schlagartig, wenn die Pflichten sie selbst oder ihre Angehörigen berühren. Das heißt, im letzten Moment, wenn es wirklich ernst wird (also fünf Minuten vor zwölf), packt sie zu, dann erfüllt sie, was von ihr gefordert wird. Ist jedoch die Alarmsituation beendet, besteht die Gefahr, daß die ZT wieder in ihren alten Trott zurückfällt, so daß sie sich dann leider manchmal wieder gehenläßt.

Was die Partnerschaft, das Echo-Bedürfnis, die Du-Einstellung betrifft, so kann die ZT dies alles recht rational in ihr Leben einordnen (Herzzahl 6). Sie handelt hier eigentlich sehr praktisch. Es ist ihr ein tiefes Bedürfnis, mit dem Partner vor allen Dingen die gleiche Sprache zu sprechen, was ja auf ein ähnliches Grunddenken hinausläuft. Wandelt sich die gemeinsame Sprache einmal so, daß sich die ZT mit dem Partner nicht mehr stumm oder mit wenigen Worten versteht, dann dürfte der Partnerschaft die Basis entzogen sein.

Eine starke unterbewußte Beziehung hat die Partnerin zum Jenseits, zum Karma-Gedanken, und auch für andere esoterische Richtungen (Gerüstzahl 2). Das Psychosomatische spielt in ihrem Leben eine große und wichtige Rolle. Wenn zum Beispiel die ZT krank wird, dann entscheidet die Seele, ob sich dies zur Katastrophe hin entwickelt oder ob ihre inneren Heilkräfte ihr eine schnelle Gesundung ermöglichen. In dieser Beziehung wird die ZT auch vielen anderen Menschen wirklich kostbare Hinweise geben können.

Was ihre Berufung angeht, so zeigt sich die ZT hier äußerst selbstbewußt (Berufungszahl 3). Ihrer Berufung strebt sie mit allem Ehrgeiz nach. Man kann sagen, was ihre Talente, was ihren Selbstwert und was ihre Berufung angeht, da ist die ZT fast überaktiv, da muß sie sich oft selbst bremsen, damit kein Selbstschädigungseffekt auftritt. Aber hier ist sie engagiert.

Weniger im Beruf selbst. Ihre Außenstellung, wenn diese am Beruf oder am Verdienst gemessen wird, ist ihr verhältnismäßig egal (Außenweltzahl 2). Sie möchte schon anerkannt werden (auch wenn sie dies nicht zugibt), aber sie braucht eher eine innerliche Anerkennung durch sich selbst als durch die Außenwelt. Auf Titel und Auszeichnungen kann die ZT recht gut verzichten.

Ihre Prüfungen (und Selbstprüfungen) erlebt die ZT auf sozialem Gebiet (Sozialzahl 5). Im Miteinander mit anderen Menschen erlebt sie ihr Schicksal. Da wird sie ihre Niederlagen verdauen müssen, um aus diesen zu lernen. Ihre Verpflichtungen in Freundschaften kann und wird die ZT nicht so leicht übergehen können. Da sitzt der Prüfer in ihr, da erwartet sie ihre Bewährung.

Was das Erbe betrifft, das die ZT mitträgt, so zeigt sich hier eine sehr tiefgehende, animalische Beziehung zu ihren Eltern (Erbzahl 9). Alle unbewußten Impulse, die ganze Instinktausrichtung kommt von den Eltern (oder Großeltern) oder aus der Herkunft. Oft wird sie sich damit herumschlagen müssen, um zu einem selbständigen Handeln zu kommen, die Abnabelung wird sicher nicht ganz so leicht erfolgen. Dies ist insofern recht wesentlich, weil der Instinkt ja die stärkste Kraft darstellt, so daß sich diese ZT erst sehr langsam von den elterlichen Bindungen (mehr innerlich als äußerlich) wird lösen können.

So ist es gut, daß ihre Aufgabe sich ins Praktische hinbewegt (Aufgabenzahl 6). Die ZT muß also lernen, aus ihrer etwas animalischen Lebensauffassung aufzuwachen, das Reale anzuerkennen und auch zu verwirklichen. Da diese Kraft (der Merkur) sich im Partnerschaftsbereich zeigt, wird wohl die Lösung der Lebensaufgabe überwiegend aus der Partnerschaft erfolgen oder durch Erfahrungen mit Partnern. Dabei geht es nicht nur um enge Partner, sondern auch um das allgemeine Echo, das mit Vernunft und im vermittelnden Sinn angestrebt werden sollte. Also auch durch bewußte Arbeit an sich selbst.

So läßt sich recht gut eine Grundanalyse anfertigen, über die dann mit den jeweiligen Zahlenträgern (ZT) gesprochen werden kann. Plötzlich wird vielen klar, welche Grundkräfte sie in welchen Bereichen bewegen, was sie vorher kaum so deutlich wahrgenommen haben. Aus dem Gespräch entwickeln sich dann meist weitere persönliche Folgerungen, die entscheidend zu einer reifen Entwicklung beitragen können.

## Zweite Beispielanalyse

Beim zweiten Beispiel handelt es sich um einen Mann – unsere fiktive Person Klaus Maria Franz Josef Felsenreich. Seine Ergebnisse sind im untenstehenden Planetennumeroskop-Bogen zusammengefaßt dargestellt. (Die ausführliche Beschreibung der Ermittlung dieser Daten finden Sie jeweils bei den Bereichen.)

| BEREICH | ZAHL |
|---|---|
| I: Umweltzahl | 2 7 |
| | + |
| II: Talent- und Selbstwertzahl | 5 |
| | + |
| III: Alltagszahl | 6 |
| | + |
| IV: Herkunftszahl | 6 |
| | + |
| V: Kreativzahl | 7 |
| | + |
| VI: Pflichtzahl | 5 |
| | + |
| VII: Herzzahl | 6 |
| | + |
| VIII: Gerüstzahl | 9 0 |
| | + |
| IX: Berufungszahl | 3 |
| | + |
| X: Außenweltzahl | 9 |
| | + |
| XI: Sozialzahl | 3 |
| | + |
| XII: Erbzahl | 9 |
| | = *176* |
| Aufgabenzahl *1 + 7 + 6 = 14* | 5 |

Das ausgefüllte Planetennumeroskop sieht dann folgendermaßen aus:

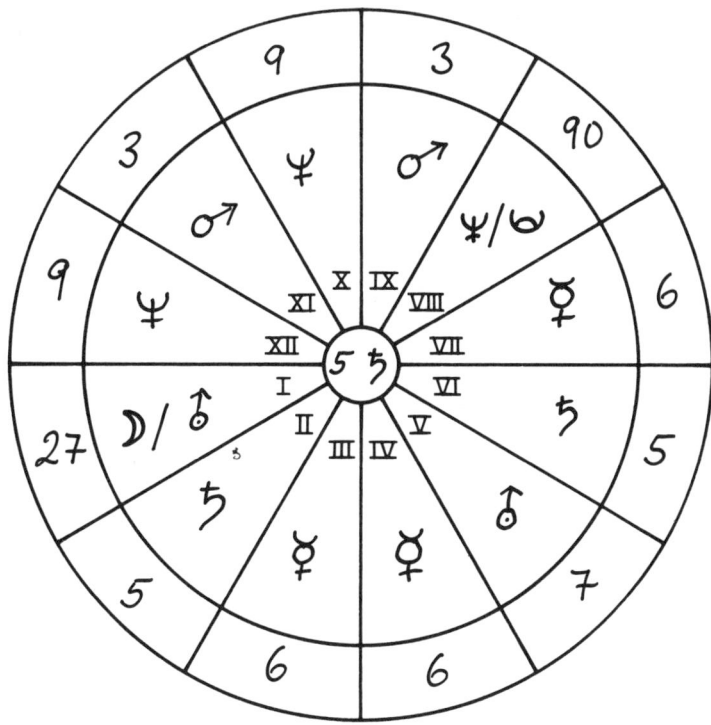

Dieses Planetennumeroskop dieses männlichen Zahlenträgers
zeigt in drei Bereichen den Merkur (6), Mars (3) ist zweimal vertreten, genau wie Saturn (5) und Neptun (9), einmal zusammen
mit Pluto (0). Ebenfalls einmal erscheint Uranus (7) gemeinsam
mit dem Mond (2).
Es fehlen die Planeten Sonne (1), Venus (8) und Jupiter (4). Dies
läßt darauf schließen, daß dieser ZT vielleicht etwas zu cool
seinen Weg geht, wobei Ehrgeiz zwar vorhanden, aber Würde
und echter Entfaltungsdrang fehlen. Als Aufgabenzahl finden wir
die Ziffer 5, was also saturnische Aufgabenrichtung anzeigt, und
auch hier – um dies schon vorwegzunehmen – schauen wir, wo

Saturn noch zu finden ist, im zweiten (Selbstwert) und sechsten (Kreativität) Bereich. Dies besagt, daß dieser ZT sich sehr um seine Tiefe, seine Verwurzelung, aber auch um die Tradition zu kümmern hat. Dafür hat er eventuell auf seine individuelle Entfaltung, auf die Ego-Befriedigung zu verzichten. Diese Erkenntnisse sind für einen Menschen, der sich in inneren Konflikten befindet, oft schon sehr hilfreich.

Wenn wir die Bereiche durchgehen, können wir feststellen, daß der ZT sich sehr empfindsam und zartfühlend der Umwelt stellt, aber auch mit Einfallskraft und Intuition (Umweltzahlen 2 und 7). Beides zusammen gibt manchmal ein wenig Schwierigkeiten, da die Einfälle angebracht werden wollen, aber die empfindliche Seele Angst empfinden kann, ob dies auch von der Umwelt gut aufgenommen wird.

Der Selbstwert ist sehr zweifelnd, sehr prüfend (Talent- und Selbstwertzahl 5). Die Kraft des ZT liegt in seiner Verwurzelung, seiner Konzentrationsfähigkeit und auch in der eigenen Schicksalsprüfung. Der ZT wird Reife benötigen, ehe er aus sich herausgehen kann. Er sollte sich einen Beruf suchen, wo er sich mit dem Vergangenen zu beschäftigen vermag. (Vorgriff, da dies ebenso für den Pflichtbereich gilt, weil auch hier Saturn regiert.) So wäre ein Beruf in Richtung Archäologie oder Religionswissenschaft sicher nicht schlecht (Anregung!).

Der Alltag wird dagegen bestens gemeistert (Alltagszahl 6). Was getan werden muß, das kann der ZT gut erfüllen. Hier ist er praktisch veranlagt, da kommt sicher seine gute Möglichkeit zum Vermitteln zum Tragen.

Dies gilt auch für die Beziehung zum Heim oder zur Heimat (Herkunftszahl 6). Dieser ZT kann wegen des Berufes (zum Beispiel) seine Heimat verlassen, weil er sich überall halbwegs gut einzurichten versteht. Auch was die Familie betrifft, wird sich mit dieser alles gut regeln und ordnen lassen.

Was das Kreative und Schöpferische angeht, so verfügt der ZT hier über beste Einfälle, über eine herausstechende Intuition (Kreativzahl 7). Das hieße also (wenn wir einmal beim Beispiel Archäologie bleiben), daß der ZT ganz hervorragend ausgegrabene Steine identifizieren könnte oder – um ein weiter gestecktes Ziel anzupeilen – sogar die Intuition besäße, Fundstellen aufzuspüren, unter welchem der vielen Sandhügel (in Ägypten etwa) sich Schätze finden ließen, die es wert wären, ausgegraben zu werden. Aber unser ZT hätte auch die Intuition, viele Bruchstücke zu einem Ganzen wieder zusammenzufügen, was oft das Schwierigste im Ausgrabungsmetier ist. Auch auf anderen Gebieten besäße dieser ZT beste Einfälle, um wirklich etwas schöpferisch in Bewegung zu setzen.

Im sechsten Bereich schließlich, der Pflichtauffassung (sie wurde schon im Zusammenhang mit dem zweiten Bereich genannt), herrscht das Saturnische (Pflichtzahl 5), also das Gewissenhafte, das Zuverlässige, die ungeheure Arbeitsgeduld und der zähe Fleiß, der erst Erfolge bringt.

Auch hier – wie in unserer ersten Analyse – dürfte die Partnerschaft kein so großes Problem darstellen (Herzzahl 6). Man könnte meinen, daß sich in diesem Fall die Partnerschaft eher aus praktischen Überlegungen ergibt, so daß die Wahrscheinlichkeit besteht, daß die Partnerinnen fast alle über den Beruf in das Leben dieses ZT treten. Auch hier ist die Voraussetzung für das gute Bestehen einer Bindung, das gemeinsame Handeln und die Fähigkeit, miteinander verständnisvoll reden zu können.

Was nun den seelischen Bereich angeht, da müssen wir hier zwei Planeten berücksichtigen, Neptun und Pluto (Gerüstzahl 90). Dies besagt, daß der ZT hier instinktiv an die okkulten, esoterischen und seelischen Bereiche herangeht, und zwar (durch die 0, also Pluto verstärkt) mit Vehemenz. Hier wird es kaum ein Halten geben, was auch für den (angenommenen) Beruf eines Archäologen gut wäre, weil es ja sehr des Instinktes bedarf, um gewissen Zusammenhängen (innerer Art) auf die Spur zu kommen. Denken wir nur an Religionsüberlieferungen oder an gewisse Rituale, Bräuche und Sitten. In diesem Bereich wird also das Hauptinteresse zu suchen sein, weil eben hier die Durchsetzung (Pluto) mit im Spiel ist.

Auch im Berufungsengagement haben wir es – wie im Beispiel der ersten Analyse – mit einem marsischen Zeugungsehrgeiz zu tun (Berufungszahl 3). Der ZT will schon etwas bewegen, in ihm lebt ein Drang höherzukommen, das Ziel nicht zu tief unten anzuvisieren. Hier werden also Grundideale eine wichtige Rolle spielen. Sie werden zwar öfters unterdrückt (starke saturnische und merkurische Kräfte wirken hier dagegen), aber nie ganz verdrängt. Es kommt also darauf an, eine Kombination aller Kräfte im Gesamtbild zu erkennen. Das heißt, alle Kräfte müssen auch im Zusammenhang miteinander gesehen werden.

Was die Außenwelt- und Berufsstellung betrifft, so folgt der ZT hier seinem Instinkt (Außenweltzahl 9), wird also da recht gut fahren, solange er diesen Instinkt nicht verdrängt und sozusagen vernünftig denkt. Diese Gefahr ist gegeben, da Merkur (6) als Kraftsymbol am häufigsten vertreten ist und vor allem auch den Alltagsbereich beherrscht. Hier also muß der ZT die Mitte zwischen praktischer Vernunft und Instinkt finden.

Was den Bereich Freundschaft und Soziales betrifft, so zeigt sich der ZT hier sehr engagiert (Sozialzahl 3). Er kämpft um seine Freundschaften, er will in einem Team anerkannt werden, möglichst der Erste und der Beste sein, aber er vermag sich gleichzeitig bei sozialen Fragen gegen Ungerechtigkeiten zu engagieren.

Im letzten Bereich zeigt sich – wie im Beispiel vorher –, was das Erbe der Familie betrifft, eine sehr tiefgehende, animalische Beziehung, was die Abnabelung erschweren könnte (Erbzahl 9). Da der ZT aber männlich ist, wird es ihm weniger Schwierigkeiten bereiten, weil ja die Instinktbeziehung bei Männern in der Regel (Ausnahmen bestätigen dies selbstverständlich) nicht so stark und bindend ist.

Als Aufgabenzahl haben wir die Zahl 5 gefunden. Dies bedeutet: Saturnisches bestimmt die Aufgabenstellung. Die Auseinandersetzung mit der Tradition, die gewissenhafte Prüfung, die Konzentration auf das Wesentliche, all dies sind Merkpunkte für die Schicksalsaufgabe eines »Fünfers«. Der ZT muß sich auf das Notwendige beschränken, kann dann jedoch mit dieser Beschränkung Höchstleistungen erzielen, wenn er sich nicht verzettelt. Der Boden unter den Füßen darf ihm nie verlorengehen. Zu berücksichtigen wäre gerade in Beziehung zur Aufgabenzahl, daß in diesem Numeroskop die Zahl 4, die der Jupiter-Entfaltung, fehlt, was die Beschränkungs- und Konzentrationstendenz unterstreicht.

# Numerologie –
# Mehr als ein Partyspiel?

Jede sogenannte Geheimwissenschaft ruft – mit vollem Recht – Skeptiker auf den Plan. Das erleben Astrologen, Handdeuter sowie Kartenleger. Viele Zweifler sind der Ansicht, daß eine gewisse Zahlenspielerei ja recht amüsant sein könne und sich sicher exzellent für ein Partyspiel eigne. Diese Skepsis kann nie durch Argumente ausgeräumt werden, sondern nur durch eine praktische Beschäftigung mit der Numerologie, was auch für alle anderen esoterischen Disziplinen gilt. Meist ist die Skepsis bei den Menschen am stärksten, die sich mit so einer Materie nie beschäftigt haben, beruht also mitunter auf einem Vorurteil. Diese Zweifler können sich nicht vorstellen, daß hinter oder in den Zahlen ein Geheimnis verborgen ist.

Es ist zu Beginn schon ausgeführt worden, daß die Numerologie wie überhaupt die Beschäftigung mit der Magie der Zahlen nie einer »rein vernünftigen« Überlegung entsprungen ist, sondern daß stets mystische Überlieferungen im Zusammenhang mit menschlichen Erfahrungen dabei eine Rolle gespielt haben. Und diese Mythen wirkten nicht nur in der Urzeit, nicht nur im abergläubischen Mittelalter, sondern sie wirken auch noch heute, wobei das Wort *wirken* nichts mit äußerlicher Wirkung oder äußerlichem Einfluß zu tun hat. Die Zahlen *wirken* durch ihren okkulten Gehalt, durch das Geheimnis, das in ihnen lebt. Aber alle Erklärungen bleiben irgendwie unvollständig, weil esoterische Erfahrungen und Schlußfolgerungen nicht mit dem »klaren« Verstand allein zu erläutern sind. Das einzige, was weiter hilft – ob pro oder contra – ist die Beschäftigung mit der Numerologie selbst.

Wer versucht, sich und andere über die Zahlen ein wenig besser kennenzulernen, wird – tausendfache Erfahrung bestätigt dies – vom Zauber, von der Magie der Zahlen nicht mehr loskommen, er wird Zusammenhänge entdecken, die er vorher nicht ahnte und sich daher auch nicht vorstellen konnte. Schon allein die Tatsache, daß sich jemand über die Zahlen mit sich selbst beschäftigt, öffnet weite Tore zum sich selbst verstehen. Aber nicht ein Bereich kann uns dabei genügende Auskunft geben, wie zum Beispiel allein die Aufgabenzahl, sondern nur das gesamte Planeten-numeroskop, das dann in seinem großen Zusammenhang im wahrsten Sinn des Wortes erdeutet werden muß.

Aber neben dem Kennenlernen der eigenen und fremder Persönlichkeiten gibt es noch zahlreiche andere Anwendungsgebiete für die Kunst des Numerologen. Es wird zum Beispiel immer wieder gefragt: Kann ich durch Änderung meines Namens oder meiner Adresse mein Leben ändern? Antwort: Durch rein äußerliche Änderung sicher nicht. Was man tun kann, ist, durch ein Sicherkennen Änderungen in seinem Verhalten vorzunehmen, die zu einer Veränderung des Wesens führen können. Und dies kann durchaus durch eine Namensverkürzung oder -erweiterung unterstrichen werden.

In vielen Numerologie-Büchern ist zu lesen, man brauche nur die Stadt zu verlassen, um in einer neuen Stadt (nach Zahlen ausgesucht) glücklicher anzufangen. So einfach geht es sicher nicht, wenn auch unbestritten ist, daß bestimmte Charaktere in gewissen Städten besser ankommen, während sie es in anderen Städten schwerer haben. Künstler können ein Lied davon singen. Sie bekommen in manchen Städten Jahrzehnte hindurch immer schlechte Kritiken, während sie in anderen Orten ständig (mit derselben Leistung) gefeiert werden. Dies heißt, die Mentalität einer Stadt ist oft anders als die der Nachbarstadt, und das spiegelt sich auch im Verhältnis zu Menschen höchst individuell wider. Dies darf aber nicht dazu führen zu folgern, daß die Stadt, das Land oder die Einwohner schuld sind.

Es ist sicher makaber, wenn sich Menschen ihre Lebenspartnerinnen oder -partner nach deren Zahlenwert aussuchen. Im Gegensatz dazu steht aber die Tatsache, daß diejenigen, welche die Zahlen ihrer Partnerinnen oder Partner wissen, für diese mehr Verständnis aufbringen können. Wer seine und die Aufgabenzahl anderer kennt, versteht Verhältnisse zwischenmenschlicher Art oft sehr viel besser und wird wohl auch toleranter gegen andere und gegen sich selbst.

Sicher zeigen Zahlen nur Grundtendenzen oder Grundcharakteranlagen an und weniger die Veränderungen oder aktuellen Entwicklungen. Selbstverständlich spielen auch Erziehung, Tradition, Schicksalsschläge und wichtige Begegnungen von Menschen untereinander in der Entwicklung eines jeden eine große Rolle, weil uns dies alles beeinflussen, ja verändern kann. Um so

wichtiger erscheint es, sich über die Numerologie auf die Grund-
veranlagung zu besinnen.
Damit kommen wir noch zu einem häufigen Mißverständnis.
Viele Menschen nehmen die ihnen genannten Zahlen nicht an, sie
meinen spontan, das entspräche nicht ihrem Charakter, ihrer
Veranlagung. Meist urteilen sie von ihrer gegenwärtigen Situation
aus, die aber nichts mit ihren ursprünglichen Verhaltensweisen
zu tun haben muß!
Oft wird gefragt: Hat es Zweck, die Adresse zu ändern oder die
Adresse anders zu schreiben?
Antwort: Eine einprägsame Adresse ist immer gut, aber sie sollte
auch zum Namen und damit zur Ausstrahlung des Menschen
passen. Bei Adressenänderungen kommt es außerdem sehr darauf an, ob ich eine gute Adresse für Geschäftsverbindungen
suche oder ein Heim, in das ich mich zurückziehen kann. Auch
hier spielen etwa leichtauszusprechende Straßennamen eine
wichtige Rolle, wobei auch die Hausnummer bedeutungsvoll ist.
Die Nummern 1, 3 oder 7 werden von Numerologen stets bevorzugt, während die 13 und auch die 12 längst nicht so gern gesehen
werden.
Auch erhebt sich die Frage: Soll ich das Wort »Straße« ausschrei-
ben oder als »Str.« abkürzen?
Beispiel:
S C H I L L S T R A S S E   1 1
1 3 8 9 3 3 1 2 9 1 1 1 5   1 1 $= 49 = 13 = 4$
oder:
S C H I L L S T R .   1 1
1 3 8 9 3 3 1 2 9 9   1 1 $= 50 = 5.$
Wir erhalten also einmal die Quersumme 4 und einmal 5, durch
eine 0 verstärkt.
Nun meinen eingeschworene Numerologen, man sollte sich die
Zahl nach seiner Aufgabenzahl aussuchen oder nach seinem
Geschäftsinteresse. Ein Steuerbüro wäre mehr mit der Zahl 5 zu
identifizieren, während ein Planungsbüro eher der Zahl 4 entspräche. (Letzteres geht sicher in Richtung Ulk, kann also nicht
ganz ernst genommen werden, aber andererseits schadet es ja
auch niemandem.) Aber sich die Adresse eher nach der Aufgabenzahl zu wählen, das hieße schon numerologisch richtig zu
denken, nur wird dies nicht immer möglich sein.
Sehr wichtig ist die Wahl der Telefonnummer, die ja manchmal

mitausgesucht werden kann, und auch die Wahl der Kontonummer. Erfahrene Numerologen lassen sich nicht irgendeine
Kontonummer zuteilen; wenn es sein muß, wechseln sie sogar
deshalb die Bank. Dasselbe gilt für Postfächer.
Auch Firmennamen sollten nicht gedankenlos gewählt werden.
Hier kommt es natürlich auf die Ausrichtung an. Bei einer Werbe-
firma wählt man einen anderen Namen als bei einer Tischlerei
oder Metzgerei. Dies gilt ganz besonders für Abkürzungen oder
Zusätze, wenn ich dem Firmennamen zum Beispiel »und Sohn«
oder »Söhne« zufüge.
Möglichkeiten der Numerologie im praktischen Leben gibt es also
viele. Nach der Namenszahl kann man sich einen Rechtsanwalt
oder einen Verleger aussuchen. Manche Autoren möchten sicher
lieber, daß ihr Verleger die Zahl 6 als die Zahl 10 besitzt, da die
Zahl 10 hieße, der Verleger wollte mehr glänzen, während sich ein
Verleger mit der Zahl 6 eher praktischer und dienender für seine
Autoren einsetzen würde. Ganz genau ist dies jedoch nur mit der
Zahl des sechsten Bereichs zu eruieren.
Wichtig erscheint es oft, die richtige Datumszahl für eine Ge-
schäftsgründung oder für einen Vertrag auszusuchen, wobei
manche Numerologen sogar so weit gehen, daß sie die Uhrzeit
der Unterschriftsleistung mit einbeziehen. Letzteres sollte aber
auf die Stunde abgerundet werden, weil sich Unterschriftsleistun-
gen über Minuten hinziehen, und jede Minute bringt ja eine andere
Zahl. Dies zeigt, daß es keinen Sinn hat, zuviel heraustüfteln zu
wollen. Wichtiger (und sicher auch richtiger) wäre es dagegen,
das Planetennumeroskop bei einer Berufswahl miteinzubezie-
hen, wobei es auf die Aufgabenzahl sowie auf die Alltagszahl, die
Pflichtzahl und die Außenweltzahl ankommt.
Wer will, kann sich die Glückszahlen für das Lottospiel nach
seinem Geburtstag (oder einer anderen Zahl) aussuchen. Wer
am 10. geboren ist, der muß sich Zahlen mit der Quersumme 1
wählen, also: 1, 10, 19, 28, 37 und 46.
Wer am 4. Geburtstag hat, der wählt: 4, 13, 22, 31, 40 und 49.
Wer am 16. geboren ist, hat die Quersumme 7, also lauten die
Zahlen: 7, 16, 25, 34, 43, und als sechste Zahl wird die Monatszahl
der Geburt genommen.
So oder so: Numerologie kann anregend sein, für manche als
Spaß, für andere als ernsthaftes Hobby und für sehr Interessierte
als ein Weg zur Menschenkenntnis.

# Literaturverzeichnis

Birkenbihl, Vera F.:
Zahlen bestimmen Dein Leben, mvg, München 1981
Bischoff, Dr. E.:
Die Mystik und Magie der Zahlen, Schikowski, Berlin 1982
Cheiro:
Das Buch der Zahlen, Bauer, Freiburg 1981
Hitchock, Helyn:
Selbsthilfe durch Numerologie, Peter Erd, Berg/Starnberger See 1984
Kissener, Hermann:
Lebenszahlen, Drei Eichen, München 1960
Mertz, Bernd A.:
Astrologie, Falken, Niedernhausen 1979
Mertz, Bernd A.:
Kartenlegen, Falken, Niedernhausen 1985
Silver, Jules:
Numerologie, Ariston, Genf 1976

# Anhang Ermittlungsbögen

In diesem Anhang finden Sie drei verschiedene Formulare, die Ihnen helfen sollen, Ihre persönlichen Daten festzuhalten und übersichtlich darzustellen. Auf den Seiten 220/221 finden Sie den Bogen zur Berechnung des Planetennumeroskops, der Platz zum Eintragen der Bereichszahlen und aller Zwischenschritte bietet. Der auf Seite 222 abgebildete Planetennumeroskop-Bogen (Übersicht) ist nur zum Eintragen der Endergebnisse gedacht. Wer seine Zahlen mit denen anderer Personen vergleichen möchte, kann dafür die Spalten 2 und 3 benutzen.

Das Planetennumeroskop von Seite 223 schließlich ist für die zusammenfassende Darstellung der Zahlen mit ihren jeweiligen Planetenentsprechungen gedacht.

Wer nicht in dieses Buch schreiben möchte, kann sich die Formulare natürlich auch kopieren.

Abschließend noch ein paar allgemeine Hinweise:

So einfach die Rechenvorgänge auch sind: man verrechnet sich schnell. Jeder sollte deshalb immer gewissenhaft vergleichen, ob die Buchstaben auch mit den korrekten Zahlenwerten versehen sind (Tabelle Seite 48) und er sich bei der Addition nicht vertan hat.

Man muß jeweils alle Zahlen hintereinander addieren, also keine Zwischenquersummen bilden. Am Ende käme dann zwar dasselbe heraus, aber man kann so nicht feststellen, ob es nicht eine runde Zahl, also eine Zahl mit einer 0, gegeben hätte.

Diese 0 ist wichtig, denn sie zählt beim Erstellen des Planetennumeroskops als Planet, in diesem Fall Pluto.

# Bogen zur Berechnung

| Berechnungsgrundlage | Berechnung |
|---|---|
| Geburtstag: | .............................. |
| Geburtsmonat und -jahr: | ........................... |
| Gesamtgeburtsdatum plus Sternzeichen: | ....................................... |
| Geburtsort plus Prägungsort plus ev. Lebensort: | ....................................... |
| offizieller Rufname (Taufschein) | ....................................... |
| offizieller Nachname | ....................................... |
| Vokale aller Namen: | ....................................... |
| Konsonanten aller Namen: | ....................................... |
| verwendeter Gesamtname: | ....................................... |
| Quersumme Bereich III plus Quers. Bereich IX: | ....................................... |
| nicht verwendete Mittel-, Doppel- und Kosenamen: | ....................................... |
| Vor- und Mädchenname der Mutter plus Vor- und Nachname des Vaters plus ev. Vor- und Nachnamen der Stiefeltern: | ....................................... ....................................... |
| Summe der Bereiche I–XII | |

## des Planetennumeroskops

|  | Zahl | Bereich |
|---|---|---|
| ............................... = ...... = | _____ | I |
| ............................... = ...... = | _____ | II |
| ............................... = ...... = | _____ | III |
| ............................... = ...... = | _____ | IV |
| ............................... = ...... = | _____ | V |
| ............................... = ...... = | _____ | VI |
| ............................... = ...... = | _____ | VII |
| ............................... = ...... = | _____ | VIII |
| ............................... = ...... = | _____ | IX |
| ............................... = ...... = | _____ | X |
| ............................... = ...... = | _____ | XI |
| ............................... ............................... = ...... = | | XII |
| Aufgabenzahl = | _____ | |

# Planetennumeroskop-Bogen (Übersicht)

| BEREICH | ZAHL | ZAHL | ZAHL |
|---|---|---|---|
| I: Umweltzahl | ☐☐ | ☐☐ | ☐☐ |
| II: Talent- und Selbstwertzahl | + ☐▨ | + ☐▨ | + ☐▨ |
| III: Alltagszahl | + ☐▨ | + ☐▨ | + ☐▨ |
| IV: Herkunftszahl | + ☐▨ | + ☐▨ | + ☐▨ |
| V: Kreativzahl | + ☐▨ | + ☐▨ | + ☐▨ |
| VI: Pflichtzahl | + ☐▨ | + ☐▨ | + ☐▨ |
| VII: Herzzahl | + ☐▨ | + ☐▨ | + ☐▨ |
| VIII: Gerüstzahl | + ☐▨ | + ☐▨ | + ☐▨ |
| IX: Berufungszahl | + ☐▨ | + ☐▨ | + ☐▨ |
| X: Außenweltzahl | + ☐▨ | + ☐▨ | + ☐▨ |
| XI: Sozialzahl | + ☐▨ | + ☐▨ | + ☐▨ |
| XII: Erbzahl | + ☐▨ | + ☐▨ | + ☐▨ |
| | = | = | = |
| Aufgabenzahl | ☐▨ | ☐▨ | ☐▨ |
| | PERSON 1 | PERSON 2 | PERSON 3 |

# Planetennumeroskop

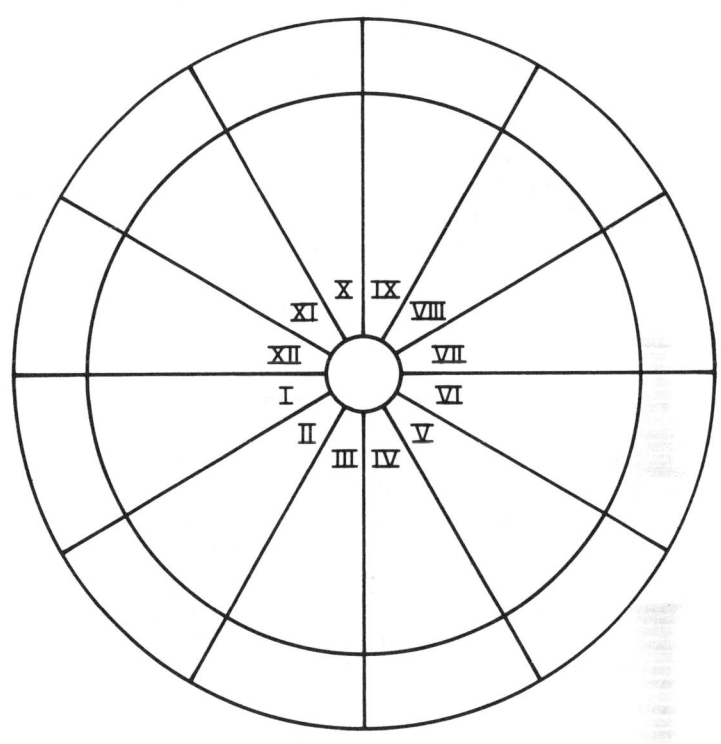

# Bildquellenverzeichnis

Archiv Gerstenberg, Historische Bilder und Dokumente,
3108 Wietze: S. 31.

Archiv für Kunst und Geschichte, Berlin:
S. 15: Pythagoras oder Die Arithmetik, Relief von Luca della
Robbia (1447), Dom Florenz;
S. 23: Kleopatras Nadel, fotografiert um 1890 in Alexandria,
Ägypten;
S. 27: Gemälde eines unbekannten deutschen Meisters um 1500,
Titel: Dreieinigkeit.

Kunstgeschichtliches Archiv Claus und Liselotte Hansmann,
8035 Gauting 2;
S. 9: kolorierter Holzschnitt aus einem Lehrbuch okkulter
Medizin, 2. Hälfte des 16. Jahrh.;
S. 11: kolorierter Holzschnitt aus dem Mathematikbuch »opus
varium« des Oronce Fine, gedruckt um 1530 in Paris;
S. 18: Radierung von Rembrandt um 1650;
S. 19: Ausschnitt aus Israel Hiebner »Mysterium«, Erfurth 1651;
S. 30; S. 33: Bronzeamulett aus dem 16./17. Jahrh.;
S. 35: Weißschnitt aus Prag oder Mähren, Anfang des 19. Jahrh.;
S. 41: deutscher Holzschnitt aus der 2. Hälfte des 16. Jahrh.